世界哲學家叢書

馮・賴特

陳　波　著

1998

東 大 圖 書 公 司 印 行

國家圖書館出版品預行編目資料

馮‧賴特／陳波著. -- 初版. -- 臺北
市：東大，民87
面；　公分. --（世界哲學家叢書）
參考書目：面
含索引
ISBN 957-19-2161-0（精裝）
ISBN 957-19-2162-9（平裝）

1.馮‧賴特(von　Wright,　G.　H.
1916-　)-學術思想-哲學

149.6　　　　　　　　　　　86012922

國際網路位址　http://sanmin.com.tw

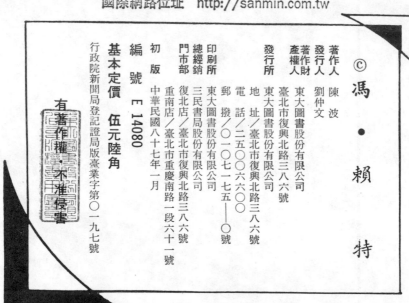

ⓒ　馮‧賴特

著　作　人　陳波
發　行　人　劉仲文
著作財
產權人　東大圖書股份有限公司
發　行　所　東大圖書股份有限公司
　　　　　地址／臺北市復興北路三八六號
　　　　　電話／二五○○六六○○
　　　　　郵撥／○一○七一七五——○號
印　刷　所　東大圖書股份有限公司
總　經　銷　三民書局股份有限公司
門　市　部　復北店／臺北市復興北路三八六號
　　　　　重南店／臺北市重慶南路一段六十一號
初　　　版　中華民國八十七年一月
編　　　號　E 14080
基本定價　伍元陸角
行政院新聞局登記證局版臺業字第○一九七號

ISBN 957-19-2162-9（平裝）

「世界哲學家叢書」總序

　　本叢書的出版計畫原先出於三民書局董事長劉振強先生多年來的構想，曾先向政通提出，並希望我們兩人共同負責主編工作。一九八四年二月底，偉勳應邀訪問香港中文大學哲學系，三月中旬順道來臺，即與政通拜訪劉先生，在三民書局二樓辦公室商談有關叢書出版的初步計畫。我們十分贊同劉先生的構想，認為此套叢書（預計百冊以上）如能順利完成，當是學術文化出版事業的一大創舉與突破，也就當場答應劉先生的誠懇邀請，共同擔任叢書主編。兩人私下也為叢書的計畫討論多次，擬定了「撰稿細則」，以求各書可循的統一規格，尤其在內容上特別要求各書必須包括（1）原哲學思想家的生平；（2）時代背景與社會環境；（3）思想傳承與改造；（4）思想特徵及其獨創性；（5）歷史地位；（6）對後世的影響（包括歷代對他的評價），以及（7）思想的現代意義。

　　作為叢書主編，我們都了解到，以目前極有限的財源、人力與時間，要去完成多達三、四百冊的大規模而齊全的叢書，根本是不可能的事。光就人力一點來說，少數教授學者由於個人的某些困難（如筆債太多之類），不克參加；因此我們曾對較有餘力的簽約作者，暗示過繼續邀請他們多撰一兩本書的可能性。遺憾的是，此刻在政治上整個中國仍然處於「一分為二」的艱苦狀態，加上馬列教

條的種種限制，我們不可能邀請大陸學者參與撰寫工作。不過到目前為止，我們已經獲得八十位以上海內外的學者精英全力支持，包括臺灣、香港、新加坡、澳洲、美國、西德與加拿大七個地區；難得的是，更包括了日本與大韓民國好多位名流學者加入叢書作者的陣容，增加不少叢書的國際光彩。韓國的國際退溪學會也在定期月刊《退溪學界消息》鄭重推薦叢書兩次，我們藉此機會表示謝意。

　　原則上，本叢書應該包括古今中外所有著名的哲學思想家，但是除了財源問題之外也有人才不足的實際困難。就西方哲學來說，一大半作者的專長與興趣都集中在現代哲學部門，反映著我們在近代哲學的專門人才不太充足。再就東方哲學而言，印度哲學部門很難找到適當的專家與作者；至於貫穿整個亞洲思想文化的佛教部門，在中、韓兩國的佛教思想家方面雖有十位左右的作者參加，日本佛教與印度佛教方面卻仍近乎空白。人才與作者最多的是在儒家思想家這個部門，包括中、韓、日三國的儒學發展在內，最能令人滿意。總之，我們尋找叢書作者所遭遇到的這些困難，對於我們有一學術研究的重要啟示（或不如說是警號）：我們在印度思想、日本佛教以及西方哲學方面至今仍無高度的研究成果，我們必須早日設法彌補這些方面的人才缺失，以便提高我們的學術水平。相比之下，鄰邦日本一百多年來已造就了東西方哲學幾乎每一部門的專家學者，足資借鏡，有待我們迎頭趕上。

　　以儒、道、佛三家為主的中國哲學，可以說是傳統中國思想與文化的本有根基，有待我們經過一番批判的繼承與創造的發展，重新提高它在世界哲學應有的地位。為了解決此一時代課題，我們實有必要重新比較中國哲學與（包括西方與日、韓、印等東方國家在內的）外國哲學的優劣長短，從中設法開闢一條合乎未來中國所需

求的哲學理路。我們衷心盼望，本叢書將有助於讀者對此時代課題的深切關注與反思，且有助於中外哲學之間更進一步的交流與會通。

最後，我們應該強調，中國目前雖仍處於「一分為二」的政治局面，但是海峽兩岸的每一知識分子都應具有「文化中國」的共識共認，為了祖國傳統思想與文化的繼往開來承擔一分責任，這也是我們主編「世界哲學家叢書」的一大旨趣。

傅偉勳　韋政通

一九八六年五月四日

自　序

　　我與馮・賴特「相遇」在80年代初。當時，我作為邏輯領域內的新手，開始接觸哲學邏輯，在相關文獻中時常遇到一個陌生的名字：Georg Henrik von Wright（喬治・亨利・馮・賴特），並零星地獲得了一些有關他的訊息：道義邏輯和優先邏輯的創始者和奠基人；建立了三個分別與模態邏輯系統T、S4、S5等價的系統M、M′、M″；提出了廣義模態邏輯的系統研究方案；是維特根斯坦教授職位的繼任者和三位遺囑執行人之一，如此等等。在後來的一些年裡，我慢慢理清了馮・賴特的學術理路和思想進程：

　　早年，他受其博士學位導師、芬蘭當時的哲學領袖凱拉(Eino Kaila)教授的影響，信奉邏輯經驗主義，主要研究歸納概率邏輯。在50年代前後，當研究邏輯真理問題時，偶然發現量詞、模態詞、道義詞、認知態度詞之間的類似，由此提出廣義模態邏輯的系統構想，並創立了像道義邏輯、優先邏輯這樣一些新的邏輯分支。在研究道義邏輯的過程中，認識到義務、允許、禁止等一方面與道德規範和法律規範相關，另一方面與人的行動或行為相關，由此導致他對倫理學、一般價值和規範理論以及行動理論的研究。對後面這些理論研究的結果，又進一步導致他晚年探尋人文社會科學方法論和自然科學方法論的聯繫與區別，提出了因果論解釋模式和意向論理解模式之間的二元對立，並重點研究了意向論理解模式。此外，他作為維特根斯坦的教授職位繼任者和三位遺囑執行人之一，在維氏遺著的搜尋整理、編輯出版等方面作了大量工作，為他在國際哲學

界贏得了廣泛聲譽和重要地位。

本書結構受關於馮・賴特學術工作的上述看法的影響，由下面八章組成：

第一章介紹馮・賴特的生平和著作，旨在把上述大寫意式的整體圖像以更為細緻的方式描摹、刻畫出來。

第二章討論馮・賴特的歸納邏輯。它以歸納辯護問題為主線，討論了馮・賴特對歸納辯護的各種主要方案——如康德的先驗綜合判斷，彭加勒肇始的約定論，對於歸納的發明論辯護和演繹主義辯護，培根穆勒傳統中的歸納邏輯，對於歸納邏輯的概率論研究——的評述性意見，特別是重點考察了他本人在排除歸納法的條件化重建以及歸納概率演算方面的建設性成果。

第三、四兩章討論馮・賴特的哲學邏輯。在簡單追溯「哲學邏輯」一詞的來龍去脈、釐清其主要含義之後，著重討論了馮・賴特在模態邏輯、道義邏輯、行動邏輯、優先邏輯、時間邏輯方面的創造性工作。

第五章討論馮・賴特的邏輯哲學，主要介紹和評述他在邏輯真理、邏輯悖論、衍推等問題上的見解和工作。

第六章討論馮・賴特的倫理學和行動理論。在簡要評述馮・賴特關於規範、好(goodness)的論述以及某些倫理學觀點之後，重點考察了他的行動理論、關於實踐推理的論述，以及所提出的因果論解釋模式和意向論解釋模式間的二元對立。

第七章系統介紹和評述馮・賴特在維特根斯坦遺著的搜尋、編輯出版以及研究方面所做的工作及其造成的影響。

第八章是結論性的，概要評述了馮・賴特的學術成就及其特點。總體來說，馮・賴特不是那種學術領域內橫衝直撞的鬥士，不

是那種給人以心靈的衝擊和震撼的思想家，而是一位穩健、儒雅、勤勉的學者，一位分析型或技術型的哲學家。他評述別人觀點時相當周到和平實，不故作驚人之論；對自己的思想則給予全面、細緻、常常是技術化的論證。讀他的書不會激活你的血液，卻會給你「潤物細無聲」的春雨般的滋潤。

應該指出的是，本書的寫作始終是在馮·賴特教授本人的關注下進行的。在寫作伊始，我就與馮·賴特教授通信聯繫，告訴他我的大致寫作計劃，後來還把本書詳細寫作大綱寄送給他，徵求他的意見。他除對一處提出小的異議外，對全書大綱給予了熱情首肯。並且，他不顧80歲高齡，先後七次給我寫信，寄送他的十多本著作給我，其中兩本是剛剛出版的新著；並促成邀請我來芬蘭赫爾辛基大學哲學系作訪問教授近一年。在此，我謹向馮·賴特教授表示最誠摯的謝意，並祝願他健康長壽，繼續為哲學和邏輯學作出貢獻！

本書是我為「世界哲學家叢書」撰寫的第二本書。第一本書《蒯因》出版後，榮獲「金岳霖學術獎」三等獎。此獎獎勵1985-1995年間由五十歲以下作者所發表的現代西方哲學方面的中文作品，設一等獎一項、二等獎兩項、三等獎三項。拙著《蒯因》榮獲三等獎，至少說明其質量還是不錯的，對此我感到欣慰。本書交卷後，我還將為此叢書撰寫第三本書《愛默生》。愛默生(Ralph Waldo Emerson, 1803-1882)與我的專業領域相去甚遠，但我初次「遇上」他時卻怦然心動：究竟是我「發現」了他，還是他「碰上」了我？欲知此事如何，且聽下回分解。

陳 波

1997年12月25日

於芬蘭赫爾辛基大學

馮・賴特

目　次

第一章 馮‧賴特的生平和著作

　　馮‧賴特(Georg Henrik von Wright, 1916–)，芬蘭邏輯學家和哲學家。1941年從赫爾辛基大學畢業，獲哲學博士學位。從1946年起，先後任芬蘭赫爾辛基大學、英國劍橋大學、美國康奈爾大學等校教授，並曾任國際科學史和科學哲學聯合會會長、芬蘭科學院院長、芬蘭哲學會會長、《邏輯與哲學》雜誌主編等。其研究領域主要集中在哲學邏輯、歸納邏輯、倫理學和行動理論以及維特根斯坦研究，是國際著名的哲學邏輯專家、許多新的邏輯學分支的創始人和奠基人，並且是維特根斯坦的教授職位繼任者和維氏指定的三位遺囑執行人之一。馮‧賴特在國際邏輯學界和哲學界具有廣泛而重要的影響。他先後被世界各地的大學授予十四個名譽博士學位，是十五個國家地區或跨國科學院的院士。1989年，美國著名的《在世哲學家文庫》出版了馮‧賴特卷，此書編者指出：「本叢書的馮‧賴特哲學卷不需要任何辯護。在過去幾十年內，馮‧賴特已經成為世界範圍內哲學家所關注的中心。」❶

---

❶　P. A. Schilpp and L. E. Hahn, eds.: *The Philosophy of Georg Henrik von Wright*, La Salle, Illinois: Open Court, 1989, p. xv.

1.1 青少年時期的經歷

據馮・賴特自稱，他的祖先是蘇格蘭人。大約在1650年，由於支持國王查理反對克倫威爾，被迫離開蘇格蘭，定居於瑞典治下的愛沙尼亞的納爾瓦(Narva)。在那裡，喬治・賴特(Georg Wright)生下了亨利・賴特(Henrik Wright)，亨利・賴特的兒子喬治・亨利・賴特在1772年皇家政變後，獲得貴族封號，於是在Wright前加上了von。這就是Georg Henrik von Wright這一名字的由來。

1916年6月14日，馮・賴特生於芬蘭赫爾辛基(Helsinki)一個說瑞典語的富裕家庭。當時的芬蘭是俄皇尼古拉二世屬下的一個自治大公國。3-4歲時，隨家人在美國紐約州布魯克林區(Brooklyn)住過一段時間。幼時多病，特別是在初入學的那些年。所以，當他12歲時，接受醫生的建議，馮・賴特在母親、祖母及兩個姐妹的陪伴下，在奧地利蒂羅爾州 (Tirol) 的療養勝地默安 (Meran) 療養了一年。1929年春在默安，他接觸到歐氏幾何，這使得他異常激動，經常整夜不睡思考著三角形、圓形、立方體和圓錐體，以及那個神秘莫測、不可能精確說出其值的π，由此引發了他「理智的覺醒」。在默安時，家裡雇了一位當地的家庭教師教他學德語。馮・賴特自稱，學會德語對於他後來的理智發展起了十分重要的作用，使他能輕鬆自如地閱讀歌德 (J. W. von Goethe)、席勒 (Fr. Schiller)、叔本華 (A. Schopenhauer)、尼采 (Fr. Nietzsche)、卡夫卡 (Fr. Kafka)等人的作品，獲益匪淺。成年以後，又學會俄語，對俄國文學留下了甚至更深的印象。

在默安療養一年後，馮・賴特的健康狀況大為好轉，於是回到

赫爾辛基正式上學，所入學校為一男校，教學重點是拉丁文，最後三學期也學希臘文。不過，馮‧賴特當時更感興趣的是數學、歷史、自然科學特別是物理學，而不是現代或古代的語言。1929年聖誕節時，馮‧賴特突然產生對哲學的興趣。因為在學校上天文學原理課時，老師提到了康德(I. Kant)、拉普拉斯(P. S. de Laplace)關於行星起源的星雲假說，並告訴學生說康德是一位哲學家，而哲學既不是天文學，也不是物理學和數學。那麼，哲學究竟是什麼呢? 馮‧賴特回家問父親。他父親當時正研究芬蘭哲學家韋斯特馬克 (Edward Westermarck)的思想，給了馮‧賴特一些有益的答覆，並指定一些書讓他進一步閱讀。馮‧賴特在其《思想自傳》中稱，「我立刻覺得哲學是『我的學科』，並決心成為一名哲學家，自此從未動搖過。」❷ 在父親建議閱讀的那些書中，馮‧賴特一讀再讀且徹底消化過的有兩本書，一是杰魯撒姆(Wilhelm Jerusalem)的《哲學概論》，一是瑞典哲學家和散文作家拉爾森(Hans Larsson)的心理學教科書。正是從這些書中，馮‧賴特熟悉了哲學基本原理，最著迷的是心身問題和關於實在本質的形而上學理論，並相信馬赫(E. Mach)和阿芬那留斯(R. Avenarius)所主張的心身同一論或中立一元論。

　　1934年5月中學畢業，同年9月進入赫爾辛基大學。在大學期間，馮‧賴特全身心地投入學習，而與學生們的活動以及非學術追求保持距離，不過並不缺少朋友。他受到了當時的芬蘭哲學權威、赫爾辛基大學理論哲學教授凱拉(Eino Kaila)的親自指導和極大影響，凱拉後來成為馮‧賴特的博士學位導師。

　　凱拉是20世紀30–50年代芬蘭最重要的哲學家，1948年被選為芬蘭科學院的十二位院士之一，並曾出任院長。他是美學家和自然

❷ *The Philosophy of Georg Henrik von Wright*, p. 4.

哲學家，為了創建他的「整體論」世界觀，著手研究認識論和自然科學哲學。凱拉的龐大計劃並沒有完成，但他成功地引進了實驗心理學、格式塔心理學、符號邏輯、邏輯經驗主義和現代科學哲學。他以自己雄辯的講演才能、深刻的著作和人格魅力影響了芬蘭整整一代人文主義者和科學主義者。在馮·賴特入學時，凱拉剛剛在維也納作過長期訪問，正在芬蘭和斯堪地那維亞地區全力提倡和推廣羅素、維特根斯坦以及維也納學派的「新哲學」。

凱拉的妻子是馮·賴特母親的表妹，因此凱拉早就聽說過馮·賴特對哲學感興趣，並於馮·賴特入學前與他進行了一次私人談話，討論後者的學習計劃。凱拉問馮·賴特，是對邏輯型哲學還是對心理學型哲學更感興趣。馮·賴特開始對這一問題迷惑不解，經一陣猶豫和思考之後，回答說「邏輯」。馮·賴特後來說，「這可能是對我未來發展產生了最重要影響的回答」。凱拉於是指定一些書供他課外閱讀，其中有卡爾納普(R. Carnap)的《邏輯概論》、《世界的邏輯構造》，以及杜比斯拉夫(W. Dubislaw)的《論定義》，並建議他一開始就撇開除數學之外的其他學科，把主要精力放在哲學上，以便為後來攻讀博士學位作準備。

凱拉所建議的讀物為馮·賴特打開了一個新世界。馮·賴特此前只讀過傳統邏輯教本，所以新的數理邏輯令他十分頭痛，開始時難以掌握真值函項理論、自由變元和表面變元等概念，以及從公理推定理的形式證明技巧。在過了半個學期並聽了凱拉的邏輯課後，馮·賴特才逐漸上路，並確切意識到邏輯是他進行嚴肅哲學思考的入門處。此後，凱拉要求馮·賴特閱讀弗蘭克(Philip Frank)的《因果律及其界限》，並指示他關注歸納和概率領域，要求他讀凱恩斯(J. M. Keynes)的英文著作《論概率》。而當時馮·賴特還沒有系統學過

英語，凱拉仍要求他讀，於是此書就成了馮·賴特的英語「教材」，一年後他又在英格蘭上過語言學校，學會了用英語說和寫。

第2學年，馮·賴特仍主要學習哲學。讀過波普(Karl Popper)剛剛出版的著作《發現的邏輯》(1935)之後，寫了一篇論文《論等級》，其中用相當大篇幅討論概率問題。此外還讀過賴欣巴赫(Hans Reichenbach)、馮·米塞斯(von Mises)、亨普爾(C. G. Hempel)等人的著作，並研讀了維特根斯坦的《邏輯哲學論》、卡爾納普的《語言的邏輯句法》，以及卡爾納普、紐拉特(Otto Neurath)、石里克(M. Schlick)、魏斯曼(F. Waismann)等人發表在《認識》雜誌上的大量論文。在哲學考試時，凱拉告訴馮·賴特，他幫助他本人更好地理解了《邏輯哲學論》，但馮·賴特後來說，事實上他當時對維特根斯坦著作的理解幾乎等於零。

馮·賴特後來談到這個時期的哲學學習時說：「如果在『教義』(creed)一詞強的意義上，我曾擁有過哲學教義的話，這就是我在赫爾辛基大學讀書的那些至關重要的年頭。並且，這種教義就是邏輯實證主義，或者如我的老師凱拉所喜歡稱呼的，邏輯經驗主義。」「我仍然清楚地回想起當時的印象：哲學中已經發生一場革命，基礎問題上的爭論已經結束。新的哲學似乎是不可辯駁的，但我在心底裡仍拒絕相信它不會在某一天受到辯駁。只是我不能明白它會如何受到辯駁——我認為，這種盲目是一種真正的世界觀的特徵：它劃定了可思考的東西的界限。」❸

除哲學外，其餘時間內還讀過歷史學和政治學，但很少聽課，也很少與老師和同學接觸和交流，而是自己在很短的時間內讀成千上萬頁書，並由此發展出快速閱讀的技巧，例如每小時讀60–80頁。

❸ *The Philosophy of Georg Henrik von Wright*, pp. 6–7.

快速閱讀使馮・賴特後來受益非淺，它有利於搜集材料和完成限時任務；其缺點是沒有時間去思考，因而妨礙引發新思想。在歷史學方面，馮・賴特側重於文藝復興時期，並撰寫了討論馬基雅維利(N. Machiavelli)的政治哲學的一篇論文。1937年早春，通過了歷史學最終考試，隨後與一位名叫希爾特(Göran Schildt)的朋友在意大利旅行了三個月。馮・賴特後來評述說，這是一次生命之旅，充滿了年輕人的熱情以及對自己理智能力和審美感受的過高估計。

三個月帶著狂熱情緒的旅行，意大利風光對情感和思維的強烈刺激，以及旅途勞頓，使馮・賴特在1937年秋天經歷了一場精神危機——患了某種疑病症,從而使他不得不中斷數學課程的學習。馮・賴特後來評論說，在數學方面「我從未受過『完整的』教育，這一事實在我後來的邏輯學工作上留下了印跡。假如我知道更多的數學，可能有助於我避免錯誤，並且節省我有時用於重新補課的時間。」❹

1937年底，馮・賴特通過了主修課程（理論）哲學、世界史和政治學；輔修課程數學的考試，從赫爾辛基大學本科畢業，隨後開始作研究生，攻讀博士學位。

馮・賴特把自己青年時期的生活觀概括為「審美的人文主義」，它明顯受到了他的朋友、藝術史家和作家希爾特、老師凱拉以及作家伯克哈特(Jacob Burckhardt)的影響，特別是暗含在後者作品中的人文主義態度。馮・賴特說，審美的人文主義的特點之一，是把歷史看做某種舞臺造型，看做是某種藝術品，只配帶著敬畏的態度加以仰觀。在歷史的細節部分，人們試圖辨認出某種典型的「形態學上的相似性」和重複出現的模式。歷史上的重大變化、危機和革命，如同自然界中的地震和災變一樣，不能用正義或公正這種倫理學詞

❹ *The Philosophy of Georg Henrik von Wright*, p. 9.

彙去判斷，而只能用「悲劇」的眼光去審視。特點之二是，敬重偉大，不論是偉大的成就還是偉大的人格，後者如歌德和達芬奇(Leonardo da Vinci)。偉大是歷史進程中可遇不可求的偶然，在很大程度上，典型的「形態學相似」和重複出現的模式正是通過偉大才獲得自己的個性。這種審美的人文主義貶低現在和當下，因為它還不是歷史的；這反過來又導致某種保守主義立場，以及對現存的邪惡和不公正採取超然和漠視的態度。於是，持有這種審美的人文主義態度的馮・賴特，對當時的納粹主義和西班牙內戰都沒有太多的反應，這些事件並沒有引發他作理智上的反思，而僅止於在情感上對納粹暴行感到深深的厭惡。馮・賴特自己認為，這種置身事外的逃避態度甚至影響了他整個一生。

1.2　博士論文及其後續研究

大學畢業後，馮・賴特立刻著手尋找一個課題作博士論文。凱拉提出了幾個有意思的建議，其中之一是「科學哲學中亞里士多德傳統與伽利略傳統的比較研究」。於是在1938年上半年，馮・賴特主要研讀伽利略的對話錄以及科學史和科學哲學中與這兩個傳統有關的文獻。但他最終放棄了這一論題，（不過，在1971年出版的專著《說明和理解》中，又概要討論了這一論題。）轉而選擇先前一直研究的「歸納辯護問題」，並得到凱拉的全力支持。於是，在1938年下半年，主要研讀相關文獻，古典方面讀培根(F. Bacon)、休謨(D. Hume)、穆勒(J. S. Mill)和耶芳斯(W. S. Jevons)等人的著作；現代方面則研讀凱恩斯、尼柯德 (J. Nicod)、拉姆塞 (F. P. Ramsey)、布勞德(C. D. Broad)、馮・米塞斯和賴欣巴赫等人的著作。

　　按照芬蘭慣例，研究生在做學位論文時應去國外大學度過一段時間。馮·賴特最後選擇了英國劍橋大學，於1939年3月到達劍橋，拜訪了歸納邏輯專家布雷斯威特（R. B. Braithwaite）教授和布勞德教授，並與維特根斯坦有密切接觸。由於第二次世界大戰戰事迫近，於同年7月匆匆返回赫爾辛基。這段時間大多在劍橋大學圖書館度過，研讀英文、法文、德文方面的相關文獻，並作摘要，為博士論文作準備。馮·賴特後來說，這是他一生中少有的在圖書館裡正常工作的時期。實際上他特別討厭這種工作環境，而喜歡在靠近大自然處工作，例如坐在戶外，一邊享受陽光一邊工作。

　　1939年9月，德國入侵波蘭。隨後，芬蘭發生了抵抗入侵的1939–1940年冬季戰爭。馮·賴特由於氣喘病免服兵役，在一志願組織作宣傳工作。與此同時，他仍在思考歸納和概率方面的問題，並獲得了一些「真正屬於他自己的」新思想。冬季戰爭一結束，他就將其寫成論文，寄給布勞德，後者安排在英國《心靈》雜誌1940年第49卷上發表，題為《論概率》，它討論一特徵在潛在無窮延伸的序列中的隨機分布問題。

　　冬季戰爭結束後，馮·賴特被徵召入伍，做了幾個月彈道計算工作。然後再次退伍，用幾個月時間完成博士論文，並通過答辯，於1941年5月31日獲得博士學位，學位論文《歸納的邏輯問題》也於同年用英文正式出版。此書共九章，各章的標題依次是：關於歸納的導論性評述；歸納和先驗綜合判斷；約定主義和歸納問題；歸納邏輯；歸納和概率；對歸納概率的形式分析；概率和歸納辯護；歸納作為自我修正的運算；概要和結論。這本書實質上是討論歸納辯護這個傳統問題，也就是所謂的「休謨問題」。它考察了解決這個問題的一些主要嘗試，例如：康德的先驗綜合判斷學說，約定主

義，培根和穆勒傳統中的歸納邏輯，對於歸納的概率研究，實用主
義研究等等。作者認為，所有這些嘗試都對我們理解歸納的本性貢
獻了某些重要的東西，但是在某些方面它們都沒有實現它們自稱要
達到的目標，並且這種「失敗」是不可避免的。這本書對歸納問題
的研究，是從認識論角度而不是從邏輯角度進行的。馮‧賴特後來
指出：「《歸納的邏輯問題》1941年版的觀點不是我從凱拉那裡『繼
承』下來的，就是那時的邏輯經驗論者所持有的，此外沒有什麼新
的或原創性的觀點。我仍然認為這些觀點是基本正確的。但我認為
還有另外的、也許是更有益的處理歸納辯護問題的方式。」❺由於此
書大大受惠於凱拉，所以馮‧賴特將此書題獻給凱拉──「我的第
一位哲學大師，感謝他對我的諄諄教誨，並對他為鼓勵我國邏輯和
哲學方面的嚴肅研究所做的一切表示敬意。」　❻此書於1957年在英
國出了修訂本。

　　在獲得博士學位之前，馮‧賴特與未婚妻瑪利亞‧伊利莎白
(Marria Elisabeth)結婚，在二次世界大戰後期生下兩個孩子。當馮‧
賴特正度蜜月時，芬蘭再次捲入戰爭，不過此次是作為德國的同盟
國。馮‧賴特被徵入國家情報部，其工作是為外國新聞記者提供簡
報，概述芬蘭報紙上的社論和各種觀點。他的工作地點就在赫爾辛
基，並且被允許與新婚妻子住在家裡。馮‧賴特做這項工作達三年
之久，直至1944年12月芬蘭軍隊被遣散。由於早年養成的「快速閱
讀」習慣，他通常只在每天上午用幾個小時就做完了份內工作，其
他時間則可用於學術研究。這期間他用瑞典語寫作了一本書，題為

---

❺　*The Philosophy of Georg Henrik von Wright*, pp. 21–22.

❻　G. H. von Wright, *The Logical Problem of Induction*, 2nd Revised Edition, Oxford: Basil Blackwell, 1957, p. ix.

《邏輯經驗主義：現代哲學中的一場主要運動》，並於1943年出版。馮・賴特自己認為，此書可與艾耶爾(A. J. Ayer)的《語言、真理和邏輯》相媲美，儘管它不像後者那樣倍受關注和影響深遠。此書多年之內被斯堪地那維亞地區的幾所大學用作基本教科書。馮・賴特寫作此書，旨在告別他學生時代的哲學。

戰爭中斷了芬蘭與外界的學術聯繫。凱拉不知通過什麼途徑得到了一本蒯因(W. V. Quine)的《數理邏輯》，屬於凱拉學術圈的一些人就一起討論這本書。後來又得到了卡爾納普的《語義學引論》和《邏輯的形式化》，馮・賴特他們欣喜萬分，一起研讀。塔斯基(A. Tarski)的《形式化語言中的真概念》也立刻得到他們的注意和辯論。但總的說來，由於發生戰爭，哲學邏輯研究重心從語形學向語義學的轉移在芬蘭被延遲了。馮・賴特他們當時弄不清楚語義學研究的真正意義，直到馮・賴特的學生欣迪卡(Jakko Hintikka)登上哲學舞臺時，邏輯語義學研究才在芬蘭真正開展起來。

由於博士論文已出版，且有一本關於邏輯經驗主義的專著，以及一些研究論文，馮・賴特於1943年得到了赫爾辛基大學講師(docent)的職位。當時還設立了一個講瑞典語的哲學教授職位，馮・賴特臨時頂替此職位，三年以後正式升任教授。戰爭結束後，青年人潮水般地湧入大學校園，他們的學習熱情之高，理智之成熟，都是前所未見的。從1945至1948年，馮・賴特作為教師度過了興奮而幸福的時光。許多後來成為芬蘭學術界和政界巨子的人都曾聽過他的課或參加過他的研討班，其中最著名的就是欣迪卡。從1947年起，欣迪卡聽馮・賴特講課達幾年時間，當馮・賴特後來任劍橋大學教授時，欣迪卡還去拜訪過他。馮・賴特後來興奮地說，「我認為我對他成為一名哲學家作出了貢獻。我常常想，培養了這樣一位學生，

是對作為學術教師的一生的充分報答。」❼馮・賴特自己還說，他比較喜歡講課和講演，因為這可以使自己的思想更清晰和更精確，並且也可以從學生的提問和批評中得到教益。但他不太喜歡辯論和小組討論，因為他在這方面顯得較為遲鈍，不能充分合作。

由於不滿意博士論文對歸納和概率的形式處理，馮・賴特後來一再回到這個課題，不過其重點從歸納的認識論方面轉到了歸納的邏輯方面，首要目標是要弄清楚充分必要條件的邏輯及其在排除歸納法上的應用。1942年，完成並發表了用瑞典語寫作的《關於必要和充分條件的某些評論》；　1943年，發表同樣用瑞典語寫作的長篇論文《論概率》；1948年，在第10次國際哲學會議上發表《論確證》一文；1949年，發表《排除歸納法的某些原則》一文，如此等等。而1948年完成、1951年在英國出版的專著《論歸納和概率》，　則是博士論文出版後6–7年間在歸納邏輯研究方面所做工作的一個總結，上述成果都以某種形式溶入該書中。此書的目的是要借助邏輯正確性標準，考察可以置於歸納這個共同標題之下的各種類型。通過把這些不同的論證形式化，從而清楚地揭示出它們的基礎、可應用性及其意義。全書共十章，各章標題依次是：歸納及其問題；關於邏輯的預備性思考；歸納論證的形式，自然律；歸納和消除；歸納和演繹；歸納和定義；概率邏輯；概率和預測；概率和自然律；歸納和逆概率。此書被題獻給布勞德，作者在序言中說：「在我的研究過程中，我從我的朋友劍橋三一學院的 C. D. 布勞德教授那裡獲益匪淺。戰前我作為英格蘭的一名研究學生，曾有幸與他就歸納和概率的問題進行過詳細討論。他還十分友善地閱讀了本書手稿，並提出了大量有價值的建議，從而對我的思想發展作出了貢獻。假

---

❼ *The Philosophy of Georg Henrik von Wright*, p. 13.

如沒有他的無私幫助和所表示的興趣，我也許不會完成我的思想的
這一專題闡述。」 ❽

在《論歸納和概率》一書之後，儘管馮・賴特偶爾也會回到這
方面的論題上來，例如1954年為《大英百科全書》撰寫「歸納」和
「概率」兩個辭條；1960 年提交給斯坦福國際邏輯大會一篇論文，
題為《主觀概率的認識論評述》；1966年發表《確證的悖論》一文，
等等。但總的說來，《論歸納和概率》的出版標誌著馮・賴特一生
的一個哲學活動時期的結束。

1.3 與摩爾和維特根斯坦的交往

1939 年，當馮・賴特選擇一所國外大學去為博士論文作準備
時，根據他所信奉的邏輯經驗主義以及凱拉與維也納學派的特殊關
係，他本應去維也納大學。1937年當他進行意大利之旅時，他確實
順道拜訪過維也納，並拜訪過哥德爾 (Kurt Gödel) 和克拉夫特
(Victor Kraft)，親眼目睹了該學派正在迅速解體，並對該城市所籠
罩的「舊歐洲」的沈鬱氣氛留下了不好的印象。再加上馮・賴特從
文獻中知道，劍橋大學的歸納邏輯研究相當活躍，於是他決定去劍
橋大學訪問。

當時，布勞德是劍橋大學道德科學系主任，他允許馮・賴特可
以隨意在本系聽課或參加研討班。於是，馮・賴特決定聽摩爾 (G.
E. Moore) 和維特根斯坦 (L. Wittgenstein) 的課。聽過摩爾的兩次課
後，馮・賴特放棄了，因為摩爾討論哲學的方式當時對他來說沒有

---

❽ G. H. von Wright, *A Treatise on Induction and Probability*, London:
Routledge and Kegan Paul, 1951, p. 12.

一點吸引力。後來在春季，馮·賴特聽過摩爾在道德科學俱樂部宣讀關於確實性的論文，並參加過那次著名的對此篇論文的討論，當時維特根斯坦也在場。在夏天返回芬蘭之前，馮·賴特與摩爾進行了一次激動人心的討論。但直到很久以後，馮·賴特對摩爾的哲學及其人格才真正有所了解。

　　馮·賴特與維特根斯坦的第一次交往是相當戲劇性的。他到國王學院的一所教室去聽維特根斯坦講課。當維特根斯坦走進教室時，馮·賴特作了自我介紹，維氏咕嚕了一句什麼，他未聽清楚，於是就坐下聽課。他立刻就被深深地吸引住了。馮·賴特在當天的日記中寫道：維特根斯坦給他留下了「先前沒有任何人給我留下的最強烈的印象」。　不過，維特根斯坦下課時，對「訪問者」在他的課堂上表示了極大的不滿，他看起來惱怒異常，未等解釋或道歉就甩手離開了教室。馮·賴特對此感到驚訝，覺得受到了傷害，當時的衝動是不再作任何努力去接近這個怪人。他後來一想，還是要求得到一個直接答覆：究竟能否去聽他的課？於是馮·賴特給維特根斯坦寫了一封信，並猜想很可能得不到任何回音。但多少有些出乎意料的是，他居然收到了維氏友善的回答，並邀請他一起喝茶，以便向他解釋為什麼不讓他去聽課的原因。馮·賴特如約前往，與維特根斯坦進行了一次友好的談話，所談主要是建築和挪威。馮·賴特告訴維特根斯坦，他來劍橋正在做什麼；維氏向馮·賴特解釋說，學期快要結束了，所以他不喜歡馮·賴特聽他的課，不過復活節假期之後可以來聽課，並一起討論哲學問題。維特根斯坦履行了諾言，這樣當新的學期開始時，馮·賴特就成為維特根斯坦課堂上的一位「被承認了的」學生。

　　維特根斯坦當時講授數學基礎課。聽課的人除馮·賴特之外，

還有萊維 (Casimir Lewy)、馬爾康姆 (Norman Malcolm)、里斯(Rush Rhees)、斯邁西斯(Y. Smythies) 以及圖林(Alan M. Turing)。後來，根據四位聽課人的筆記，維特根斯坦的這些講演加以整理並公開出版了。聽維特根斯坦講演，馮 · 賴特從不記筆記，只是集中精力以便跟上他的思路。馮 · 賴特後來回憶說，無論是聽維特根斯坦講課還是與他談話，他對維氏所談的東西的理解幾乎等於零，但維氏仍給他留下了深刻印象，並給他以極大的震撼：從先前學習中所獲得的哲學觀點重新受到了拷問，先前認為已解決了的基本哲學問題又重新復活了。

1946年夏天，布勞德訪問芬蘭，他與馮 · 賴特及其家人在一所鄉間別墅一起生活達三週之久。戰後重聚給他們帶來了很大的愉快，兩人又一起討論歸納和概率方面的學術問題。布勞德邀請馮 · 賴特在下一年的復活節學期去劍橋就歸納邏輯發表系列講演。馮 · 賴特還被邀請去倫敦大學和牛津大學講演，但其「總部」是在劍橋，在那裡待到夏季中旬。

於是，又有機會與維特根斯坦交往並聽他講課了。維特根斯坦這次所講的是心理學哲學。利用這次機會，馮 · 賴特熟悉了同在這個班上聽課的一些人，以及以其他方式同維特根斯坦密切交往的人，其中有安斯考姆(Elizabeth Anscombe)、吉奇(Peter Geach)和馬爾康姆，並與他們成為終生的朋友。除聽課外，馮 · 賴特還大量研讀維特根斯坦的著作，其中包括《哲學研究》當時的手稿。與八年前相比，維特根斯坦此次給他留下了更深的印象。與維特根斯坦的每一次談話，都像是穿過判斷的叢林，哲學和生活中的一切都受到重新拷問，其真實性重新受到檢驗。這真是有些令人受不了。不過，馮 · 賴特由此更好地理解了維特根斯坦。

　　在與馮‧賴特的私下交談中，維特根斯坦提到他計劃放棄教授職位，並準備推薦馮‧賴特為繼任者。馮‧賴特為維氏的抬舉而受寵若驚。當1948年初維特根斯坦宣布退休時，馮‧賴特決定申請維氏空下的教授職位。他作出這一決定時，實際上是十分猶豫和矛盾的，主要是考慮到冷戰爆發後處於東西方之間的那些國家的晦暗政治背景。所以，當芬蘭與蘇聯之間的關係危機被克服以後，馮‧賴特又撤銷了他的申請。但令他十分吃驚的是，幾週以後，他接到來自劍橋大學的電報，告知他已被遴選為該校教授。馮‧賴特不知所措，但最後還是接受了邀請。

　　從1948年起，馮‧賴特連續三年半任劍橋教授。這期間，維特根斯坦曾幾次來到劍橋，通常是住在馮‧賴特一家所租住的一所大房子裡，地址在瑪格麗特女士路。維特根斯坦於1949年11月從美國返回之後，正是在這所房子裡被發現已患上癌症。他在馮‧賴特家裡病了六週。最後一次來馮‧賴特家是在1950年6月。當與維特根斯坦在一起時，他們兩人通常進行一些日常交談，有時是聽維特根斯坦談當時正在做的工作，有時是談馮‧賴特正在從事的邏輯研究，但更多的時候是談文學、音樂和宗教，以及歷史和文明的哲學。維特根斯坦向馮‧賴特朗誦他喜歡的作家的作品，例如格林童話，凱勒(G. Keller)的《小說集》，歌德的長篇敘事詩《赫爾曼和多蘿西婭》。馮‧賴特在思想自傳中說，維特根斯坦朗讀時的嗓音和面部表情仍歷歷在目。維特根斯坦於1951年4月29日在劍橋去世，享年62歲。

　　在馮‧賴特當上劍橋教授不久，摩爾建議他們一起進行一些定期討論。馮‧賴特通常是去摩爾那裡，大約是開學期間隔週星期三舉行一次。在50年代中期，馮‧賴特辭去劍橋教授後重訪劍橋時，

也繼續進行此類談話。談話的主題通常來自哲學邏輯，例如命題的性質就是一個常被選擇的話題。馮·賴特後來回憶說，這些談話是艱苦的戰鬥，並且很難說取得了多少進展。摩爾也沒有像維特根斯坦那樣給他以震撼。但是下述一點卻給他留下了深刻印象：摩爾熱衷於利用一些例證，不厭其煩地對一個個哲學問題進行多角度多側面的嚴肅認真、深入細緻的考察和研究，他善於把根深蒂固的哲學信念與對任何哲學論證的懷疑態度罕見地結合在一起。馮·賴特也受到了摩爾的某些哲學信念的影響，這在他自40年代後期開始的相當長一段時間內的哲學工作上留下了印跡。

但是總的來說，三年半的劍橋教授生活並不是十分愉快的。馮·賴特在其思想自傳中稱，「我懊悔離開芬蘭赫爾辛基，我的根深深紮在那裡，並且我對我的國家無限忠誠。此外，對於擔當其前任是維特根斯坦和摩爾的教授職位來說，我也還不夠成熟。我覺得，劍橋傳統壓在我肩上的負擔過於沉重了。再者，我為我的兩個孩子的前途擔憂，他們當時分別是5歲和4歲，我不想他們在英國長大，以致疏遠了他們家族的文化。」❾於是，在維特根斯坦於 1951 年去世之後，馮·賴特決定辭去劍橋教授職位，並於1952年初重新任赫爾辛基大學教授。

馮·賴特總結說：「我於1951年聖誕節從劍橋返回；標誌著我在哲學上的學徒期結束。從此往後我必須獨立思考。凱拉、維特根斯坦和摩爾，這三個人對我成長為哲學家產生了重要影響。凱拉引我上路，並且教會我使用工具即形式邏輯，這些工具將陪伴我終生，即使我的興趣轉移到一個新的哲學領域。也許我可以說，我是從凱拉那裡學到了『我的』方法；或者說，如果作為哲學家我贏得了『哲

❾ *The Philosophy of Georg Henrik von Wright*, p. 15.

學邏輯家」的名聲，這也是凱拉對我教育的結果。但是，就我的哲學思想的『內容』而言，我認為大部分是從維特根斯坦那裡學來的，他鑄造了我的哲學觀。他使我認識到在哲學領域不能期望得到『最後答案』。……我從他那裡獲得的見解本質上是『否定性的』。我仍然要努力去把它們轉換為某種『肯定的』東西，如他本人成功所做的那樣。不過，我必定要採用不同的方式。」❿

　　維特根斯坦去世時，指定馮・賴特為他的三位遺囑執行人之一，另外兩位分別是安斯考姆和里斯。作為遺囑執行人，馮・賴特在搜尋、整理、編輯、出版維氏遺著方面做了大量工作，並撰寫了不少研究維特根斯坦的論文，在國際哲學界產生了十分重要的影響。關於這方面的工作，我將在本書第七章中專門論述，在此不贅。

　　1954年，馮・賴特在美國康奈爾大學做了一學期訪問教授，並講授研討班課程「維特根斯坦的《邏輯哲學論》」，出席研討班的冠蓋如雲，有阿爾布里頓(Rogers Albritton)、白拉克(Max Black)、布朗(Stuart Brown)、馬爾康姆、羅爾斯(Jack Rawls)，此外還有當時為研究生的唐奈蘭(Keith Donnellan)、吉內特(Carl Ginet)和休梅克(Sydney Shoemaker)。這真是一個傑出的哲學家群體！康奈爾大學哲學系所特有的思想交流和討論的氛圍，給馮・賴特留下了深刻的印象，他自稱此次以及後來在康奈爾大學的教學活動，是他全部教學生涯中最令人興奮的經歷之一。1965 年，他被遴選為該校安德魯・D・懷特(Andrew D. White)無任所教授。繼赫爾辛基大學、劍橋大學之後，康奈爾大學成為馮・賴特的又一個精神故鄉。

---

❿ *The Philosophy of Georg Henrik von Wright*, p. 16.

1.4 廣義模態邏輯：構想和嘗試

對於馮・賴特的思想發展來說，當劍橋教授的那幾年是相當重要的。正是在這幾年內，他的創造性工作開始超出歸納和概率研究的範圍，而進入哲學邏輯領域，如研究模態邏輯，創立道義邏輯，等等。

1947年去劍橋大學之前，馮・賴特正在為赫爾辛基大學的學生準備初等邏輯課程的講稿，力圖給謂詞演算中的邏輯真概念以一個可接受的解釋。為什麼當量詞作用於潛無窮的個體域時，真值函項重言式概念就不能適用於量化表達式呢？在用一元謂詞演算的公式作了多次嘗試之後，馮・賴特發現：如果不是把一公式的量詞往外移，把它們作為真值函項型公式的前綴，而是盡可能地把量詞往公式內部移，並把如此得到的量化單元當作不再解析的基本單位，馮・賴特後來稱其為存在構件(existence-constituents)，它們或者是相互等同的或者是相互獨立的；然後把整個公式看作是這些存在構件的真值函項複合式，並用真值表方法去判定該複合式是不是一個重言式，於是也就判定了該公式是不是一個邏輯真理。馮・賴特把這一發現擴充到關係表達式：不難看出，傳統謂詞演算的量化表達式都可以變形為存在構件的真值函項複合式，於是就可以給出它的範式，後者類似於命題演算公式的範式。欣迪卡當時是赫爾辛基大學一年級學生，馮・賴特的講授激起了他對這個問題的興趣，分配範式理論幾年以後成為他的博士論文的研究主題。

但與一元謂詞演算的情況不同，量化關係表達式的構件並不是邏輯上獨立的。於是，如何解釋量化關係表達式的邏輯真問題，就

變成了如何解釋構件之間的邏輯依賴性的問題。對後一問題的解決，將使人知道如何在構件之間分配真值的一般原則，從而也就獲得了判定該公式是否為邏輯真理的一般方法。這個問題困擾馮‧賴特達三、四年之久，他一直為此忙碌不堪。他決定分步驟解決這個問題，從二元關係入手。但利用關係邏輯的研究並不完全適合他有關邏輯真理的目標。於是在 1951 年，轉而利用雙重量化進行研究；幾年之後，又嘗試推進到三重量化。但是，馮‧賴特最終還是失敗了。馮‧賴特之所以想把邏輯真理刻畫為重言式，即給邏輯真理以有窮主義的說明，是因為他急於想把邏輯和數學區別開來。按照魏爾(H. Weyl)的說法，「數學是無窮的邏輯。」馮‧賴特直到晚年仍然認為，魏爾的這句話隱藏著深刻的真理，有待於進一步挖掘。

馮‧賴特研究邏輯真理的直接後果是發現了分配範式以及簡單量化和雙重量化的理論。這與他所付出的勞動是不成比例的。但從另一角度看，這一研究卻間接觸發了對哲學邏輯卓有成效的研究。1949年初的某一天，馮‧賴特正在劍橋河邊散步，忽然想到：模態詞「可能」、「不可能」和「必然」之間的關係，完全類似於量詞「有些」、「無一」、「所有」之間的關係，因而也相應具有對於合取和析取的分配性質。因而應該有可能按類似於量詞邏輯的方式，建立一個關於模態概念的邏輯。

當時馮‧賴特沒有讀過任何模態邏輯文獻，並且幾乎不知道有關於這一課題的研究。他最先把模態邏輯與他關於多值邏輯的想法聯繫起來。於是著手查閱盧卡西維茨(J. Lukasiewicz)關於多值邏輯的論文。只是到後來才知道劉易斯 (C. I. Lewis) 和朗格福德 (C. H. Langford)合著的《符號邏輯》一書中討論了模態邏輯。但馮‧賴特不太贊成對模態概念的早期處理,而著手獨立地建立他自己的系統。

與此同時，他還發現：不僅量詞和模態詞之間存在類似，而且在它們與道義概念「應該」、「允許」、「禁止」之間，以及與認知概念「證實」、「不確定」、「證偽」之間，也存在著相應的類似。於是，應該有四個獨立的邏輯學分支：存在邏輯即量詞邏輯，真勢邏輯(alethic logic)、道義邏輯(deontic logic)和認知邏輯(epistemic logic)。

「道義的」(deontic)一詞是布勞德建議馮・賴特使用的。道義邏輯的誕生可以確切地歸功於1949年聖誕節前後馮・賴特在劍橋家中的一次討論。當時特雷洛伊(K. E. Tranoy)正在劍橋讀研究生，並住在馮・賴特家中。馮・賴特、特雷洛伊以及雷德帕思(T. Redpath)一起討論道德哲學的一些問題。馮・賴特忽然產生一個想法，並立即著手將其寫成一篇論文《道義邏輯》，在《心靈》雜誌1951年第1期上發表。這篇論文產生了廣泛的影響，並被眾多的書刊翻譯、轉載。馮・賴特就此評論說：「我可以肯定地說，我寫過的任何東西都沒有像這篇那樣花費如此少的精力，卻受到如此廣泛的關注。我總是覺得這裡面存在著悖論。」**⓫**

把量化理論當作模態研究的一個分支，這一做法的合適性儘管可以質疑，卻產生了具有成效的結果。其一是把模態邏輯看作是基於命題邏輯之上的上層建築，如同謂詞邏輯一樣。也就是說，把模態邏輯當作是命題邏輯的擴充系統，而不是像盧卡西維茨和劉易斯等人那樣，把模態邏輯看作是經典命題邏輯的替代(alternative)系統。其二是可以把在量詞邏輯中發展出的真值表方法和分配範式應用到模態邏輯中去。

1948年在阿姆斯特丹(Amsterdam)參加第10次國際哲學大會期間，馮・賴特被邀請為剛出版的《邏輯和數學基礎研究叢書》寫一

⓫ *The Philosophy of Georg Henrik von Wright*, p. 28.

本專著。馮·賴特起初拒絕了邀請，但後來發現模態邏輯是一合適的題材，於是在1949–1950年間，完成了小冊子《模態邏輯》，並於1951年出版。這本僅90頁的小書包括七章和二個附錄，其標題依次是：真邏輯和模態邏輯；真邏輯的某些原理和量化；真勢模態；認知模態；道義模態；混合模態；高階模態；模態三段論；公理系統M、M´和M″。《模態邏輯》一書是廣義模態邏輯的奠基之作，它包含以下四個基本觀點：⑴在模態算子和量詞之間存在著完全的類似；⑵利用這種類似，可以把適用於部分量詞理論的判定程序推廣到各種模態邏輯系統；⑶可以利用分配範式定義模態邏輯中的邏輯真；⑷探討模態概念的不同解釋，以便建立包括道義、認知、價值論概念在內的一般模態理論。上述觀點或做法一再重複出現在馮·賴特的哲學邏輯研究中，成為他的哲學邏輯工作的一大特色。

　　當劍橋教授的那段時間裡，馮·賴特主要致力於邏輯真理的研究。當他於1952年初回到赫爾辛基大學時，標誌著他的一個新的研究階段的開始。馮·賴特當時打算，用多年時間一個一個地去研究解決哲學邏輯中的特殊課題，並且認為在這種研究的最後階段將使他觸及數學基礎，如自然數理論和集合論。但他從未達到這後一步。在近十年的時間裡，馮·賴特一直進行這種探索，寫作了不少論文，討論條件句、衍推、否定、邏輯悖論等問題。他不太滿意自己關於衍推和否定的論文，但認為《非直謂悖論》(1960)和《關於說謊者悖論的評論》(1963)是他寫得最好的論文之一。馮·賴特關於悖論的觀點可以濃縮為一句話：悖論代表著概念和論證網絡中「單獨的結點」，它們並不是我們的邏輯「患病」的症候，不應把出現悖論看做是「有害的」。人們可以處理悖論，就像在算術中處理用0除一樣。當發現悖論時，我們可以把它們「圈」起來以減少其危害。

1952年，馮·賴特發表論文《論某些價值論和認識論概念的邏輯》， 試圖把模態邏輯擴展到對於價值概念的形式研究。不過，此次嘗試並不成功。馮·賴特逐漸認識到：價值概念之間的關係，與各組模態概念內部之間的關係並不相同。例如，價值的兩端善和惡之間存在「中項」——價值中立，它的邏輯性質不同於各組模態概念的「中項」——如偶然的——所具有的邏輯性質。1962年5月，馮·賴特應邀到英國愛丁堡大學發表「倫理學和邏輯」的系列講演。在這四篇講演稿的基礎上，擴充改寫成僅68頁的小冊子《優先邏輯》， 由該校出版社於1963年出版。根據馮·賴特的說法，優先邏輯以存在於價值判斷之間的優先關係為研究對象，是關於優先關係的形式理論。1971年，馮·賴特發表《優先邏輯的重新思考》一文，改進了《優先邏輯》一書中的工作，並試圖把優先邏輯與私人主義概率論中可測度值這一概念聯繫起來。

擴展模態邏輯的另一個嘗試，就是創立了二元或相對的模態理論。在1952年與欣迪卡的談話中，馮·賴特受到下述類似的啟發：兩個命題的合取的概率並不就是兩個合取支的概率的積；同樣，兩個命題的合取的可能性並不等於兩個合取支的可能性的合取。既然在概率論中有乘法原則$P(p \wedge q) = Pp \times P(q/p)$，為什麼在模態邏輯中不能引入類似的原則$M(p \wedge q) \leftrightarrow Mp \wedge M(q/p)$呢？由此導致了對於模態邏輯和概率論之間類似性的研究。馮·賴特認為，有可能構造二元模態邏輯的形式系統，它具有下述有意義的性質：⑴傳統的一元模態邏輯可以看做是這種二元邏輯的極限（或蛻化）情形，即看做是相對於重言證據的可能性邏輯。⑵二元模態邏輯可以給出公理化表述，它與概率論的公理化表述十分相似。於是，概率邏輯就可以看做是數量化的模態邏輯。1953年，馮·賴特向在布魯塞爾召開的第

11次國際哲學大會提交一篇論文《模態邏輯的一個新系統》，從而開創了對二元（或更一般地說，相對）模態邏輯的研究。

與真勢模態相比，道義概念具有更明顯的相對性。義務、允許、禁止都是相對於一定的規範系統而言的，甚至就是由後者派生的；此外，義務、允許、禁止也是相對於一定的先行情況而言的，例如適齡青年有服兵役的義務，但老人和孩子卻沒有這樣的義務。於是，馮・賴特於1951年發表論文《關於道義邏輯和導出義務的注記》，概要闡述了二元道義邏輯。後來多次回到這一論題：1964年發表《道義邏輯的一個新系統》，次年發表對前文的訂正，等等。二元道義邏輯後來成為道義邏輯研究的一個十分重要的方向。

50年代初道義邏輯的創立，引起了馮・賴特對於規範(norm)的興趣。規範首先是人的行動的指導原則，而行動旨在促使或防止世界發生某種變化。於是，馮・賴特逐漸認為，一個充分發展的規範邏輯（道義邏輯）必須基於行動邏輯之上，而行動邏輯反過來又以變化邏輯為基礎。在1963年出版的《規範和行動》一書中，馮・賴特就表達了這一思想，並對變化邏輯作了初步研究。由於變化是在時間進程中由一種狀態轉換為另一種狀態，馮・賴特在1963年和1966年構造了關於兩個新的聯結詞："and next"（然後）和 "and then"（以後）的演算，後來證明這兩個演算可以納入普賴爾(A. N. Prior)型時態邏輯，是後者的兩個片斷。但馮・賴特認為，這並不表明這兩個演算是沒有價值的，構造它們純粹是浪費時間，相反這兩個演算所展示的研究思路有獨立的哲學價值。1968年，馮・賴特在劍橋大學發表第22次愛丁頓 (A. S. Edington)紀念演說，題為《時間、變化和矛盾》，對時間邏輯繼續進行研究。

馮・賴特指出：「如果要我說出自第二次世界大戰以來哲學邏

輯領域最重要的進展，我會毫不猶豫地提到模態邏輯研究的復蘇以及它擴展成為關於『模態種類』的一般理論。認知邏輯和道義邏輯從一開始就處在這種廣義模態邏輯的範圍內。後來異常繁榮的時態邏輯領域是由普賴爾開闢的，它反過來又與因果模態理論密切相關，在70年代早期後者成為我的主要研究對象。」⑫馮·賴特是哲學邏輯領域公認的大家，是多個新分支的開創者或奠基人。他所撰寫的哲學邏輯論文先後結集出版，如《邏輯研究》(1957)、《哲學邏輯》(1983)和《真理、知識和模態》(1984)。

1.5　倫理學和行動理論研究

從劍橋返回赫爾辛基大學後的十多年間，馮·賴特著力最多的實際上不是哲學邏輯，而是倫理學和關於規範和價值的一般理論。《規範和行動》和《好的多樣性》兩書於1963年出版，標誌著這個研究時期的結束。從60年代中期開始，由於受各種因素綜合影響，馮·賴特開始對黑格爾 (G. W. F. Hegel) 和馬克思 (K. Marx) 感興趣，開始懷疑自己從西方生活方式和文化傳統中汲取的世界觀，思想上有一種新人文主義傾向，這表現在他的專著《說明和理解》(1971)、《因果性和決定論》(1973)、《自由和決定》(1980)等論著中。

1.5.1　道德哲學的形式研究

1951年由劍橋返回芬蘭後，馮·賴特的研究興趣和重心發生了轉移，而這是由多方面的原因促成的。

首先，馮·賴特在劍橋時創立了道義邏輯，而義務、允許、禁

---

⑫ *The Philosophy of Georg Henrik von Wright*, p. 29.

止一方面與法律規範、道德規範等等相關，另一方面也與行動和行動主體即人相關，使得他由此介入法哲學、倫理學和行動理論的研究。

其次，馮‧賴特回芬蘭後，重新擔任了赫爾辛基大學人文科學系教授職位，同時兼任該校政治學系實踐哲學（亦稱道德哲學）教授。而先前他作為理論哲學教授凱拉的學生，在價值論、道德哲學、法哲學、政治哲學等方面沒有受到任何訓練；再加上他多年來一直致力於歸納和概率以及廣義模態邏輯的研究，與上述這些領域相去甚遠。因此，馮‧賴特為完成教學任務，不得不大量閱讀這些哲學領域的各種古典和現代文獻。他重點閱讀了亞里士多德 (Aristotle)、康德和摩爾的倫理學著作，並且也研讀了謝勒 (Max Scheller) 的著作。

另外，自第二次世界大戰結束直至50年代末這段時間內，馮‧賴特閱讀了大量文學作品，其中包括陀思妥也夫斯基 (F. Dost-oevsky)、托爾斯泰(L. Tolstoy) 的作品，以及彌爾頓(J. Milton) 的《失樂園》、歌德的《弗羅斯特》等，這些作品中所暗含的哲學思想對馮‧賴特也產生了很大影響。馮‧賴特甚至寫了許多隨筆，試圖理清自己閱讀這些作品後的印象，並向具有與他差不多文化背景的人解釋這些作品的意義。這些隨筆後來結集為《思想和預言》於1955年出版。由於這些隨筆的非專業性質，再加上是用瑞典語寫作的，限制了這本書的傳佈範圍。馮‧賴特之所以要寫作這些隨筆，是因為他意識到自己的哲學研究領域過於狹窄，其意義十分有限，而他總是覺得哲學應與他的生活以及對於這個世界的理解有關。正是基於這樣一種認識，導致他把研究重點從純邏輯轉向與人、人的意向及其行動相關的領域。

　　如前所述，馮・賴特在學生時代持有一種「審美的人文主義」。在40年代後半期，也許是由於戰爭的影響，這種態度開始轉變，逐漸地對道德和宗教問題——也許最貼切的說法是「生命問題」感興趣。馮・賴特從與巴西作家和非職業哲學家梅洛 (Mario Vieira de Mello)的交往中受益不少，後者當時任巴西駐赫爾辛基大使，後任駐挪威奧斯陸(Oslo)大使。正是在梅洛的建議下，馮・賴特研讀了耶格爾(W. Jaeger)的三卷本巨著*Paideia*，並撰寫了討論這本書的論文；又在耶格爾的影響下，研讀了柏拉圖的《共和國》。早期所持有的「審美的人文主義」逐漸轉變成以個人為中心的「倫理的人文主義」。

　　從大量的閱讀和思考中，馮・賴特自己的觀點逐漸形成並成熟起來。而來自英國聖安德魯斯大學作吉弗德(Gifford)講演的邀請，無疑是他思想的催生劑。1959和1960年，馮・賴特在聖安德魯斯大學作了總題為「規範和價值；對於道德和法律的概念基礎的研究」的兩次系列講演。第一次講演在1959年4–5月，主要討論規範；第二次講演在1960年1–3月，主要討論價值。兩次演說稿經修訂後，分別以《規範和行動：一種邏輯研究》和《好的多樣性》為書名於1963年同時出版。

　　《規範和行動》是馮・賴特用力最大的一部著作，共十章，其標題分別是：規範概論；邏輯預備知識，變化邏輯；行動和能力；行動的邏輯；對規範的分析；規範、語言和真；規範和存在；道義邏輯：直言規範；道義邏輯：假言規範；高階規範等。《規範和行動》所討論的基本問題不是邏輯問題，而是一個本體論問題。在斯堪地那維亞地區的道德哲學和法哲學傳統中，認為規範沒有真假可言，因此相互之間也沒有像矛盾和衍推這樣的邏輯關係。馮・賴特

同意前一點，但不贊成後一點。他發展了一種關於規範的「意志理論」。根據這種理論，一個義務或禁止的規範，表達了規範制訂者促使規範執行者做或不做某種行為的意志。一個允許規範則等於明確宣示：履行或不履行該規範都不會招致規範制訂者的懲罰。規範邏輯的原則，就是規範制訂者的意志相對於其他人的行為的協調性和合理性的標準。規範系統的一致性則是至上意志的自我協調。

《好的多樣性》一書共十章，各章的標題分別是：好的多樣性；工具的好和技術的好；功利的好和醫學的好，有益的和有害的，健康和疾病；享樂的好；人之好；好和行動；美德；「好」和「必須」；義務；公正。這本書是對「好的」(good) 一詞的各種用法的概念研究，因而也是對好(goodness)的不同形式的概念研究。馮‧賴特區分出好的這樣一些形式，如工具的好，技術的好，醫學的好，功利的好；這些形式又各有一些子類，例如有益的好就是功利的好的子類。不過，馮‧賴特堅持認為，不存在道德的善，「善」的道德含義是一種派生的或第二位的含義，必須根據該詞的非道德用法加以解釋。公正原則的內容是：「一個人作為共同體的一員，如果他不付出，他就不會更多地得到。」馮‧賴特認為這一原則是道德的基石。

《好的多樣性》的寫作前後歷時兩年。在吉弗德講演之前，曾在赫爾辛基大學給學生講授。當時馬爾康姆在芬蘭，馮‧賴特曾與他逐頁討論該書手稿。馮‧賴特自稱，這本書的寫作很輕鬆也很愉快，並且是他的所有學術著作中論證得最好且最具個人色彩的一部。但是它在後來的倫理學和價值論討論中幾乎沒有留下任何痕跡，因為它的精神與當代倫理思考的主流，至少是與它也屬於其中的分析哲學傳統相抵觸。這應了一句著名的流行語：書籍都有它自己的命

運。

《規範和行動》和《好的多樣性》兩書是相互獨立的著作，它們在精神和方法上都是各不相同的。前者對於規範和行動的分析，使用了形式邏輯的技巧和方法，在這個意義上它的很大一部分內容屬於哲學邏輯。而後者對好也進行了邏輯分析，但不是形式分析，馮・賴特甚至認為形式方法不能應用於對好的研究。這兩本書都包含著可供進一步發展的因素。1968年，馮・賴特的另一本專著《論道義邏輯和一般行動理論》在阿姆斯特丹由北荷蘭出版公司出版。這本僅110頁的小書源自於馮・賴特1966年在美國匹茨堡大學任訪問教授時開始的幾個研究計劃，並於1967年在波蘭克拉科夫大學(Crocow)、1968年在阿根廷布宜諾斯艾利斯大學(Buenos Aries)作了講演。這本書對行動邏輯作了最詳盡的表述，力圖糾正《規範和行動》一書對行動邏輯表述方面的形式缺陷。

當寫作《好的多樣性》一書時，馮・賴特就涉及到實踐推理(practical inference)問題。就其最一般的形式而言，這個問題關注的是思想與行動，或者說理論與實踐的關係。馮・賴特對實踐推理的研究，重點在回答這樣一個問題：一個人的意向（他的要求、意願）以及使這種意向得以實現的想法是如何「促使他」行動的。這實際上是要揭示：一方面是人的意向和認知態度，另一方面是他所採取的行動之間的概念聯繫，在這個意義上可以說到實踐推理的邏輯。但這裡所說的邏輯是鬆散意義上的，而不是嚴格形式意義上的。馮・賴特認為對實踐推理的研究在哲學上是十分重要的，這是因為：第一，這種研究將揭示關於一個人自己行動的推理（第一人稱推理）與關於他人行動的推理（第三人稱推理）之間重要的概念差異，這種差異是知識、理解、真理領域內主觀和客觀之間更普遍、

更深刻差異的一個方面。第二，實踐推理與行動的解釋有關。從關於目標和手段的考慮到需要採取某種行動的結論，這一「向前看」的實踐推理過程只不過是對現實行動的「向後看」的說明或辯護過程的逆，即倒過來的對於行動或行為的目的論解釋。考慮到行動解釋在人文社會科學和生命科學中發揮著十分重要的作用，實踐推理問題就與目的論在上述這些研究領域中的地位這一有爭論的問題密切相關。馮·賴特在《好的多樣性》中對實踐推理作了簡要概述，並在專著《說明和理解》(1971) 及一系列論文——例如，《實踐推理》(1963)、《論所謂的實踐推理》(1972)、《決定論和對人的研究》(1976)、《對行動的說明和理解》(1981)等——中作了進一步探討，這些論文後來結集為《實踐推理》於1983年在英國出版。

1.5.2　新人文主義：《說明和理解》

從1961年起，馮·賴特任芬蘭科學院院士，有兩年時間擔任該院院長，並從此不再擔任赫爾辛基大學教授，不過他保留了在大學裡任教的權利。他有時上課，更多的時候是指導研究班，設立跨學科、跨學校的論壇，以及組織小型國際專題會議。1963–1965 年，馮·賴特還擔任了國際科學史和科學哲學聯合會會長。任科學院院士及上述兼職，由於沒有教學任務，使他有更多的機會去國外講學、開會、旅行等，他幾乎訪問了世界上所有的學術中心。

1954年，馮·賴特任美國康奈爾大學訪問教授；1963年，任加利福尼亞大學弗林特(Flint)訪問教授；1965年，被選為康奈爾大學安德魯·D·懷特無任所教授；1966年，任匹茨堡大學訪問教授；1977年，到哥倫比亞大學發表伍德布里奇(Woodbridge)講演，等等。頻繁的美國之行使馮·賴特的世界觀和生活觀慢慢發生了一些重要

變化。馮・賴特變得比以前更為理性主義和樂觀主義。在青年時代，儘管馮・賴特是一位實證主義者，但他從不相信通過科學的進展和知識的傳播能夠導致社會進步。他當時持有「審美的人文主義」，這是與關於變革的悲觀主義觀點以及關於科學技術對社會意義的懷疑主義態度緊密相連的。這是 20 世紀中葉歐洲知識界普遍持有的觀點。但是，他的許多美國同事，其中不僅有哲學家，還有數學家和行為科學家等，所持有的以科學為中心的理性主義感染了馮・賴特，特別是1963年在加利福尼亞大學任訪問教授時，他感受到特別強烈的衝擊。他開始對控制論和數理行為科學感興趣，認為自己正目睹精確的方法和思維在關於人的研究中取得突破，這種突破可與文藝復興後期以及巴洛克時期自然科學領域所發生的革命相媲美。實在的一部分，即人和社會的世界，此前一直掩映在某種晦暗中，目前正被理性的光芒所照耀。這標誌著：人對其他人的態度以及他們在社會層面上的相互合作，將變得更為理智、更合乎人道。在60年代前半期，這種態度主宰了馮・賴特的整個理智情緒，他在大量的隨筆、論文和談話中表達了這種情緒。

但是越南戰爭使馮・賴特的態度趨向左傾。與他的美國同事及其他知識分子一道，馮・賴特參加了反越戰的抗議活動，這甚至導致他對自己的過去及其與世界的關係作批判性考察，最終在他的理智態度和觀點上引起了難以估量的改變。他當時反思道：「我出生在一個具有議會民主制傳統和市場經濟體制的國家，在一個資產階級家庭長大，生下來就潛移默化地接受了一整套西方文化傳統，這已經成為我生命的內在組成部分。我以前一直認為西方文化傳統是理所當然、無可質疑的。但我現在意識到，它並不像我原來所認為的那樣無懈可擊，世界上還存在其他的文化傳統，他們用不同的方

式看世界，所看到的世界景觀與西方文化所看到的很不相同。知識
分子應該作為他的時代的批評者而起到自己特殊的作用。」⑬馮‧賴
特開始廣泛地研讀，其中包括當代史和現行事務以及社會政治理論
等方面的著作，甚至包括黑格爾、馬克思以及某些非正統馬克思主
義者（如法蘭克福學派）的著作。通過研讀和反思，他認識到：他
以前持有的理性主義的人文主義是以個人為中心的，它完全忽視了
社會及其制度的作用；而科學技術的進步對人的啟蒙及生存狀況的
改善，只有通過一定的社會制度及其機能才能實現。由此，馮‧賴
特的研究重點逐漸從自然狀態的人轉到了人的社會和社會的人，理
性主義的人文主義演變成「社會的人文主義」。這種新人文主義在
馮‧賴特70–80年代的著作，如《說明和理解》(1971)、《因果性和
決定論》(1973)、《人文主義及其他論文》(1978)、《自由和決定》(1980)
中得到了體現。

　　《說明和理解》一書的寫作應追溯到1965年。馮‧賴特早就得
到安斯考姆送給他的一本書，即泰勒 (Charles Taylor)的《行為的解
釋》，但他一直未讀。1965年夏天，馮‧賴特要為即將召開的斯堪
地那維亞地區心理學大會準備一篇同題論文，於是他讀了泰勒的那
本書，並留下深刻印象，但他仍然覺得有一些另外的話要說。不久，
馮‧賴特接到邀請，到劍橋大學三一學院作塔納 (Tarner)講演，從
而加速了馮‧賴特的研究過程。講演在1969年秋季進行，題為「自
然科學和人的科學中的解釋問題」。1970年春季又在美國康奈爾大
學再次就此題進行講演，其講演稿實際上就是次年出版的《說明和
理解》一書。在該書中，馮‧賴特認為，在自然科學和關於人的科
學之間，存在著根本內容的差別，關於自然事件的因果性說明不能

⑬　參見 *The Philosophy of Georg Henrik von Wright*, pp. 19–21.

解釋人的行為的合目的性，對於後者的說明應是目的論或者意向論的，即要求考慮到行動者的意向(intentions)、動機、理性及類似因素。《因果論和決定論》一書，是1972年10-11月在美國哥倫比亞大學作伍德布里奇講演的產物。它與《自由和決定》一書一起，繼續探討了《說明和理解》一書的主題，進一步發展了體現在後者中的關於人的行為的意向論說明模式。

馮‧賴特於1986年6月14日70歲生日那天正式從芬蘭科學院退休。他一生的研究領域包括哲學邏輯，歸納和概率邏輯，倫理學和行動理論，自然科學與關於人的科學的相互關係，維特根斯坦著作的搜尋、編輯、出版與研究，等等。在退休後的十年間，他又把自己的研究領域延伸到文化哲學和心靈哲學領域，已出版或將出版新著《知識之樹及其他論文》(1993)和《在笛卡爾的餘蔭下：心靈哲學論文集》(1998)。其中最有影響的是他在哲學邏輯和維特根斯坦研究方面的工作，其次是在歸納和概率邏輯、人文科學中的理解問題等方面的工作，他著力最多的倫理學和行動理論研究卻影響不大。馮‧賴特一生著述豐富，截至1995年，用英文、德語、俄文、瑞典語、芬蘭語、西班牙語等語種出版個人專著、論文集近四十種，發表論文四百多篇，編輯或參與編輯維特根斯坦著作及其他著作三十多種。總之，馮‧賴特是20世紀產生了廣泛且重要的國際影響的偉大邏輯學家和哲學家。

第二章　歸納邏輯

2.1　歸納問題及其解決方案

按通常理解，歸納是從特殊事例到普遍命題的推理，包括概述式歸納（完全歸納法）和擴展式歸納（不完全歸納法）。而馮·賴特則把歸納定義為「從已知到未知的推理」，其結論的內容超出了前提所斷定的範圍，因而結論不是從前提邏輯地推出來的，不具有邏輯的必然性。❶

馮·賴特指出，歸納推理有三種形式：⑴從S類的個別對象具有性質P，推出S類的任意有窮數目的未經考察的對象也具有性質P。⑵從S類的個別對象具有性質P，推出S類的所有個體都有性質P。⑶從S類的經考察的對象中，有n% (0<n<100)具有性質P，推出在S類的所有對象中有n%具有性質P。馮·賴特把⑴專門叫做「推斷」(eduction)，以與一般的歸納(induction)相區別；並把⑵和⑶的結論分別叫做「全稱概括」和「統計概括」。他重點考察了涉及潛無窮對象的具有全稱概括結論的歸納推理。

❶　G. H. von Wright, *The Logical Problem of Induction*, Oxford: Basil Blackwell, 1957, pp. 1–9.

在其博士論文《歸納的邏輯問題》一書中，馮・賴特區分了有關歸納的兩個問題：一是邏輯問題，著重探尋歸納結論與觀察證據的邏輯聯繫，或者說歸納過程的推理機制；二是心理學問題，著重探尋科學中歸納推理的起源，以及在現象的流變中發現不變性和規律所需要的心理條件。在《論歸納和概率》一書中，馮・賴特又進一步區分出有關歸納的第三個問題，即歸納辯護的哲學問題。這個問題本質上是由英國哲學家休謨(David Hume)提出的，所以又叫做「休謨問題」，但更多的時候被叫做「歸納問題」。馮・賴特在《歸納的邏輯問題》一書中，著重探討了對休謨問題的各種解決方案；而在《論歸納和概率》一書中，則側重於對歸納和概率的形式分析。

休謨問題實質上是從個別事實到普遍結論的歸納推理是否有效的問題，也就是說歸納推理能否得到證明或辯護(justification)以及如何辯護的問題。休謨及其後繼者對此提供了否定的回答，其要點是：⑴歸納推理不能得到演繹地辯護。因為在歸納推理中，存在著兩個邏輯的跳躍：一是從實際觀察到的有限例證跳到了涉及潛無窮對象的全稱結論；二是從過去、現在的經驗跳到了對未來的預測。而這些都沒有演繹邏輯的保證。⑵歸納推理的有效性也不能歸納地證明，例如依據歸納法在實踐中的成功去證明歸納，這就要用到歸納推理，因此導致無窮倒退或邏輯循環。⑶歸納推理要以自然齊一律和普遍因果律為基礎，而後兩者只不過是理智的假定或習慣性的心理聯想，並不具有所謂的客觀真理性。休謨及其追隨者由此達到了經驗知識不可能具有普遍必然性的懷疑主義結論。馮・賴特考察和評述了對休謨問題的幾種主要解決方案，如康德的先驗綜合判斷，彭加勒的約定論，培根、穆勒傳統中的歸納邏輯，對歸納的概率論研究等等。

2.1.1　康德的先驗綜合判斷

　　康德(I. Kant)坦率地承認，休謨的論證使他從獨斷論的迷夢中驚醒，不過他仍不同意休謨的結論。他指出，休謨的懷疑論猶如哲學王國中的游牧民族，愛好破壞，而不知道如何去建設。康德把科學看成是一個知識的體系，這個體系是由無數個判斷構成的。判斷都是由主謂式語句表達的，有兩種類型：(a)謂詞包含在主詞中，即謂詞只是重複主詞所包含的一部分內容，這叫分析判斷；(b)謂詞在主詞之外，給主詞增添新內容，這叫綜合判斷。從其來源和價值上看，分析判斷是先天的判斷，具有普遍必然性；綜合判斷從經驗中得來，是後天判斷，不具有普遍的效力。近代哲學的兩派都在這兩種判斷之間作非此即彼的選擇：唯理論者強調分析判斷，他們從一些自明的公理出發去推演整個體系；經驗論者則立足於綜合判斷，因而兩派都不能說明經驗科學知識的普遍必然性。康德則認為，真正的科學知識是他所謂的「先天綜合判斷」，同時兼備上述兩種判斷的優點，即(1)增添新的知識內容，(2)具有普遍必然性。從歐幾里德幾何的公理到牛頓力學的一系列定理，以及普遍因果律，都是先天綜合判斷的例了。由於這種判斷的存在是毋庸置疑的事實，因此康德認為，「先天綜合判斷是否可能」根本就不成為問題，無需解答和證明。需要證明的是這種判斷「如何可能」，也就是說，要使先天綜合判斷成為可能，需要哪些條件和根據。「先天綜合判斷如何可能」的問題於是就成為康德先驗哲學的總問題。

　　馮・賴特指出，康德解決休謨問題的嘗試存在兩個主要困難。一是「先天綜合判斷」這個概念受到了嚴厲的批評，特別是受到具有實證主義傾向的哲學家的批評。例如，邏輯經驗主義者就根本排

斥先天綜合判斷的存在。馮‧賴特本人也論證說，「不可能存在必然綜合命題」這一命題本身是必然的和分析的。他的論證大致如下：說「Q的所有實例必然是R的實例」，就意味著：「這是R的一個實例」可以從「這是Q的一個實例」推出來；並且這還意味著析取命題「這或者是非Q或者是R」是一個重言式。另一方面，說命題「Q的所有實例是R的實例」是綜合的，就意味著「這是R的一個實例」不能從「這是Q的一個實例」邏輯地推出來，由此導致邏輯矛盾。因此，「不可能有必然綜合命題」本身是一重言式。

馮‧賴特指出，有人可能辯解說，即使純形式的必然性可以根據「邏輯地推出」來定義，並且「邏輯地推出」又可根據重言式來定義，但當我們說到「先天綜合判斷的必然性」時，我們所關注的是它的非形式的必然性。為對付此種辯解，馮‧賴特又提出了下述論證：假定命題「所有A是B」是先天綜合的，並假定有人堅持認為有A不是B。拒斥「有A不是B」這一判斷有兩種方式，一是認為「有A不是B」這一說法與我們賦予詞項A、B的用法相矛盾，二是說該斷言因某些另外的理由為假，例如觀察不仔細，記錄有錯誤，故意說謊，等等。為了能夠確保這樣的理由總能提出，即無論在何種情況下，只要有人堅持認為有A不是B，我們就能提出不承認存在不是B的A的理由，這種理由就只能來自於詞項A、B的定義。因此，在這兩種方式下，命題「所有A都是B」的真都是源自於詞項A、B的用法或定義。如此一來，該命題就不再是綜合的，而是分析的。因此，先天綜合命題不存在。

馮‧賴特指出，康德的先天綜合判斷嘗試的第二個困難是：當把先天綜合判斷如普遍因果律，用於確立具體事件之間的實際因果聯繫時，並不能單獨證實這個特殊的歸納的合理性，尚需加上許多

其他的原則，如自然齊一律，有限獨立變化等。康德本人並不把後面這些原則看作是先天可證的，而僅僅看作是「主觀的」假定。這樣，對歸納的辯護就不可能是完全先天的。

在考察對歸納的先天辯護時，馮・賴特還評述了弗里斯 (J. F. Fries) 學派的觀點，以及懷特海 (A. N. Whitehead) 的因果知覺理論，邁耶森 (E. Meyerson) 對科學解釋的說明，布拉德雷 (F. H. Bradley) 和鮑桑葵 (B. Bosanquet) 的具體共相理論等，其總的結論是：對歸納的先天辯護是不成功的。

2.1.2　彭加勒的約定論

馮・賴特注意到，最早明確指出約定 (convention) 在科學中的重要作用的，是法國數學家彭加勒 (Henri Poincaré)。彭加勒認為，科學的基本原理既非來自先天，亦非來自經驗，而是來自社會的約定。他論證說，歸納法只能歸納有限的例證，不可能窮盡無窮多的事實，所以它歸納出來的原理並未得到完全的證實。至於說基本原理來自先天更不對，否則現代物理學、化學、生物學等實驗科學的許多高深的原理應在古希臘就被智者悟出。那麼，基本原理來自何處呢？彭加勒認為主要來自社會的約定：有些基本原理已得到經驗的初步證明，但還不能被完全證實，於是科學家們共同約定，同意把這些原理看作已被證明為真的，然後據以推演出各個學科較具體的定律和理論。如有幾個已被證明的原理可供選擇，則取其應用起來最方便的一個。約定以後，仍要繼續尋找經驗的證明，如一直無反證，此約定可維持下去。約定是人們精神自由活動的產品，科學家只要找到各種符號之間的對應不變性，就可以由一種約定轉換為另一種約定，並仍可把宇宙中各部分之間的關係表達出來。

馮·賴特指出，彭加勒並沒有把他的約定論觀點與歸納辯護問題關聯起來，並沒有試圖用約定論為提供一般的歸納理論服務。不過，「對（歸納）辯護問題採取約定主義觀點，在20世紀初期是哲學界的時髦。」❷ 例如，勒·盧阿(Le Roy)、科勒留斯(H. Cornelius)、丁格爾(H. Dingler)、舒普(W. Schuppe)等人主張一種激進的約定論觀點，認為科學中的普遍真理總是分析的，歸納問題因此而被消解。這些人的論證大致如下：

歸納問題源自於錯誤地理解了科學真理的性質，它過於簡單地把由歸納得到的每一個概括命題看作是純粹綜合的。相反，由於發生了從綜合到分析的轉變，從很好確立和確證的經驗概括到語言約定的轉變，歸納因此能夠宣稱達到了絕對真理，歸納概括因其是分析的和重言的而獲得了普遍有效性。由於這種轉變很少被明確表達出來，常常是隱藏在模糊的語言形式中，難以被人覺察到，我們就很容易得出錯誤的結論：某些命題既是綜合的又是必然真的。「古典的」歸納問題就源自於要協調關於同一語句的這兩個互相矛盾的看法。當我們弄清楚這個問題純粹出於誤解時，這個問題本身就消失了，或者說被消解了。歸納辯護不是要表明如何能知道綜合命題對未經考察的例證為真，而是要表明普遍必然的真理如何產生於其性質已轉變為分析命題的綜合命題。

持激進約定論的哲學家們因此認為，整個科學，甚至是它們基於歸納的部分，都不是一個普遍綜合命題的體系，而是分析真的命題的體系。在這樣的體系中去掉一普遍命題，並不是因為它已被證偽，即與某個經驗命題相矛盾，而是因為更豐富的經驗表明有必要

---

❷　G. H. von Wright, *A Treatise on Induction and Probability*, London: Routledge and Kegan Paul, 1951, p. 27.

以新的方式使用科學表達式。這種科學真理觀可以說明證偽現象，並且不必假定科學系統一成不變，與此同時又消除了從關於科學真理的普通觀點中產生的歸納問題。

馮・賴特並不同意上述看法，他強調指出，關於科學真理的激進約定論觀點並不能整個地消除科學中的歸納問題。他以磷光體(phosphorus)的溶點為例。假設有某類物質，它有幾種特別容易識別的特徵X、Y、Z，我們把這種物質叫做「磷光體」，但並不把磷光體就定義為具有X、Y、Z的物質；也不以任何其他方式去定義它。我們通過實驗發現，實驗中所用的所有磷光體都在44℃時溶化。於是我們作出概括說：「磷光體在44℃時溶化。」後來我們碰到了一些物質，它們有特性X、Y、Z，但不在44℃時溶化。如果我們的概括命題意味著「一切具有性質X、Y、Z性質的東西都在44℃時溶化」，那麼我們所遇到的反例就拒斥了這個概括命題。但我們可以用下述兩種方式對付反例，以拯救我們的概括命題「磷光體在 44 ℃時溶化」：⑴我們可以著手定義「磷光體」，並使「在44℃時溶化」成為該定義的一部分；⑵我們也可以說磷光體是某種分子和原子的結構，「在44℃時溶化」是這種結構的一個確實可靠的標誌，而「同時具有X、Y、Z性質」儘管一般而言是這種結構的一可信標記，但並不是一個確實可靠的標誌。在這兩種情形下，「磷光體在44℃時溶化」都成為一分析命題，因而得到拯救。但並不能因此就說消除了歸納問題。與「磷光體在44℃時溶化」這個分析命題相關的，還有一綜合命題：「任何東西，只要通過了除在44℃時溶化之外的所有那些關於磷光體的測驗，它也將在44℃時溶化。」毫無疑問，我們強烈傾向於贊成這個命題，並按這個信念行動。但是，若一實體不能在44℃時溶化，我們就不把它叫做磷光體，這一事實本身並不是這一

信念的根據。導出並證實該綜合命題表述的信念的，並不是那個分析命題，而是使「磷光體在44℃時溶化」成為分析的那個約定由之產生的一些經驗事實。於是，我們又回到了我們的出發點，即根據關於有限的觀察實例的知識去證實一個全稱的綜合命題。歸納問題仍在那裡等待著我們去解答。

馮・賴特還指出，約定論在解決歸納問題時有嚴重缺陷：它不能說明我們相信科學預言的合理性，也與人們在面對反例時實際所採取的步驟不符。「一個理論或規律能夠用來作出預言：當某些條件得到滿足時，某些特徵將會被觀察到。如果這樣一個預言失敗了，那麼從約定論的觀點來看，必定是因為在所提到的場合，由該規律所規定的那些條件僅僅是『表面上』得到滿足，或者是因為該特徵也僅僅是『表面上』未出現。這樣一來，約定論就解釋了為什麼不必把不成功的預言解釋為是對預言從中引出的那些理論或規律的拒斥。但是，約定論並沒有解釋，為什麼在大多數情況下預言確實是成功的，並且我們通常不採取約定論的補救方案以逃避拒斥。這裡歸納辯護問題重新出現了，並且要求一個新的回答。」❸

2.1.3 對歸納的發明論辯護和演繹主義辯護

馮・賴特指出，「根據一種人們熟知的定義，歸納是『發現和證明普遍命題的活動』。 在此定義中，兩個基本不同的方面，即發現普遍命題和證明普遍命題，在某種程度上是平行的，這種平行對於歸納哲學來說是至關重要的。另一方面，這兩個方面的仔細區分，也對闡明有關歸納及其辯護的觀念大有助益。」❹ 馮・賴特注意到，

---

❸　G. H. von Wright, *A Treatise on Induction and Probability*, p. 27.

❹　G. H. von Wright, *The Logical Problem of Induction*, p. 55.

相應於歸納的兩個不同方面的區分，有人提出了對於歸納的「發明論」(inventionistic) 辯護和「演繹主義」(deductivistic) 辯護，這兩種辯護最後都與約定論有某種關聯。

從歷史上看，英國物理學家和天文學家赫歇耳(J. Herschel)第一次把發現和證明加以明確的區分，也就是說他認為定律的發現和理論的提出，同它們得到證明和被認為可以接受是兩個不同的問題。並且他認為重要的是發現，而不是歸納過程的證明。惠威爾 (W. Whewell)更明確地主張歸納是一個發現過程。他對科學史的研究使他相信，科學發現是前奏、歸納、後續的三部曲。前奏由事實的搜集和分解，以及概念的澄清所組成。歸納出現於一個特定的概念模式另外加於事實上時，惠威爾的歸納概念有以下幾個特點：⑴他把歸納和歸納邏輯分開，認為科學家所運用的歸納並不是形式上可靠的推理，試圖建立與演繹邏輯相稱的「歸納邏輯」是無效的。問題在於其結果是否可靠，不在於其程序如何才能在邏輯上正確。歸納是個發現過程，是達到真理的多少帶有冒險的途徑。⑵事實的綜合靠科學家的創造性的洞察力，而不是靠幾條歸納規則。猶如破譯密碼一樣，要依次發明、試探若干嘗試性假說，然後用觀察與假說的演繹推斷是否一致來排除錯誤，直到選擇出「合適的猜測」，這些猜測通過教育在公眾的頭腦中紮下根就成為必然真理。所以歸納是個試錯過程，是發明和試驗的過程。⑶因此，歸納不是事實的單純搜集，而是事實和概念結合為理論，是把「事實捆綁在一起」。例如刻卜勒(J. Kepler)第三定律就是用「公轉週期的平方」、「距離的立方」、「正比例」等概念把行星的公轉週期和離太陽的距離等事實捆綁在一起。所以他把歸納理解為用精確而合適的概念描述事實的綜合過程。惠威爾所說的後續，是指從通過歸納獲得的理論中演繹

出關於事實的推斷。若演繹推斷涉及與歸納的事實種類相同的事實，就稱為科學解釋；若涉及與歸納的事實種類不同的事實，則稱為科學預見。從惠威爾的觀點中可以看出，對於歸納的發明論辯護是與假說演繹法密切相關的。

關於歸納的發明論辯護，馮·賴特評論說：「在對發現和預言之間的差別有一個清楚看法的基礎上，不難看出發明論研究將帶我們至何處。它所提供的辯護與在給定素材中發現一共同特徵有關，這一發現最初是以所建議的歸納結論的形式嘗試性地提出來的，但它確實沒有給在新的素材中預言同一特徵的行為提供辯護，……。因為僅靠下述事實，即給定的觀察證據處在該理論或規律的範圍內，因此在這個意義上就證明引入這一理論或規律是合理的，絕不能保證該理論或規律對未來的觀察也成立。」❺

馮·賴特指出，歸納和演繹常被說成是心智的「互逆運算」。歸納是從較不一般的命題到更為一般的命題，而演繹則是從一般性前提到一般性小於或等於前提的結論。但馮·賴特不贊成上述說法：「這一對比並不是完全恰當的：概述式歸納完全能夠正當地被看作是演繹論證。邏輯上非結論性的論證──擴展式歸納是其中之一──與邏輯上結論性的論證，才是適當的對比。」❻

馮·賴特還談到了對於歸納的演繹主義辯護。他指出，在成熟的理論科學分支中經常發生如下情形：觀察證據顯示了我們可以感知到的齊一性，我們不知道此種齊一性如何與其他自然規律相協調。我們起初甚至不把這種齊一性叫做「規律」，而僅僅稱它為「經驗

---

❺ G. H. von Wright, *A Treatise on Induction and Probability*, p. 23.

❻ G. H. von Wright, *Induction*, in *Encyclopedia Britannica*, vol. 12, p. 182. Chicago: William Benton, 1959.

規則」或類似的東西。後來我們能夠從某個已經接受的規律推出這個規則，此時我們就稱已經為這個嘗試性的歸納結論提供了演繹辯護。有人早就指出，規律是從特殊的觀察歸納地推出，而從更普遍的規律那裡得到演繹的證明。所謂「證明性歸納」(demonstrative induction)是此種演繹辯護的最好體現。

穆勒指出，「通過增加一個大前提，每一個歸納都可以變成三段論的形式。」此種三段論有兩種前提：一種是表示觀察證據的例證前提，一種是表示普遍性規律或假設的補充前提，其結論則是對某種已有事實的說明或對於某種未知事實的預測。增補為三段論形式的歸納，叫做「證明性歸納」。穆勒認為，要使消除歸納推理成為證明性的，所需加入的大前提是如下的普遍因果律：「每一個事件，或每一個現象的開端，必定有某種原因；某些先行現象，由於其存在，恆定地和無條件地要產生某種後果。」普遍因果律亦被稱為決定論原則(deterministic principle)。對於消除歸納法來說，假定某種決定論原則是完全必要的。除非我們假定 A 有必要條件，我們就不能從大量觀察到的 A 的實例與某個另外的特徵並存這一事實推出任何結論。

馮・賴特指出，只加入決定論原則也不足以使消除歸納法推理變成證明性的。因為與給定現象可能具有條件關係的現象可能是無限多的，或者有些相關現象被我們有意無意地忽略掉了，或者給定現象可能具有多重或複雜的條件，等等。為了對付諸如此類的困難，需要給消除式歸納加入的第二個前提是選擇公設 (selection postulate)，其內容是：(1)在與給定現象可能有條件關係的性質或現象中，包含著實際有條件關係的性質或現象；(2)一性質或現象究竟是否與給定現象有條件關係，可以通過反面證據的枚舉來確定。選擇公設

的作用是限定消除歸納法中可供選擇的可能性的範圍。馮・賴特強
調指出，為了獲得證明的力量，每一個歸納推理都需要補充兩大前
提，即決定論原則和選擇公設。

馮・賴特評論說：「演繹主義研究可以說提供了對歸納的預言
方面的辯護。不過，這種辯護顯然只具有純粹相對的價值。它使得
歸納結論的真依賴於某些另外命題的真。不過，把我們的信念如此
編織在一起的心理學重要性是值得重視的。」❼

無論是對於歸納的發明論辯護，還是演繹主義辯護，最後都不
得不求助於約定論。馮・賴特指出：「在歸納的發明論辯護的支持
者中間有一種傾向，即在關於歸納結論的普遍真理性問題上採取約
定論態度，由此彌補發明論研究在證實預言的合理性上的失敗。例
如，惠威爾所做的就是如此。」❽在歸納的演繹主義辯護的支持者中
間，「也存在一種傾向，即在演繹由之出發的規律的真理性問題上，
通過採取約定論路線去彌補它的相對性。阿佩爾特(E. F. Apelt)的觀
點當然就是如此。不過，應該注意的是，如果頂層的規律是根據約
定為真的，後來從中演繹出來的、歸納確證的規律也變成根據約定
為真的。」❾於是，對於歸納的發明論辯護和演繹主義辯護，就與約
定論面臨著同樣的窘境。

馮・賴特指出，對於歸納還有一種實用主義辯護，這種辯護肇
始於皮爾士 (C. S. Peirce)，其現代支持者有布雷斯威特、涅爾 (W.
Kneale)、賴欣巴赫、魏斯頓(J. O. Wisdom)等人。在這些人看來，
歸納是我們用來預測事件進程的一種策略，這種策略的合理性不在

---

❼　G. H. von Wright, *A Treatise on Induction and Probability*, p. 25.

❽　同上書，pp. 22–23.

❾　同上書，p. 25.

於它能否保證人們達到真理，而在於它是人們為獲取真理所能採取
的諸多行動方案中的最佳者，儘管這一方案並不保證人們一定達到
目的。歸納策略的優越之處還在於：歸納是一個自我修正的過程。
採納歸納策略就意味著：讓過去的經驗決定對未來的預測，並且讓
新的經驗修正、否定虛假的信念。如果我們始終一貫地堅持歸納策
略，我們最終總會達到真實的歸納結論，至少是始終在向它逼近。
關於實用主義辯護，馮・賴特評論說：「向真理無限逼近的觀念是
可以批評的。皮爾士式的探索是否能夠證明比下述一點更多的東西，
是值得懷疑的：遵循歸納策略是我們所謂的行動和信念的『合理性』
的一部分。應該指出的是，沒有任何歸納辯護能夠建立在歸納是合
理的這一基礎之上，相反，推理有時被說成是『合理的』， 是因為
它採取了歸納策略。」❿

　　在歸納邏輯和歸納辯護問題上，有兩個傳統的錯誤看法，馮・
賴特認為必須加以拋棄。「第一個錯誤看法是認為歸納邏輯的可能
性就意味著對休謨問題的完全解決。這一錯誤看法可以說暗含於穆
勒關於歸納的著述中，以及遵循穆勒思路的關於這一主題的大量教
科書中。可以把它歸諸於下面兩個因素的共同影響：一是未能清醒
地理解歸納邏輯準則不能使歸納論證獲得結論性力量，二是根深蒂
固的演繹主義理念，即認為合法的推理歸根結底必定是證明性的。」
「當主張解決休謨問題的所謂不可能性時，第二個錯誤看法出現
了。屬於邏輯經驗主義思潮的某些早期著作家明顯持有這種看法。
可以把它歸諸於下述兩個因素的共同影響：一是清楚地覺察到歸納
的非證明性質，二是剛剛提到過的那個演繹主義理論，它過於隨便

---

❿　G. H. von Wright, *Induction,* in *Encyclopedia Britannica*, vol. 12,
　　pp. 184–185. Chicago, 1959.

地把非結論性推理等同於非邏輯的論證。」❶

2.2 排除歸納法和條件邏輯

馮·賴特指出，證實和證偽對於歸納結論來說是不對稱的：一個反例就足以否證一個全稱的歸納結論，而無論多少正面事例也不能證實這個結論。舉例來說，發現一隻黑天鵝就否定了「所有天鵝都是白的」，而無論發現多少隻白天鵝，比如說一萬隻吧，也不能完全證實「所有天鵝都是白的」的真實性，因為很有可能發現的第一萬零一隻只天鵝就不是白的。馮·賴特說：「培根的不朽功績就是最先認識到這一事實對於歸納邏輯的重要性。」❷ 例如培根指出：「那種根據簡單枚舉來進行的歸納是非常幼稚的，其結論很不確定，極易為反例所動搖，其論斷往往只是根據了少量垂手可得的事例。對於科學和技術的發現和證明真正有用的歸納法，必須以適當的拒絕和排除的方法來分析自然，有了足夠數目的反面事例，然後再得出正面事例的結論。」❸ 於是，在培根看來，歸納邏輯不是證實、確證的理論，而是排除的理論，即通過排除不相干現象和虛假的歸納結論，來最終達到真實的歸納結論。他的「三表法」就是排除歸納法。穆勒在其《邏輯體系》(1843)一書中，對排除歸納法進行了系統處理，提出了著名的穆勒五法。他把這五種方法看作是尋求因果聯繫的方法。20世紀初，凱恩斯、約翰遜(W. E. Johnson)、布勞

❶ G. H. von Wright, *A Treatise on Induction and Probability*, p. 21.

❷ 同上書，p. 86.

❸ 參見《西方哲學原著選讀》上卷，北京大學哲學系編，商務印書館1981年版，頁360–361。

德等人在排除歸納法的研究方面作出了新貢獻。布勞德在《證明性歸納的原則Ⅰ》❿一文中，拋棄了傳統的因果理論框架，用充分條件、必要條件、充分必要條件等術語對排除歸納法作了重新闡釋和處理。馮・賴特遵從布勞德的思路，在《歸納的邏輯問題》、《論歸納和概率》中對排除歸納法作了更豐富、完善的條件化處理。本節將評述馮・賴特在這方面的工作。

2.2.1　條件邏輯

馮・賴特所謂的條件邏輯，是指關於充分條件、必要條件、充分必要條件等等以及它們之間相互關係的理論。馮・賴特用英文大寫字母H、A、B、C等表示任意的屬性，包括原子屬性和複合屬性。任一屬性可以與具有該屬性的事物所組成的集合同等看待。用$\overline{A}$表示屬性A的否定屬性，用A∧B、A∨B、A→B和A↔B分別表示屬性A與屬性B的合取屬性、析取屬性、蘊涵屬性、等值屬性。$\overline{A}$、A∧B、A∨B、A→B和A↔B分別也是上述複合屬性的名字。用H(a)表示一個事物（或一個對象、個體）a具有屬性H。用$\overline{H}$(a)表示事物a不具有屬性H。如果a具有屬性H，就說a是H的一個肯定（或正面）事例；如果a不具有屬性H，則說a是H的一個否定（或反面）事例。馮・賴特還用U表示量詞「所有的」，用E表示量詞「有的」。馮・賴特首先給出了三個定義：

D1　A是B的充分條件，是指只要A出現，B就出現。用A→B表示。

❿　C. D. Broad: "The Principles of Demonstrative Induction, (I.)." *Mind*, n. s., V.39, July 1930, pp. 302–317.

D2　A是B的必要條件，是指只要B出現，A就出現。用B→A
　　表示。

D3　A是B的充分必要條件，是指只要A出現B就出現，並且只
　　要B出現A就出現。用A↔B表示。

全稱的歸納結論相當於一個全稱的蘊涵式或等值式，它確立了
屬性之間的條件聯繫，這種聯繫也可稱之為規律的聯繫 (connec-
tion of law)或普遍有效的聯繫(nomic connection)。在D1–D3以及後
面將要給出的另外一些定義的基礎上，我們可以證明有關充分條件、
必要條件、充分必要條件的大量定理，由這些定義和定理所構成的
系統就叫做條件邏輯。條件邏輯中的證明假定了命題邏輯以及少量
一階邏輯的知識，其證明大都十分簡單和明顯，故我們只選證少量
定理。(為了獲得一些必要的預備知識，建議讀者先閱讀本書5.1節。)

從D1–D3可以得到下述定理：

T1　如果A是B的充分條件，則B是A的必要條件。反之亦然。

T2　下述四個命題相互等價：

　(i)A出現對於B出現是充分的；

　(ii)A不出現對於B不出現是必要的；

　(iii)B不出現對於A不出現是充分的；

　(iv)B出現對於A出現是必要的。

T3　A是B的充分必要條件可以根據充分條件和必要條件，用
十六種不同的方式表達。這裡僅提到下述四種：

　(i)A出現對於B出現是充分的，並且A不出現對於B不出現亦
是如此。

　(ii)A出現對於B出現來說既是充分的又是必要的。

(iii)A不出現對於B不出現是必要的，並且A出現對於B出現亦是如此。

(iv)A不出現對於B不出現既是充分的又是必要的。

T4　充分必要條件關係是自返、對稱、傳遞的。

T5　充分條件關係是自返、傳遞但不對稱的。

T6　必要條件關係是自返、傳遞但不對稱的。

一個屬性可以有不止一個充分條件和必要條件，這種情況稱為條件的複合。

T7　令一屬性是n個屬性之和（析取）。若此屬性是一給定屬性的充分條件，則這 n 個屬性中的每一個也是該給定屬性的充分條件。反之亦然。

證：A∨B→C等值於(A→C)∧(B→C)。

T8　令一屬性是n個屬性之積（合取）。若此屬性是一給定屬性的必要條件，則這 n 個屬性中的每一個也是該給定屬性的必要條件。反之亦然。

證：A→B∧C等值於(A→B)∧(A→C)。

如果某一屬性由n個屬性複合而成，我們就說前一屬性是後n個屬性的出現函項(presence function)。於是，我們有：

T9　令一給定屬性的充分（必要）條件是n個性質的出現函項。一般而言，這樣一個充分（必要）條件是該給定屬性的多個充分(必要)條件之和（之積），其中每一個條件是n個性質中m個(m<n)屬性與其餘n−m個屬性的否定屬性之積（之和）。這裡的限制語「一般而言」是指：「除非該充分（必要）條件碰巧是矛盾式（重言式）或者是n個屬性之積（之和）。」

先舉例說明T9的意思。設由A、B、C、D複合而成的屬性是給

定屬性H的充分條件，由於T9中的限制語，這個充分條件不可能是
$A \wedge B \wedge \overline{A} \wedge D \wedge C$ 和 $A \wedge B \wedge C \wedge D$，而必定是多個複合屬性的析取，其中
每一析取支都是一合取屬性，如 $A \wedge B \wedge \overline{C} \wedge \overline{D}$ 和 $\overline{A} \wedge B \wedge \overline{C} \wedge D$ 等。弄清
楚T9的意思之後，就可以從T7和每一充分（必要）條件命題都有完
全的析取（合取）範式推出T9。

T10　令一屬性有 n 個充分必要條件，則它們是共外延的
(coextensive)，並且互為充分必要條件。

證：$(A \leftrightarrow B) \wedge (A \leftrightarrow C)$ 推出 $(B \leftrightarrow C)$。

T11　令一給定屬性的充分必要條件是n個屬性之和（之積),那
麼一般而言，這 n 個性質中沒有一個還是該給定性質的充分必要條
件。這裡的限制語「一般而言」是指：「除非另外n–1個性質碰巧是
空的或全的」。

證：從 $A \leftrightarrow B \vee C$ 和 $A \leftrightarrow B \wedge C$ 都推不出 $(A \leftrightarrow B) \vee (A \leftrightarrow C)$。

T12　令一給定屬性的充分必要條件是n個性質的出現函項。一
般而言，這樣一個充分必要條件不是該給定屬性的多個充分必要條
件之和或之積，其中每一個條件都是n個性質中的m個和其餘n–m個
屬性的否定屬性之積或之和。這裡的限制語「一般而言」是指「除
非該給定屬性碰巧是空的或全的」。

證：T12可以從T11以及充分必要條件命題的完全析取範式中推
出。

T13　如果A是B的充分必要條件，A與A的任一充分條件之和
也是B的充分必要條件，A與A的任一必要條件之積也是如此。

證：$(A \leftrightarrow B) \wedge (C \rightarrow A)$ 推出 $(A \vee C \leftrightarrow B)$，並且 $(A \leftrightarrow B) \wedge (A \rightarrow C)$ 推
出 $(A \wedge C \leftrightarrow B)$。

T14　如果A是B的充分條件，則A與任一屬性之積也是B的充

分條件。

證：A→B推出A∧C→B。

T15 如果A是B的必要條件，則A與任一屬性之和也是B的必要條件。

證：B→A推出B→A∨C。

T16 任一空屬性都是任一屬性的充分條件。所謂「空屬性」，是指沒有任何正面事例的屬性，即任何事物都不會具有的屬性。

證：ĒA推出A→B。

T17 任一全屬性都是任一屬性的必要條件。所謂「全屬性」，是指其所有事例都是正面的屬性，即任何事物都自動具有的屬性。

證：UA推出B→A。

T18 若大量屬性中至少有一個不出現是某個屬性 A 不出現的充分條件，則所有這些屬性出現就是A出現的必要條件。反之亦然。

證：B̄∨C̄→Ā等值於A→B∧C。

T19 若大量屬性中每一個不出現是某個屬性 A 不出現的必要條件，則這些屬性中至少有一個出現是A出現的充分條件。反之亦然。

證：Ā→B̄∧C̄等值於B∨C→A。

T20 若大量屬性中每一個不出現是某個屬性不出現的充分條件，則這些屬性中至少有一個出現是A出現的必要條件。反之亦然。

證：B̄∧C̄→Ā等值於A→B∨C。

T21 若大量屬性中至少一個不出現是某個屬性 A 不出現的必要條件，則所有這些屬性出現是A出現的充分條件。反之亦然。

證：Ā→B̄∨C̄等值於B∧C→A。

令φ_0表示邏輯上完全獨立的屬性之積。馮・賴特又引入了下述

五個定義：

D4　A是φ_0中B的充分（必要、充分必要）條件，是指A是B的充分（必要、充分必要）條件，並且A是φ_0中n個屬性的出現函項。

D5　A是φ_0中B的極大充分條件，是指A是φ_0中B的充分條件，並且φ_0中沒有任何包含A（但不包含於A）的元素或元素的合取是B的充分條件。

D6　A是φ_0中B的極小必要條件，是指A是φ_0中B的必要條件，並且φ_0中沒有包含於A（但不包含A）的元素或元素的合取是B的必要條件。

D7　A是φ_0中B的全充分條件，是指A是φ_0中B的所有極大充分條件之和。

D8　A是φ_0中B的全必要條件，是指A是φ_0中B的所有極小必要條件之積。

應該指出，沒有必要引入極大、極小、全充分必要條件的定義，因為根據T10，一屬性的充分必要條件全都是共外延的。

由這些定義及前述定義和定理，可以再得到下述定理：

T22　φ_0中一屬性的全充分條件是與該屬性在φ_0中的所有充分條件之和共外延的。

證：令A是φ_0中B的全充分條件，C是φ_0中B的任一充分條件。C或者是B的極大充分條件或者不是。如果是，據D7，C包含於A；如果不是，同樣據D7，C包含於B的某個極大充分條件。由於包含關係是傳遞的，C亦包含於A。於是，總有C→A，由此可得 A∨C↔A。

T23　φ_0中一屬性的全必要條件是與該屬性在φ_0中的所有必要條件之積共外延的。

T24 給定一屬性A和一集合φ_0，A在φ_0中的全必要條件必定出現於A的每一正面事例中。

T25 給定一屬性A和一集合φ_0，A在φ_0中的全充分條件可能不出現於A的某些正面事例中。

T23的證明類似於T22的證明，而T24直接可從D2、D4、D6、D8和T8中推出；T25則直接可從D1、D4、D5、D7、T5和T7中推出。

上述充分條件和必要條件之間的差別對於歸納推理的研究具有重要意義。若再引入下述定義D9，則可推出T26-T28：

D9 A是φ_0中的被決定屬性 (determined property)，是指 A 在φ_0中的全充分條件在A的每一正面事例中出現。

T26 若A是φ_0中的被決定屬性，則它在φ_0中的全充分條件是它的充分必要條件。

T27 若A是φ_0中的被決定屬性，則它在φ_0中的全必要條件也是它的充分必要條件。

T28 若A是φ_0中的被決定屬性，則它在φ_0中的全充分條件和全必要條件是共外延的。

這裡，T26可以直接從D3和D9推出，T28可以直接從T26和T27推出。T27的證明如下：

假設B是A在φ_0中的全充分條件，C是全必要條件。根據T26，我們有A↔B。這可推出A→B，於是B是A的必要條件，因此C→B。根據T23，我們有C↔C∧B。(B→A)∧(A→C)可推出B→C，而B→C可推出B↔C∧B。從C↔C∧B和B↔C∧B可推出B↔C。(A↔B)∧(B↔C)可推出A↔C。於是C是A的充分必要條件。

D10 A是φ_0中B的協同條件(contributory condition)，是指A是

φ_0 中 B 的至少一個充分條件在 φ_0 中的必要條件。

舉例來說，A、C、D 的合取構成 B 的充分條件，該合取中若去掉任一合取支，餘下部分不再是 B 的充分條件，這時該合取中的各個合取支分別為 B 的協同條件：它們協同在一起是 B 的充分條件，一旦分散開來就不再是 B 的充分條件。

D11　A 是 φ_0 中 B 必不可少的協同條件，是指 A 是 φ_0 中 B 的所有充分條件在 φ_0 中的必要條件。更明確地說，A 屬於 B 在 φ_0 中的所有充分條件的共同部分。

D12　A 是 φ_0 中 B 的可替代要求(substituable requirement)，是指 A 是 φ_0 中 B 的至少一個必要條件在 φ_0 中的充分條件。

舉例來說，設 $A \lor C \lor D$ 是 B 的一個必要條件，其中的 A、C、D 分別就是此必要條件的充分條件，因為從 A、C、D 都可得出 $A \lor C \lor D$，於是據 D12，A、C、D 分別都是 B 的可替代要求，但合起來 $A \lor C \lor D$ 不可替代。

D13　A 是 φ_0 中 B 的反作用條件(counteracting condition)，是指 $\overline{A}$ 是 φ_0 中 B 的協同條件。

T29　若 A 是 φ_0 中 B 的反作用條件，那麼 A 是 φ_0 中 B 的可替代要求。

證：$\overline{A} \land C \to B$ 等值於 $\overline{B} \to A \lor \overline{C}$。

為了去掉可能由 T16 和 T17，以及 T14 和 T15 帶來的不足道性(trivialities)，馮·賴特引入了下述約定：

C1　我們絕不把充分條件理解為已知為空的屬性，並且絕不把必要條件理解為已知為全的屬性。

C2　我們總是把集合 φ_0 中的充分條件理解為 φ_0 中的極大充分條件，並把 φ_0 中的必要條件理解為極小必要條件。

根據T9，我們還可以採納下述約定：

C3　我們總是把集合φ_0中的充分條件理解為：φ_0中n個(1≤n)屬性中m個(0≤m≤n)與其餘n-m個屬性的否定屬性之積，並且總是把集合φ_0中的必要條件理解為：φ_0中n個(1≤n)屬性中的n個(0≤m≤n)與其餘n-m個屬性的否定屬性之和。

根據這個約定，φ_0中的充分條件具有如下的形式：

$$(\pm)A_1 \wedge (\pm)A_2 \wedge \cdots \wedge (\pm)A_n$$

φ_0中的必要條件具有如下的形式：

$$(\pm)A_1 \vee (\pm)A_2 \vee \cdots \vee (\pm)A_n$$

其中，任一A_i(1≤i≤n)限指原子屬性，"+"表示相應A_i上沒有否定詞，"−"表示相應A_i上有否定詞。

如果φ_0中的充分條件或必要條件是C3所說的若干屬性的積或和之外的出現函項，那麼可以根據T9，用其完全析取範式或完全合取範式來表示這樣的條件。於是，φ_0中的充分條件都可以化歸為若干屬性之積，必要條件都可以化歸為若干屬性之和。如果A在φ_0中的極大充分條件（或極小必要條件）是一個項的積（或和），那麼稱它為簡單的；如果是多於一個項的積（或和），則稱它為複雜的。

2.2.2　排除歸納法的條件化重建

2.2.2.1　馮·賴特的總體思路

馮·賴特指出，條件關係是與時間無關的，例如若下雨是地濕的充分條件，則地未濕是天未雨的充分條件。但因果關係是與時間有關的，一般認為，結果不能存在於原因之前，甚至原因總是存在於結果之先。並且，因果關係和自然規律都具有普遍性和必然性。如果我們暫時不考慮規律及因果聯繫的必然性，不考慮原因和結果

在時間上的先後順序及使然性，只保留它們的普遍性，我們就可以用條件語句來刻畫規律和因果關係了，從而對因果關係提供部分的分析。與對條件關係的分析相應，關於原因我們可以區分出充分的原因、必要的原因、充分必要的原因、協同原因、必不可少的協同原因、可替代的原因、反作用原因等。這樣一來，我們就可以在條件邏輯和概率論的基礎上「重建」排除歸納法。

　　馮・賴特的大體思路是這樣的：設H是給定屬性，亦稱「被條件化屬性」(the conditioned property)，φ_0是與H來自同一論域的邏輯上互相獨立的屬性之集。當用排除歸納法來確定H的充分條件、必要條件、充分必要條件時，先要通過考察H的正面事例，提出若干個可能起條件作用的屬性，即那些在H的正面事例中出現（或不出現）的屬性，馮・賴特稱它們為初始的可能起條件作用的屬性，我們簡稱為「初始可能條件屬性」。設H的初始可能條件屬性有A、B、C、$\overline{B}$、$\overline{C}$等。所有初始可能的條件屬性組成一個屬性的集合。對於每一個初始可能條件屬性，有一個初始可能的條件關係，即給定屬性與該初始可能條件屬性之間的條件聯繫，用全稱蘊涵式或等值式表示，如

$$U(A \rightarrow H)$$
$$U(H \leftrightarrow B)$$

這些命題組成一個命題的集合。然後通過對H的具體事例的觀察和實驗，並根據條件邏輯的相應定理，對上述全稱命題進行證偽。被證偽的全稱命題所對應的初始可能條件屬性便被排除掉了，最後餘下的屬性就是給定屬性H的實際起條件作用的屬性。

馮・賴特指出，研究排除歸納法的一種方便途徑，就是研究它們在下述四個基本問題上的應用，這些問題與屬性之間的規律性聯繫相關：

⑴什麼是給定屬性的必要條件？

⑵什麼是給定屬性的充分條件？

⑶什麼是給定屬性在其給定的正面事例中的充分條件？

⑷什麼是給定屬性的充分必要條件？

關於充分條件區分出兩個問題⑵和⑶，源自於條件邏輯定理T24和T25所表述的重要差別：一給定屬性的每一個必要條件必定出現於它的任一正面事例中，而它的任一給定的充分條件卻可能不出現於它的某個正面事例中。

這四個問題對應於一般消除法的四種基本形式，分別是直接契合法、反向契合法、差異法、並用法。直接契合法確定給定屬性的必要條件，反向契合法確定給定屬性的全充分條件，差異法確定給定屬性在其給定的正面事例中的充分條件，並用法確定給定屬性的充分必要條件。這四種形式中的每一種又可分為簡單和複雜兩種情形，其區別在於給定的被條件化屬性的初始可能條件屬性之集的構成上。

在簡單情形下，初始可能的條件屬性之集包括：

(i)某些像 φ_0 這樣集合的元素，以及這些元素的否定屬性；或者

(ii)在(i)中提到屬性中的這樣一些屬性，它們出現於被條件化屬性的一個給定的正面事例中（差異法）。

在複雜情形下，初始可能的條件屬性之集包括：

(i)某些像φ_0這樣集合的元素，以及φ_0中n個$(1 \leqslant n)$元素中m個$(0 \leqslant m \leqslant n)$元素與其餘$n-m$個元素的否定屬性之和（直接契合法）。或者

(ii)某些像φ_0這樣集合的元素，以及φ_0中n個$(1 \leqslant n)$元素中m個$(0 \leqslant m \leqslant n)$元素與其餘$n-m$個元素的否定屬性之積（反向契合法）。或者

(iii)在(ii)中提到屬性中的這樣一些屬性，它們出現於被條件化屬性的一個給定的正面事例中（差異法）。或者

(iv)某些像φ_0這樣集合的元素，以及φ_0中n個$(1 \leqslant n)$元素的出現函項，不過重言式和矛盾式排除在外（並用法）。

排除歸納法的簡單情形，被包含於其相應的複雜情形之中。

令在簡單情形(i)或(ii)下，有一個初始可能的起條件作用的屬性之集。與此相應的有兩個集合，一是由這些屬性的肯定事例組成的事物集合，二是表示相應於這些屬性的初始可能條件關係的命題集合。用K表示命題集合中與所說事物集合相容的命題的數目。可以用K來測量事物集合內各個事物的相似程度。若K=1，我們就說完美的相似 (perfect analogy)，即這些事物共同具有的初始可能條件屬性只有一個，其他屬性都排除掉了。若K=0，我們就說完全消除 (total elimination)，即初始可能條件屬性中沒有實際起條件作用的屬性。完美的相似和完全消除可以推廣到複雜情形。

這裡，我們想指出以下兩點：

⑴在《論歸納和概率》一書中，馮・賴特在用條件邏輯闡述排除歸納法時，新造和定義了一大串術語，設定了許多背景假設，從而使其表述顯得極其繁瑣複雜。其實在我看來，其中許多新造術語並不起什麼實質性作用，去掉它們對思想的表述幾乎不造成什麼影響，反而使表述更簡潔清晰，從而更好理解。例如，我們可以在馮・賴特所使用的幾個關鍵術語與常用術語之間建立如下對應：

馮・賴特術語	常用術語
1.給定屬性，被條件化屬性	1.被研究現象
2.初始可能的起條件作用的屬性	2.先行現象，它們都是被研究現象的可能的原因
3.實際起條件作用的屬性	3.被研究現象的真正原因

在以後的敘述中，我們以便於讀者理解馮・賴特的思想為第一原則，除非絕對必要，一般不使用他的那套繁冗術語。

⑵要敘述馮・賴特關於排除歸納法的簡單情形和複雜情形的區分，就必須使用他那套繁冗的術語和背景假定，一是不好理解，二是增加本書篇幅。所以，我們將遵循他在為《大英百科全書》撰寫的「歸納」辭條中的做法，將簡單情形和複雜情形合併敘述，其好處也有兩個：一是便於理解，二是節省篇幅。

2.2.2.2　直接契合法

直接契合法尋求被研究現象的必要條件，所依據的原理是條件邏輯定理T24：給定屬性A和集合φ_0，A在φ_0中的全必要條件必定出現於A的每一個正面事例中。因此，凡是在A的任一正面事例中不出現的屬性，不能成為A的必要條件，應該作為不相干屬性銷去。

假定要探求被研究現象A的必要條件。可以先比較A出現的各種場合，這些場合除有A出現這一點相同外，其他方面要盡可能不同。在A出現的各種場合中發現其共同的特徵，A的必要條件就包含在這些共同特徵之中。因為根據T24，在這些場合中的某個場合不出現的屬性a不能是A出現的必要條件。如果在這些場合中只發現一個共同屬性b，那麼b是A的一個必要條件；如果有不止一個共同屬性，那麼A可能有幾個必要條件；如果沒有發現共同屬性，這並

不意味著A沒有必要條件，因為A的必要條件也許是兩個或兩個以上屬性的析取，例如，儘管c和d不是各種場合的共同屬性，A出現的必要條件也許是「c或d」。通過進一步研究其他各種不同場合，我們也許能夠從餘下的多個可能必要條件中消除一些，得到被研究現象A的真正必要條件。以上所述是穆勒契合法的改進形式。

舉例來說，我們要探求被研究現象A的必要條件。於是考察A出現的三個不同場合，得到如下觀察結果：

場合1　$A \wedge a_1 \wedge a_2 \wedge a_3$

場合2　$A \wedge a_1 \wedge a_2 \wedge \bar{a}_3$

場合3　$A \wedge a_1 \wedge \bar{a}_2 \wedge \bar{a}_3$

把各個場合中除A之外的其他屬性組成一析取命題

$$(a_1 \wedge a_2 \wedge a_3) \vee (a_1 \wedge a_2 \wedge \bar{a}_3) \vee (a_1 \wedge \bar{a}_2 \wedge \bar{a}_3)$$

A的必要條件必定在這一析取命題之中。經過運算，這一析取命題等值於$a_1 \wedge (a_2 \vee \bar{a}_3)$。因此，A可能的必要條件是$a_1$和$a_2 \vee \bar{a}_3$。再考察第四個場合，得到如下觀察結果：

場合4　$A \wedge \bar{a}_1 \wedge \bar{a}_2 \wedge \bar{a}_3$

再將場合4中的$\bar{a}_1 \wedge \bar{a}_2 \wedge \bar{a}_3$與$a_1 \wedge (a_2 \vee \bar{a}_3)$組成析取命題，經過運算，得到下述結果：

$$(a_1 \vee \bar{a}_2) \wedge (a_1 \vee \bar{a}_3) \wedge (\bar{a}_1 \vee a_2 \vee \bar{a}_3) \wedge (a_2 \vee \bar{a}_3)$$

這就是A的可能的必要條件。值得注意的是，經過前三個場合的考察，本來可以得出結論：a_1是A的必要條件。但考察第四個場合後，A的可能的必要條件不僅未減少，反而由兩個增至四個。它表明A的必要條件不是單個屬性，而是多個屬性的析取。

2.2.2.3　反向契合法

由於充分條件和必要條件可以相互定義，例如條件邏輯定理T2說，「A出現是B出現的充分條件」等值於「A不出現是B不出現的必要條件」，這就使得我們可以反向運用契合法，去探求B不出現的必要條件，這些必要條件的否定則是B出現的充分條件。由於B不出現的必要條件，在B確實不出現時必定全都出現，因而由否定這些必要條件所得到的B出現的充分條件，就不是導致B出現的某一個充分條件，而是B的所有充分條件的析取，即D7所定義的「全充分條件」。

舉例來說，我們探求被研究現象B不出現的必要條件，於是考察B在其中不出現的三個不同場合，得到如下觀察結果：

場合1　　$\bar{B} \wedge b_1 \wedge \bar{b}_2 \wedge b_3 \wedge \bar{b}_4$

場合2　　$\bar{B} \wedge b_1 \wedge b_2 \wedge \bar{b}_3 \wedge \bar{b}_4$

場合3　　$\bar{B} \wedge b_1 \wedge \bar{b}_2 \wedge \bar{b}_3 \wedge \bar{b}_4$

把各個場合中除$\bar{B}$之外的其他屬性組成一析取命題，即

$$(b_1 \wedge \bar{b}_2 \wedge b_3 \wedge \bar{b}_4) \vee (b_1 \wedge b_2 \wedge \bar{b}_3 \wedge \bar{b}_4) \vee (b_1 \wedge \bar{b}_2 \wedge \bar{b}_3 \wedge \bar{b}_4)$$

經過運算，這等值於$(b_1 \wedge \overline{b}_4) \wedge (\overline{b}_2 \vee b_3)$。這表明B不出現有兩個必要條件：$(b_1 \wedge \overline{b}_4)$，$(\overline{b}_2 \vee b_3)$。根據T2，這些必要條件的否定就是B出現的充分條件，即

$$\neg((b_1 \wedge \overline{b}_4) \wedge (\overline{b}_2 \vee b_3))$$

而這等值於$\overline{b}_1 \vee b_4 \vee (b_2 \wedge b_3)$。這表明 B 出現有三個充分條件：$\overline{b}_1$, b_4, $b_2 \wedge b_3$。

2.2.2.4　差異法

差異法尋求被研究現象C的充分條件，所依據的原理是D1：A是B的充分條件，是指只要A出現B就出現。因此，凡B不出現時所出現的一切屬性，都不可能是 B 的充分條件。此外還需假定：只要B出現，B的至少一個充分條件也出現。

假定要探求被研究現象C的充分條件。可以選擇兩種場合：一是C出現的正面場合，一是C不出現的反面場合。反面場合除C不出現外，其他方面要盡可能與正面場合相同。反面場合可以選擇若干個。顯然，在任一反面場合出現的屬性不可能是C的充分條件。但是，在正面場合出現、在反面場合從不出現的屬性卻可能是C的充分條件。如果只有一個屬性c_1屬於正面場合但不屬於任一反面場合，那麼c_1是C的一個充分條件；如果有好幾個情況c_1, …, c_n屬於正面場合但不屬於任一反面場合，那麼c_1, …, c_n可能分別都是C的充分條件，或者它們的合取是 C 的充分條件，於是每一個單獨的 $c_i (1 \leq i \leq n)$則是C的協同條件。此外，如果沒有一個屬性在正面場合出現但不在任一反面場合出現，即是說，任一觀察到的屬性都在所有正面場合出現並且在有的反面場合出現（但不在所有反面場合出現），這

並不能因此就說C沒有充分條件,因為C的充分條件可能是兩個或兩個以上屬性的合取。例如,c_1和c_2是在正面場合都出現但分別只在一個反面場合出現的屬性。$c_1 \wedge c_2$(但不是其中單獨一個)也許是C的充分條件,C在反面場合不出現,就是因為c_1和c_2不同時存在。以上所述是穆勒差異法的改進形式。

　　舉例來說,我們要探求被研究現象C的充分條件。考察正、反兩種場合,得到如下觀察或實驗結果:

　　　　正面場合　　　$C \wedge c_1 \wedge c_2 \wedge c_3$
　　　　反面場合 1　　$\bar{C} \wedge c_1 \wedge c_2 \wedge \bar{c_3}$
　　　　　　　　 2　　$\bar{C} \wedge \bar{c_1} \wedge c_2 \wedge c_3$

根據我們的假定,在正面場合與C一起出現的屬性中至少有C的充分條件,這個條件可能是$c_1 \wedge c_2 \wedge c_3$,或者$c_1 \wedge c_2$,或者$c_2 \wedge c_3$,或者$c_1 \wedge c_3$,或者$c_1$,或者$c_2$,或者$c_3$。由於在第一個反面場合中,$c_1 \wedge c_2$出現而C不出現,因此$c_1 \wedge c_2$,$c_1$,$c_2$都不可能是C的充分條件。由於在第二個反面場合中,$c_2 \wedge c_3$出現但C不出現,因此$c_2 \wedge c_3$,$c_3$不可能是C的充分條件。餘下的C的可能的充分條件是$c_1 \wedge c_2 \wedge c_3$,或者$c_1 \wedge c_3$,或者$c_1$。我們再考察一個反面場合,得到如下觀察或實驗結果:

　　　　反面場合 3　　$\bar{C} \wedge c_1 \wedge \bar{c_2} \wedge c_3$

由於在其中$c_1 \wedge c_3$出現但C不出現,因此$c_1 \wedge c_3$也不可能是C的充分條件。於是,C的唯一可能的充分條件是合取命題$c_1 \wedge c_2 \wedge c_3$,單獨的$c_1$,$c_2$,$c_3$只是此充分條件的一個協同條件。

由於「Ā是B̄的充分條件」等值於「A是B的必要條件」，因此有人建議，正像可以運用反向契合法尋找充分條件一樣，也可以運用差異法去探求必要條件，其辦法是：考察一個B不出現的反面場合和多個B出現的正面場合，凡是為反面場合和至少一個正面場合共同具有的屬性不可能是B不出現的充分條件，因而也不可能是B出現的必要條件。布勞德和馮·賴特早年都是這樣認為的。但馮·賴特在《論歸納和概率》一書中指出，這種看法是致人迷誤的，因為在B出現的至少一個場合出現的屬性的否定不可能是B出現的必要條件，這一點完全獨立於此屬性是否在B不出現的場合出現。因為若b̄是B的必要條件，則它在B出現的一切場合都出現；又b在B的一個正面場合也出現，而這是不可能的。**⓯**

2.2.2.5　並用法

並用法探求被研究現象的充分必要條件,所依據的原理是 D3：A是B的充分必要條件，是指只要A出現B就出現，並且只要B出現A就出現。因此，凡是在被研究現象出現時不出現，或者在被研究現象不出現時出現的屬性，都不可能是被研究現象的充分必要條件，應該將其作為不相干因素消除掉。由於在尋求必要條件時用契合法，尋求充分條件時既可用反向契合法，也可用差異法，因此在尋求充分必要條件時，既可以契合法與反向契合法並用，也可以契合法與差異法並用。

2.2.2.5.1　雙重契合法

雙重契合法就是指契合法與反向契合法並用，所依據的原理也就是後兩者分別所依據的原理的合取。

⓯　參見G. H. von Wright, *A Treatise on Induction and Probability*, p. 97.

　　假定要尋求被研究現象D的充分必要條件。考慮兩組不同的場合，一組是D出現的場合，例如說m個；一組是D不出現的場合，例如說n個。在第一組場合中，除D出現外，其他方面要盡可能不同；在第二組場合中，除D不出現外，其他方面要盡可能不同；而在這兩組場合之間，除D出現和D不出現的差別外，其他方面要盡可能相同。我們在第一組場合中找出除D出現外的其他共同屬性，然後根據契合法，得出結論說：此共同屬性是D出現的充分條件。我們在第二組場合中找出除D不出現外的其他共同屬性，然後又根據契合法，得出結論說：此共同屬性是D不出現的充分條件，於是此共同屬性的否定就是D出現的必要條件。由此我們就找出了D出現的充分必要條件，其一般形式是：

$$
正面場合\begin{cases}
1. & D\wedge d_1\wedge d_2\wedge d_3 \\
2. & D\wedge d_1\wedge \bar{d}_2\wedge d_1 \\
3. & D\wedge d_1\wedge \bar{d}_3\wedge d_5 \\
\cdots & \cdots
\end{cases}
$$

$$
反面場合\begin{cases}
1. & \bar{D}\wedge \bar{d}_1\wedge d_2\wedge d_3 \\
2. & \bar{D}\wedge \bar{d}_1\wedge \bar{d}_2\wedge d_4 \\
3. & \bar{D}\wedge \bar{d}_1\wedge \bar{d}_3\wedge d_5 \\
\cdots & \cdots
\end{cases}
$$

所以，d_1是D的充分必要條件。

2.2.2.5.2　契合差異並用法

　　契合法尋求必要條件，差異法尋求充分條件，契合差異並用法尋求被研究現象的充分必要條件。它所依據的原理是契合法和差異

法分別所依據的原理的合取。

假定我們要尋求被研究現象 E 的充分必要條件。可以選擇兩組場合，一組是E出現的場合，例如說m個，這m個場合除E出現相同外，其他方面要盡可能不同。另一組是E不出現的場合，例如說n個，這n個場合除E不出現相同外，其他方面也要盡可能不同。但第一、二組場合除E出現或不出現不同外，其他方面要盡可能相同。從第一組場合中找出除E之外的其他共同屬性，它們是E可能的必要條件；再根據差異法，在第一組的某個場合出現、在第二組的其他場合都不出現的屬性，構成E可能的充分條件。而在E可能的必要條件和可能的充分條件中，共同的屬性就構成E的充分必要條件。契合差異並用法的一般形式是：

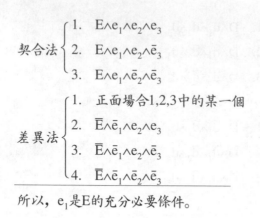

契合法
1. $E \wedge e_1 \wedge e_2 \wedge e_3$
2. $E \wedge e_1 \wedge e_2 \wedge \bar{e}_3$
3. $E \wedge e_1 \wedge \bar{e}_2 \wedge \bar{e}_3$

差異法
1. 正面場合1,2,3中的某一個
2. $\bar{E} \wedge \bar{e}_1 \wedge e_2 \wedge e_3$
3. $\bar{E} \wedge \bar{e}_1 \wedge e_2 \wedge \bar{e}_3$
4. $\bar{E} \wedge \bar{e}_1 \wedge \bar{e}_2 \wedge \bar{e}_3$

所以，e_1是E的充分必要條件。

馮・賴特論證說，在用差異法尋求E的充分條件時，選擇正面場合1，2，3時，可能會使找出的充分條件有所不同，但這對最後所找出的E的充分必要條件卻不會有任何影響。並且他還論證說，當具有同樣的觀察和實驗結果時，運用雙重契合法與契合差異並用

法必定導致同樣的結果，即所找出的 E 的充分必要條件必定是相同的。**⓰**

2.2.3 排除歸納法和歸納辯護

這裡要討論的問題是：從我們所得到的經驗證據，憑借排除歸納法，是否有可能必然推出有關被研究現象 A 的充分條件或必要條件的普遍命題？這也就是問：能否用排除歸納法解決歸納辯護問題？

馮・賴特指出，這個問題可以分為三個子問題，它們構成一個連續的等級：(1)是否有可能證明：如果 A 有必要條件或充分條件，那麼，與我們的經驗證據相容的有關這些條件的唯一假說是如此這般的嗎？(2)是否有可能證明：如果給定有關自然的某些一般原則，再加上經驗證據，就能從它們推出：A 的必要條件或充分條件是如此這般的嗎？(3)如果確實如此，我們能夠知道這些原則是真的，並且能夠因此必然推出：A 的必要條件或充分條件是如此這般的嗎？

對第一個問題的回答是肯定的。不過，我們對這個回答的熱情將會衰減，當我們弄清楚下述一點之後：如果排除歸納法只留下唯一一個假說，這個假說必定是與那些經驗證據相容的假說中最複雜的一個。

對第二個問題的回答如下：(1)很顯然，如果排除歸納法要導致任何肯定的直言結論，除經驗證據外，還必須附加某些關於自然的一般原則。因為當把排除歸納法單獨應用於經驗證據時，只能直接導出否定的結論，即關於 A 的條件的某個假說由於與經驗證據不相容，必須加以拒絕。即使用這種方式，我們能夠消除有關 A 的條件

⓰ 參見 G. H. von Wright, *A Treatise on Induction and Probability*, pp. 101–102.

的除一個假說之外的所有其他假說，我們也無權接受留存下來的那個假說，除非我們假定了下述前提：不僅在此場合而且在每一個場合，A都有必要條件，並且也有充分條件。馮・賴特把「A有必要條件」的假設叫做「決定論假設」(Deterministic Assumption)，布勞德把「A有充分條件」的假設叫做「極小充分條件假設」。現在的問題是：引入這些假設足夠嗎？

(2)回答是「不夠」，確實還需要其他的東西。從我們前面關於排除歸納法的討論中可以看出：在所考慮的那些場合中，與被研究現象同時出現或不出現的屬性的數目是很小的，我們已經將其區分和識別出來，並用字母a_1，b_1，c_1等去表示它們。這就是馮・賴特所謂的「完全知道相關場合」(Completely Known Instances) 的假定：在相關場合中，邏輯上獨立的屬性的數目是有限的，並且我們完全知道這些屬性及其數量。於是，我們在運用排除歸納法探求被研究現象的原因時，根據相關原理，在排除那些與被研究現象不相干的屬性後，我們就能認定餘下的屬性與被研究現象具有條件關係。馮・賴特在《論歸納和概率》一書中，把「完全知道相關場合」的假設稱為「選擇公設」，其大意是：(a)初始可能的起條件作用的屬性集合中包含著實際起條件作用的屬性；(b)在研究者的觀察、實驗範圍內，能對除實際起條件作用的屬性之外的其他屬性進行證偽和排除。 ❶

於是，第三個問題的答案就取決於對下述問題的回答：我們是否知道或有合理的理由去相信決定論假定和某些形如「完全知道相關場合」的假設呢？有兩種選擇可供考慮：一是把這些假設看做是先天命題，二是把這些假設本身也看作是經驗概括。令A表示排除

❶　參見G. H. von Wright, *A Treatise on Induction and Probability*, p. 135.

歸納法所採用的各種先驗假設，B表示經驗證據，C表示歸納結論。並假設能夠為C提供有效辯護，即A∧B可邏輯推出C。而從A∧B→C可邏輯地推出A→B̄∨C。由於A是先驗命題，因而是必然的，根據模態邏輯，從必然命題邏輯地推出必然命題，因而B̄∨C是必然的，這等值於B∧C̄是不可能的，這又推出「或者B是不可能的，或者C是必然的，或者B邏輯地推出C」。這三種選擇都是荒謬的，因為經驗證據B不會是不可能的，歸納結論C不會是必然的，從經驗證據B也不可能邏輯地推出歸納結論C。因此，A不是先驗必然命題，則它就是經驗概括。而用經驗概括去證實也是經驗概括的歸納結論，不是導致惡性循環就是導致無窮倒退。所以，我們只能得出如下結論：用排除歸納法不可能解決歸納問題，不可能用它為歸納結論提供合理的辯護。

2.3　歸納概率演算及其解釋

如前所述，馮・賴特在《歸納的邏輯問題》一書中，主要是從認識論角度，而不是從邏輯角度評述了歸納問題及其各種解決方案。由於不滿意此書對歸納概率的形式處理，馮・賴特後來寫作了另一本書《論歸納和概率》。此節所述內容主要依據馮・賴特的後一著作，不過也參考了他的其他相關論著。

2.3.1　概率演算

馮・賴特指出，「概率已成為現代科學和自然哲學中的一個基本概念。」⑱「概率」一詞可以用於屬性、事件、命題、推理等。例

---

⑱　G. H. von Wright: "Probability". in *Encyclopedia Britannica*. vol. 18,

如，當我們談到擲硬幣得正面的概率，或者青蛙有五條腿的概率時，我們就是在談論屬性的概率，例如具有屬性 S 的個體在多大程度上具有屬性 P？由於任一屬性都有一個由具有該屬性的個體所組成的集合與之對應，因此屬性語言可以轉換為集合論語言。

「概率」一詞也可以用於事件。在一個特定的隨機試驗中，稱每一可能出現的結果為一個基本事件，全體基本事件的集合叫做基本空間。在古典概率論中，概率被解釋為：如果在所有 n 個等可能基本事件中，事件A包含m個基本事件，那麼，事件A的概率為m/n。事件A的概率一般記為p(A)，於是有公式

$$p(A)＝m/n$$

如果一個事件包含於全部等可能基本事件，那麼這個事件必然發生，叫做必然事件；如果一個事件不包含任何可能的結果，那麼，這個事件就叫做不可能事件。既非必然亦非不可能的事件叫做隨機事件。嚴格說來，概率就是隨機事件出現的可能性的量度。

由於屬性的連接、事件都可以用命題來描述或刻畫，因此「概率」一詞也可用於命題，表示一命題為真的可能性程度。我們用e、f、g、h等表示任一命題，於是，相應於古典概率定義，我們有

$$p(h)＝m/n$$

其中n為表達各個等可能事件的命題的數目，m為h所表達的事件所包含的等可能事件的數目。

p. 570. Chicago: William Benton, 1959.

條件概率是一對命題h，e的真假關係的測度，一般記為p(h/e)，讀作「以e為條件的h的概率」，或「h相對於e的概率」，即在e為真的條件下h為真的可能性程度。與條件概率相比，p(h)和p(e)便叫做h和e的初始概率或先驗概率。條件概率可以和先驗概率相同或不同。例如，假定投擲有六個面的骰子，骰子下落後的可能結果一共有六個，即朝上的那一面分別為1點、2點、3點、4點、5點或6點。於是，投擲一次得偶數點的概率為3/6。若假定已經投出2點或4點，則得到一個偶數點的概率便不是1/2而是1；而假定已投出1點或3點，得到一個偶數點的概率便是0。

可以用條件概率去刻畫歸納概率：一個推理的歸納概率就是在給定前提真的條件下結論為真的概率，這由它的前提和結論之間的證據支持關係決定，並不單獨取決於前提的概率或結論的概率。歸納概率的職能是對歸納推理的強度分等級，對前提中含有的事實知識給予結論所作的事實斷定的支持程度作出評價。一個推理是歸納強的，當且僅當，⑴這個推理是合理的，即它的前提使結論具有概率p，⑵概率p>1/2。

2.3.1.1　概率演算的語言

馮・賴特在《論歸納和概率》一書中提出了一個概率演算系統，這個系統是用屬性語言表述的，其中大寫英文字母A，H表示任一屬性，$\overline{A}$表示A的否定即非A，H⊂A表示H包含於A，P(A, H, p)表示被推測屬性A相對於證據屬性H的概率是p，證據屬性亦稱測度域(the field of measurement)。

馮・賴特演算中的公式是下列四類語句的分子複合式：⑴屬於屬性邏輯的量化語句，它們所說的是，某個屬性存在，兩個屬性相互排斥，一個屬性包含於另一個屬性，或者兩個屬性是共外延的。

⑵有關序列的語句，它們主要在該演算的較高階段上出現；⑶概率表達式，即陳述關係P在一組事物間成立的語句，這些語句表達的命題叫做概率命題。如果概率表達式中的被推測屬性是原子的，我們就說到簡單概率；如果它是否定的，我們就說到補概率；如果它是合取，我們就說到合取概率；如果它是析取，我們就說到析取概率，如此等等。⑷算術語句，它們通常是實數之間的等式或不等式。

概率演算的構造分三階段進行。第一階段的特點是，概率表達式只涉及原子屬性或含給定的有限多個（比如說兩個）構件的複合屬性。在這個框架內能夠陳述所有概率公理，並且能夠證明某些基本定理，如乘法原理、加法原理和逆原理等。第二階段的特點是，概率表達式還涉及含數量不定的 n 個構件的複合屬性，第一階段的定理被推廣到對於n的任意取值都成立，這個推廣是憑藉從n到n+1的推理實現的。在這個新的框架內，我們能夠證明某些新的定理，如所謂的大數定理，它說概率向一個極限收斂。由這兩個階段得到的演繹系統叫做初等概率演算，它討論通常所謂的算術概率或離散概率。第三階段的特點是，概率表達式還涉及含不可數多個構件的複合屬性，初等概率演算的定理被推廣到對於不可數多個構件的複合屬性也成立。第三階段達到的演繹系統叫做高等概率演算，它處理所謂的幾何概率或連續概率。馮·賴特只論及初等概率演算。出於技術和篇幅兩方面的考慮，本書只論及第一階段所構造的概率演算。

2.3.1.2 公理和規則

馮·賴特的概率演算在一階邏輯的基礎上加入了下述六個公理：

A1　(EH)→(P(A,H,p)∧P(A,H,q)→p=q)

A2　(EH)→(P(A,H,p)→p≥0)

A3　(EH)→((H⊂A)→P(A,H,1)

A4　(EH)→(P(A,H,p)→P(Ā,H,1−p))

A5　E(H∧A)→(P(A,H,p)∧P(B,H∧A,q)→P(A∧B,H,pq))

A6　(EH)((n)P(A_n,H,p_n)∧P(A,H,p)∧lim(A_n,H)→lim(p_n,p))

　　所有六個公理都假定了證據屬性的存在，這從概率的內容角度看是相當自然的，在後面要討論的此演算的某些解釋中，相應於空證據的概率都取值為0。由於自相矛盾的屬性是空的，但並非所有空的屬性都是自相矛盾的，所以上述存在假定比凱恩斯所引入的不自相矛盾假定史為嚴格。

　　A1叫做唯一性公理，其意思是：若給定證據不變，有利於一屬性在一事物中出現的概率是唯一的，也就是說，若一屬性的出現相對於同一證據有兩個概率值，則這兩個概率值相等。

　　A2叫做極小公理，其意思是：A相對於證據H的概率p取≥0的實數為值，因而就排除了概率值為負實數的可能性。

　　A3叫做包含公理，其意思是：若一屬性包含於另一屬性，在後一屬性已作為證據出現的情況下，前一屬性出現的概率是1。

　　A4叫做加法公理，其意思是：若A相對於H的概率值是p，則非A相對於H的概率是1−p。於是，一概率與其相應的補概率之和是1。在有些論著中，A4叫做「否定規則」。

　　A5叫做乘法公理，它給出了在兩個簡單概率的基礎上計算一合取概率的規則：若A相對於H的概率是p，B相對於H∧A的概率是q，則A∧B相對於H的概率是p×q，簡記為pq。

A6叫做連續公理，其中(n)P(A_n,H,p_n)意為「對於任一的n，A_n相對於 H 的概率是 p_n」，lim(A_n,H) 意為「A_n 逼近 H 作為其極限」。A6的意思是：如果一屬性序列逼近某一屬性作為其極限，則處於該序列中的一屬性出現的概率逼近後一屬性出現的概率作為其極限。A6是專門處理歸納概率的。

馮·賴特為其概率演算陳述了下述推演規則：

i. 如果從假定某些公式出發能推出另外一個公式，則可以斷定前一些公式的合取推出後一公式。這相當於通常所述的蘊涵引入規則或演繹定理。

ii.我們可以根據下述三個規則，從已有公式得出新公式：

①代入規則　如通常所述。

②同一規則　相等的式子可以相互置換。

③量化規則　包括一階邏輯的前件存在規則和後件概括規則。

iii. 如果出現於某個公式的概率表達式中表示概率值的數字被量化，則可以把該概率表達式從推理過程和該公式的完全析取範式中刪去，而不影響推理過程的有效性。

規則iii.叫消除規則。在上述各種規則中，只有消除規則才是概率演算所特有的，其他都是一般的形式證明規則。關於消除規則，馮·賴特解釋說，概率表達式中表示概率值的數字被量化，這就表明我們在該公式的前件置入了一存在量詞，或在其後件引入了一全稱量詞，而這又表明所談論的那個概率值只出現於該公式的前件或者後件中。於是，不太嚴格地說，規則iii.的意思是：如果一概率值與確定該公式中的其他概率值不相干,則可以把它從該公式中去掉。

2.3.1.3　定理及其證明

T1　$(EH) \to (P(A,H,p) \to p \leqslant 1)$

T1叫做「極大原理」，它說以存在的證據為條件的概率不會大於1。A2相應地又叫「極小原理」，它說以存在的證據為條件的概率不會小於0。有時也把A2和T1合用一句話表示：任何概率都取閉區間〔0,1〕內的任一實數為值，即 $0 \leqslant P \leqslant 1$。

T1的證明如下：

在A2中用 $\overline{A}$ 替換A，用 $1-p$ 代入p，得到

$\quad (EH) \to (P(\overline{A},H,1-p) \to 1-p \geqslant 0)$

而從 $1-p \geqslant 0$ 可得 $p \leqslant 1$，因此

$\quad (EH) \to (P(\overline{A},H,1-p) \to P \leqslant 1)$

從此公式和A4，根據命題邏輯，可得T。證畢。

T2　$E(H \wedge A) \to (P(A,H,p) \wedge P(A \wedge B,H,r) \wedge p>0 \to P(B,H \wedge A,r/p))$

T3　$E(H \wedge A) \to (P(B,H \wedge A,q) \wedge P(A \wedge B,H,r) \wedge q>0 \to P(A,H \wedge B, r/q))$

T2的證明如下：

給定證據 $E(H \wedge A),P(A,H,p)$ 和 $P(B,H \wedge A,q)$，與A5一道，可推出 $P(A \wedge B,H,pq)$。由 $E(H \wedge A)$ 可推出 EH。A1 和 EH，$P(A \wedge B,H,r)$，$P(A \wedge B,H,pq)$ 可推出 $r=pq$，又由於 $p>0$，因此 $q=r/p$。根據同一原則，由 $P(B,H \wedge A,q)$ 可得 $P(B,H \wedge A,r/p)$。於是我們證明了

$\quad E(H \wedge A) \to (P(A,H,p) \wedge P(B,H \wedge A,q) \wedge P(A \wedge B,H,r) \wedge p>0 \to$

P(B,H∧A ,r/p))

根據前件存在規則，我們得到

E(H∧A)→(P(A,H,p)∧(∃q)P(B,H∧A,q)∧P(A∧B,H,r)∧p>0→

P(B,H∧A,r/p))

根據消除規則，最後得到T2。證畢。

A5和T2、T3共同表達了普遍乘法原理，即通常所謂的「普遍合取規則」：

$$p(A∧B)=p(A)×p(B/A)$$
$$=p(B)×p(A/B)$$

我們舉例說明這個規則的應用。一個袋裡有五個黑球和六個白球，我們隨意地從袋裡摸出一個球後，不放回再摸出第二個球，求兩次摸出均為黑球的概率。設A為「第一次摸出黑球」，B為「第二次摸出黑球」。顯然，p(A)=5/11，摸出一個黑球後，第二次摸出黑球的概率p(B/A)=4/10。於是，根據普遍乘法原理，兩次摸出黑球的概率為

$$p(A∧B)=p(A)×p(B/A)=5/11×4/10=10/55$$

T4 (EH)→(P(A,H,0)→P(A∧B,H,0))

T5 E(H∧A)→(P(B,H,0)→P(A∧B,H,0))

這兩個定理是說，如果A5中的某個簡單概率是0，則A5中的合取概率亦為0。應該注意的是，這個合取概率的值不僅獨立於第二

個簡單概率的值，而且獨立於它的存在。

T4的證明如下：

考慮兩種情形：H∧A存在，或H∧A是空的。

若H∧A存在，即E(H∧A)。A5加上E(H∧A)，P(A,H,0)，P(B,H∧A,q)，可推出P(A∧B,H,0q)，而0q=0。根據同一原則，由P(A∧B,H,0q)和0q=0推出P(A∧B,H,0)。於是我們已證

$$E(H∧A)→(P(A,H,0)∧P(B,H∧A,q)→P(A∧B,H,0))$$

根據前件存在規則，又得

$$E(H∧A)→(P(A,H,0)∧(Eq)P(B,H∧A,q)→P(A∧B,H,0))$$

根據消除規則，最後得

(α) $E(H∧A)→(P(A,H,0)→P(A∧B,H,0))$

若H∧A為空，即$\overline{E}(H∧A)$，這在屬性邏輯中可推出H⊂$\overline{A}$，又可推出H⊂$\overline{A∧B}$。使用代入規則，A3加上EH和H⊂$\overline{A∧B}$，可推出P($\overline{A∧B}$,H,1)；A4加上EH和P($\overline{A∧B}$,H,1)可推出P(A∧B,H,0)。於是，我們已證

(β) $EH∧\overline{E}(H∧A)→(P(A,H,0)→P(A∧B,H,0))$

由已證的(α)和(β)，根據命題邏輯，可得T4。證畢。

T6　　$(EH)∧(A↔B)→(P(A,H,p)↔P(B,H,p))$

T7　　$(EH)∧(H↔G)→(P(A,H,p)↔P(A,G,p))$

T6是說，若A、B是共外延的，則它們相對於相同證據的概率亦相同；T7是說，若H、G是共外延的，則分別以它們中某一個為證據的同一屬性的概率相同。T6和T7共同表達「外延性原則」，它表明概率關係是外延的，不僅相等的屬性，而且外延相同的屬性在概

率關係中都可以相互置換，而不影響推理過程的有效性。

T6的證明如下：

考慮兩種情形：H∧A存在或H∧A為空。

若H∧A存在，即E(H∧A)，加上A↔B，可推出E(H∧B)，並且還可推出H∧A⊂B，H∧B⊂A。由A3加上E(H∧A)，H∧A⊂B，可推出P(B,H∧A,1)。A3加上E(H∧B)，H∧B⊂A，可推出P(A,H∧B,1)。A5加上E(H∧A)，P(A,H,p)和P(B,H∧A,1)，可推出P(A∧B,H,p)。根據命題邏輯，A∧B等於B∧A，T3加上E(H∧B)，P(A,H∧B,1)和P(B∧A,H,p)可推出P(B,H,p)。於是，我們已證

(α) E(H∧A)∧(A↔B)→(P(A,H,p)→P(B,H,p))

同理可證

(β)E(H∧A)∧(A↔B)→(P(B,H,p)→P(A,H,p))

由(α)和(β)，根據命題邏輯，可得T6。

若H∧A為空，即Ē(H∧A)。Ē(H∧A)和(A↔B)可推出Ē(H∧B)，Ē(H∧A)可推出H⊂Ā，Ē(H∧B)可推出H⊂B̄。A3、A4加上EH和H⊂Ā，可推出P(A,H,0)；A3、A4加上EH和H⊂B̄，可推出P(B,H,0)。A1和EH，P(A,H,p)，P(A,H,0)，可推出 p=0。根據同一原則，由P(B,H,0)和p=0，可得P(B,H,p)。於是我們已證

(α) Ē(H∧A)∧EH∧(A↔B)→(P(A,H,p)→P(B,H,p))

同理可證

(β) Ē(H∧A)∧EH∧(A↔B)→(P(A,H,p)→P(B,H,p))

而根據命題邏輯，(α)和(β)都可推出T6。於是，T6得證。證畢。

為節省篇幅，以後一般只列出定理，而不再給予詳細證明。

T8　(EH)→(P(A,H,p)↔P(A∧H,H,p))

由於A∧H⊂H是重言式，T8於是意味著：任一概率表達式都可以用另一概率表達式來代替，只要在後者中被推測屬性包含在測度域中。於是，被推測屬性和證據屬性的關係，在某種意義上就成為部分和整體的關係。

T9　EH∧Ē(A∧B)→(P(A,H,p)∧P(B,H,q)→P(A∨B,H,p+q))

T10　EH∧Ē(A∧B)→(P(A,H,p)∧P(A∨B,H,q)→P(B,H,q−p))

T11　EH∧Ē(A∧B)→(P(B,H,p)∧P(A∨B,H,q)→P(A,H,q−p))

T9−T11的共同內容表達「特殊加法原理」，即通常所謂的「特殊析取規則」：如果A和B是互斥的，則

p(A∨B)=p(A)+p(B)

舉例來說，在一次世界杯足球賽中，「德國隊獲得冠軍」和「意大利隊獲得冠軍」顯然是互斥的，如果前一命題為真的概率是1/2，後一命題為真的概率是1/4，那麼根據特殊加法原理，「德國隊獲得冠軍或者意大利隊獲得冠軍」為真的概率是1/2+1/4=3/4。

T12　EH→(P(A,H,p)∧P(B,H,q)∧P(A∧B,H,r)→P(A∨B,H,p+q−r))

T13　EH→(P(B,H,p)∧P(A∧B,H,q)∧P(A∨B,H,r)→P(A,H,q+r−p))

T14　EH→(P(A,H,p)∧P(A∧B,H,q)∧P(A∨B,H,r)→

$$P(B,H,q+r-p))$$

T15 EH→(P(A,H,p)∧P(B,H,q)∧P(A∨B,H,r)→P(A∧

$$B,H,p+q-r))$$

T12–T15被叫做「普遍加法原理」，即通常所謂的「普遍析取規則」，即

$$p(A∨B)=p(A)+p(B)-p(A∧B)$$

這個規則對於相容析取和不相容析取都是適用的。舉例來說，假定已經知道

$$p(A)=1/2,\ p(B)=1/3,\ p(A∧B)=1/4$$

求 p(A∨B) 的概率。這時不能使用特殊加法規則，因為從 p(A∧B) =1/4可知A和B不是互斥的。若A和B互斥，則p(A∧B)就會等於 0。所以這裡必須以如下方式使用普遍加法規則：

$$p(A∨B)=p(A)+p(B)-p(A∧B)$$
$$=1/2+1/3-1/4$$
$$=7/12$$

T16 E(H∧A)∧E(H∧B)∧E(H∧C)∧$\overline{E}$(A∧B)∧

(H∧C⊂A∨B)→(P(A,H,p)∧P(B,H,q)∧P(C,H∧A,r)

∧P(C,H∧B,s)∧pr + qs > 0 → P(A,H∧C,pr/pr+qs))

T17　$E(H\wedge A)\wedge E(H\wedge B)\wedge E(H\wedge C)\wedge \overline{E}(A\wedge B)\wedge$

　　　$(H\wedge C\subset A\vee B)\rightarrow(P(A,H,p)\wedge P(B,H,q)\wedge P(C,H\wedge A,r)$

　　　$\wedge P(C,H\wedge B,s)\wedge pr + qs > 0 \rightarrow P(B,H\wedge C,qs/pr+qs))$

T16和T17叫做「逆原理」(the inverse principle)。

T18　$EH\wedge EG\wedge \overline{E}(H\wedge G)\rightarrow(P(A,H,p)\wedge P(A,G,q)$

　　　$\wedge P(H,H\vee G,r)\rightarrow P(A,H\vee G,pr+q-qr))$

T19　$EH\wedge EG\wedge \overline{E}(H\wedge G)\rightarrow(P(A,G,p)\wedge P(H,H\vee G,q)$

　　　$\wedge P(A,H\vee G,r)\wedge q>0\rightarrow P(A,H,(r-p+pq)/q))$

T20　$EH\wedge EG\wedge \overline{E}(H\wedge G)\rightarrow(P(A,H,p)\wedge P(H,H\vee G,q)$

　　　$\wedge P(A,H\vee G,r)\wedge q<1\rightarrow P(A,H,(r-p+pq)/q))$

T21　$EH\wedge EG\wedge \overline{E}(H\wedge G)\rightarrow(P(A,H,p)\wedge P(A,G,q)$

　　　$\wedge P(A,H\vee G,r)\wedge(p-q)>0\rightarrow P(H,H\vee G,(r-q)/(p-q)))$

T22　$EH\wedge EG\wedge \overline{E}(H\wedge G)\rightarrow(P(A,H,p)\wedge P(A,G,p)\rightarrow$

　　　$P(A,H\vee G,p))$

　　T18叫做「普遍合成定理」，T19–T21是它的三個「逆」定理。T22叫做「特殊合成定理」。

　　下面我們定義幾個與「概率獨立性」相關的概念。

　　如果H∧B存在,並且A相對於H的概率與A相對於H∧B的概率相同,則稱A相對於H概率獨立於B,亦稱相對於H時B與A概率不相干。

　　如果A相對於H概率獨立於B, B也相對於H概率獨立於A, 則稱A和B相對於H是概率相互獨立的,或稱A和B相對於H是概率互不相干的。

　　用公式表示，若給定證據E(H∧A)，P(A,H,p)和P(A,H∧B,p)，則稱A相對於H概率獨立於B。

　　若附加證據E(H∧A)，p>0，P(B,H,q)，很容易推出P(B,H∧A,q)。若用P(A∧B,H,q)替換P(B,H,q)，很容易推出P(B,H,q/p)和P(B,H∧A,q/p)。若用P(B,H∧A,q)替換P(B,H,q)，很容易推出P(B,H,q)。於是，在這三種不同選擇之下，我們從相對於H時A概率獨立於B，推出了相對於H時A與B是相互概率獨立的。值得注意的是，從概率獨立性推出概率相互獨立性要求附加證據。

　　如果A相對於H概率獨立於B，並且也概率獨立於B̄，則稱A相對於H完全概率獨立於B，或者說，相對於H時B與A完全概率不相干。

　　如我們所知，證據E(H∧B)，P(A,H,p)和P(A,H∧B,p)構成了A相對於H概率獨立於B。若附加證據E(H∧B̄)，P(B,H,q)和q<1，則A相對於H完全概率獨立於B。其證明如下：

　　T20加上E(H∧B)，E(H∧B̄)，Ē(H∧B∧B̄)，P(A,H∧B,p)，P(B,(H∧B)∨(H∧B̄),q)，P(A,(H∧B)∨(H∧B̄),p)，q<1，可推出P(A,H∧B̄,p)。值得注意的是，從概率獨立性推出概率完全獨立性也要求附加證據。

　　有了上述定義之後，我們可以陳述下一定理：

　　T23　如果A和B相對於H是概率獨立的，則A∧B相對於H的概率等於A相對於H的概率與B相對於H的概率的乘積。

　　T23叫做「特殊乘法原理」，即通常所謂的「特殊合取規則」：如果A和B是概率獨立的，則

$$p(A \wedge B) = p(A) \times p(B)$$

相比之下，普遍乘法原理(A5, T2, T3)更為基本，特殊乘法原理(T23)更為簡單。我們可以舉例說明T23的應用。

假定同時投擲兩個骰子。每個骰子露出某一面的概率各自均為1/6，並且骰子A露出某一面將不會對骰子B露出某一面造成任何影響，反之亦然。因此，例如「骰子A將露出4點」（記為A4）與「骰子B將露出5點」（記為B5）就是相互概率獨立的，於是可應用特殊乘法原理：

$$p(A4 \wedge B5) = p(A4) \times p(B5)$$
$$= 1/6 \times 1/6$$
$$= 1/36$$

至此我們就結束了對馮・賴特概率演算第一階段的考察。第二階段是把第一階段所證明的只涉及少量屬性變項的定理，如普遍加法原理，特殊加法原理，普遍乘法原理，特殊乘法原理，逆原理等等，擴展到涉及有限多個屬性變項，以適應複雜情況的需要。此外，第二階段還述及了一些新的定理，如直接的極大概率原理和大數定理，極大概率逆原理，大數逆定理，拉普拉斯後繼規則等。由於前面談到的原因，這些內容本書從略。

2.3.2　概率演算的解釋

如前所述的概率演算是一個抽象的形式公理系統，並沒有賦予其中的 P(A,H,p) 以特別的意義，也沒有提供用其他詞項去消除 P(A,H,p) 這類表達式的手段。所謂概率演算的解釋，就是要把它與

某種模型或經驗實在聯繫起來，從而使其中的表達式獲得明確的意義，並且使該演算內的公理和定理成為該模型或經驗實在內的真命題。馮・賴特主要討論了關於概率的三種解釋：頻率解釋、可能性解釋和心理學解釋。

2.3.2.1 頻率解釋

頻率解釋的基本觀點是：概率是在事件的無窮序列中某一屬性或某一事件出現的相對頻率或相對頻率的極限。

馮・賴特指出，概率的頻率解釋有悠久的歷史，最早可追溯到亞里士多德。亞里士多德把概率定義為「人們在很大程度上知道會如此這般發生或不發生、存在或不存在的東西」。17–18世紀對統計學或「機遇的理論」感興趣的著作家們也持有類似的觀點。頻率理論的復興源自於艾利斯(R. Leslie Ellis)、穆勒(J. S. Mill)、庫諾特(A. A. Cournot)等人在1843年開始的對古典概率論(拉普拉斯演算)的基礎，特別是對使用所謂「無差別原則」去確定概率值這一做法的批評。文恩(John Venn)在《機遇的邏輯》(1866)一書中最早把頻率理論發展為一個數學理論。

頻率理論的早期倡導者們把概率看做是「長序列」中的相對頻率。這一鬆散的說法並不十分令人滿意，文恩最早把一事件的頻率定義為：隨著場合數目的無限增大，相對頻率所逼近的極限。對於任意的變元X_i，文恩將$B(x_1)$，$B(x_2)$，…，$B(x_n)$稱作一個系列(series)。所謂A在這個系列中的頻率是p，就是說，當n充分大時，滿足A的變元個數與n的比例是確定的，這個比例就是p，文恩以p作為概率$P(A,B)$的定義。馮・米塞斯在他1919年的分析中進一步把概率精確定義為在長序列中事件發生的相對頻率的極限。這一概率定義就成為頻率理論的基礎。德國哲學家賴欣巴赫在他1934年發表的《概率

論》一書中首先創立了頻率理論的概率歸納體系。

馮・賴特注意到，馮・米塞斯認為，概率並不簡單就是相對頻率的極限值，還要附加一個限制條件：該事件在一系列場合中應該是不規則或隨機分布的。他把這種隨機性要求叫做「排除賭博系統的原則」。馮・米塞斯的一大功績就是強調隨機分布對於頻率理論的重要性。但隨機分布這一觀念也給頻率理論帶來了很大的困難。如何定義隨機分布？馮・米塞斯最初提出的定義已被指責為導致矛盾或不一致。由賴欣巴赫、波普(K. Popper)、柯普蘭(A. Copeland)、瓦爾德 (A. Wald) 等人所提出的替代定義是否令人滿意，也值得懷疑。不過，馮・賴特指出，儘管隨機分布與頻率理論作為對概率意義的分析是否適當有關，但它與根據（有窮或無窮序列中的）頻率去解釋抽象的概率演算的數學正確性無關。可以很容易地證明，頻率定義滿足抽象概率演算的所有公理。

馮・賴特似乎傾向於贊成頻率解釋。「按照頻率解釋，公理化概率的公理和定理表達形式命題。這應該看做是我們先前給出的下一陳述的精確含義，即（概率）演算能夠直接在概率的頻率定義的基礎上演繹地建構出來。」⑲不過，頻率解釋也面臨著一系列難以克服的困難，例如，⑴如何確定單稱命題的概率？單稱命題描述一個單獨的事件，而對於單獨事件不可能進行重複試驗，或許可以通過對一系列與上述單獨事件類似事件的觀察或實驗，從而推出該單獨事件概率的近似值。但是，這一近似值是這一類事件中任一事件的概率，而不是該單獨事件的概率。因此，根據概率的頻率解釋，不可能確定單獨事件的概率值。⑵頻率解釋不能證明概率值的唯一性、概率估計的可靠性。並且，當它把概率定義為無窮序列中的頻率極

---

⑲　G. H. von Wright, *A Treatise on Induction and Probability*, p. 217.

限時，頻率極限與任何觀察頻率都是相容的，這使得一個關於概率值的預言既不能被觀察經驗證實，也不能被觀察經驗證偽。

2.3.2.2 可能性解釋

馮·賴特所謂的可能性解釋，亦稱關於概率的古典解釋或量程解釋，其核心要素就是古典概率論所提出的概率定義加上「無差別原則」(the Principle of Indefference)。

根據古典的概率定義，在確定某條件下某隨機事件的初始概率時，首先要求把該條件下所有事件都分別歸結為一定數目的等可能情況。對於該條件下的任一隨機事件，總有一定數目的基本事件對它有利，於是，有利的基本事件的數目（用m表示）與全部基本事件的數目（用n表示）之比m/n，就是該事件在該條件下的概率。以擲骰子為例，為確定一枚均勻的骰子拋落後偶數點朝上的概率，要考慮到六種等可能情況：1點朝上，2點朝上，……，以至6點朝上。每一面朝上的可能性都是1/6。於是

P（骰子拋落後偶數點朝上）=3/6

一條件下的全部基本事件的數目稱作該條件的量程(range)，對該條件下某事件有利的基本事件數目稱作該事件的量程。條件B下事件A的概率就是A的量程與B的量程之比，即

P(A,B)=A的量程/B的量程

這種以有利基本事件數目與全部基本事件數目之比作為概率的定義，叫做「量程定義」，建立在量程定義上的概率理論稱作「量程

理論」。 所以，可能性解釋亦稱關於概率的量程理論。上述量程定義叫做古典量程定義，卡爾納普在《概率的邏輯基礎》(1950) 一書中提出了現代形式的量程定義。

概率的量程定義要求基本事件的等可能性。伯努利 (Jocob Bernoulli)特別強調這一點：「每一種情形應該與任何其他情形一樣有同等的發生機會。」假如不滿足此條件，例如骰子不均勻，在6點的那一面鑲有一塊鉛，那麼「骰子拋落後 6 點朝上」的概率就不再是1/6，而有可能是1/10。這裡的問題是：如何確定基本事件的等可能性呢？

為解決上述問題，古典概率論的創始人，如伯努利、拉普拉斯、凱恩斯，提出了著名的「無差別原則」， 其內容是：對於某一條件下的某些隨機事件，如果我們沒有理由認為其中某一個別的更有可能發生，那麼我們就應當賦予它們相等的概率。在上面擲骰子的例子中，我們之所以認為六種點數朝上是等可能的，就是因為我們沒有理由認為其中一種比其它任何一種更有可能發生。我們看到，無差別原則又叫做「不充分理由原則」。關於概率的量程定義與無差別原則一起，構成了馮・賴特所謂的「可能性解釋」。

馮・賴特指出：「可以證明，可能性解釋是我們的概率演算的有效形式解釋。」「按照可能性解釋，公理化概率的公理和定理表達形式命題。例如，如果證據屬性包含於被推測屬性則概率是 1，按這種解釋，它意味著：證據屬性若不與被推測屬性共存便不能存在。應當把這一點看做是我們先前給出的下一陳述的精確含義，即（概率）演算能夠直接演繹建構於把概率定義為可能性之比的基礎上。」[20]

---

[20] G. H. von Wright, *A Treatise on Induction and Probability*, pp. 218–

不過，可能性解釋也遇到了一系列嚴重的困難：⑴其適用範圍受到限制。用古典概率論的方法測量概率值的前提是，當事人能夠確認某一試驗的所有結果並且它們具有等可能性。這在簡單的遊戲如擲骰子、隨機抽樣等場合是做得到的，但在大多數場合下是做不到的，因為除開數學世界之外，出乎意料的實驗結果總是有的，並且沒有一種儀器能夠判定兩種結果具有等可能性。在這種情況下，古典概率論的前提條件得不到滿足，我們也就不能根據古典概率定義去確定一基本事件的概率。⑵可能性解釋具有主觀任意性。設當事人對某一將要進行的試驗及其結果一無所知，因此他沒有理由認為某一隨意想像的事件 A 發生的可能性與～A 發生的可能性有任何不同。根據無差別原則，A 與～A 等可能，由此可得 A 和～A 的概率各為1/2。這樣，可能性解釋允許在無知的條件下對事件的概率作任意的規定。⑶可能性解釋甚至會導致矛盾。舉例來說，假定我們知道，某枚骰子的非幾何中心處鑲有一小塊鉛，由於這塊鉛所靠近的那一面朝上的可能性較小，它遠離的那一面朝上的可能性較大，因而我們可以肯定這枚骰子拋落後各面朝上的概率是不相等的。但是，由於我們不確知該塊鉛究竟鑲於何處，因而也沒有理由認為究竟哪一面朝上的可能性較大。根據無差別原則，我們得出結論：各面朝上的概率是相等的。這樣一來，我們便陷於自相矛盾。

2.3.2.3　心理學解釋

馮・賴特所謂的「心理學解釋」，亦稱關於概率的信念理論，或關於概率的主觀主義（或私人主義）解釋，其主要代表人物有拉姆塞、菲勒蒂(B. de Finetti)、薩維奇(L. J. Savage)等人。

心理學解釋的最大特點是充分注意到推理者個人的意見對於概率評價的相關性，它把概率解釋為某個人根據給定的證據對一個給定陳述所具有的置信度(degree of belief)。置信度的概念最早可追溯到伯努利，他把概率定義為對一個我們不能確知其真的命題的置信度，這個置信度隨個人掌握的知識而定，因人而異。後來，邏輯學家德摩根(A. de Morgan)更明確地指出：「我們使用概率的真實意思是指或應當指置信度。⋯⋯這樣概率指稱或蘊涵或多或少的信念，而信念不過是不完全知識的別名；或者表達處在一個不完全知識狀態中的心靈。」 作為心理學解釋的開創者，拉姆塞把置信度與效用、好處以及公開選擇行為聯繫起來，從而明確給出了一種測度信念的方法，即把某個人S對於一個假說的置信度等同於S所願意接受的關於該假說為真的打賭商數。打賭商數q=u/(u+v)，其中u為S放入的賭金，V為S的對手放入的賭金。例如，S被邀去打一個給定證據e時假說h為真的賭，並且S最多願意押5元對3元的賭注，那麼就可以說，S在給定e時對h的置信度是5/8。拉姆塞對概率的主觀主義解釋為現代統計決策論奠定了基礎。在拉姆塞研究的基礎上，薩維奇根據置信度可以解釋為一個合理行動者的置信度的見解，進而建立了可為這樣的行動者下定義的公理集。在薩維奇看來，置信度是主觀概率，歸納推理是在實現證據條件化的過程中進行的。薩維奇把自己的觀點稱之為「貝葉斯私人主義」。

馮・賴特似乎對概率的心理學解釋持有相當大的保留。他這樣談到了心理學解釋：「這種觀點是極其模糊不清的。下面對它的解釋，並不自稱從歷史角度看是適宜的，也不自命具有實踐的重要性。不過，我認為，這種解釋作為某種思想實驗還是具有啟發作用的，它會表明關於概率的心理學觀點能夠是什麼樣子。」❹「就我所知，

從來沒有人嚴肅地建議：一個事件的概率僅僅是對該事件發生的置信度。既然不同的人可以在不同的程度上相信同一事件，心理學解釋將使概率成為完全『主觀的』東西。不過，已有人認真指出，一事件的概率是對該事件的合理置信度。不太嚴格地說，概率並不直接與我們實際上如何相信有關，而是與我們應該如何相信有關。」⑫

馮·賴特最後指出：「無論如何，在公理化概率的前兩種解釋和第三種解釋之間有一個基本的差別。頻率解釋和可能性解釋使(概率)演算的公理和定理，可以根據邏輯和算術的規律從概率定義中演繹出來。另一方面，心理學解釋不會使這些公理和定理從概率定義中推演出來，而是使它們成為關於相信的心理學規律，受到經驗的確證或反駁。」⑬

馮·賴特注意到，隨著概率論和歸納概率邏輯的出現，有人提出了一種對於歸納合理性問題的概率論辯護：儘管歸納推理不具有證明的確實性，但它具有或大或小的概率度。歸納推理是一種概然性推理，演繹推理是一種必然性推理。馮·賴特指出，對於歸納的概率論辯護，隨著對概率的解釋不同會遇到各種不同難題，具有各自難以克服的缺陷。例如，對於概率的頻率解釋，將會具有對歸納的演繹主義辯護和歸納主義辯護同樣的弱點；對於概率的置信度解釋，將會具有對於歸納的發明論辯護和約定論辯護同樣的弱點。因此，認為能夠提供對於歸納的概率論辯護，純粹是一種錯覺。⑭

㉑　G. H. von Wright, *A Treatise on Induction and Probability*, p. 169.

㉒　同上書，p. 170.

㉓　同上書，p. 220.

㉔　參見 G. H. von Wright, *A Treatise on Induction and Probability*, pp. 27–29; *The Logical Problem of Induction*, pp. 153–158.

第三章　哲學邏輯（Ｉ）

3.1　什麼是哲學邏輯

當年，奧格登(G. K. Ogden)在把維特根斯坦的大作《邏輯哲學論》譯為英文時，曾擬採用《哲學邏輯》*Philosophical Logic* 這個書名，為此徵詢維特根斯坦的意見。維氏的答覆是：「……哲學邏輯則是錯誤的。事實上我不知道它是什麼意思！根本沒有哲學邏輯這樣的東西。」❶ 儘管有維特根斯坦這樣的大哲的極力反對，「哲學邏輯」一詞還是勢不可擋地流行開來了。國際上有專門的《哲學邏輯》雜誌，大約10年前出版了四卷本巨著《哲學邏輯手冊》，各種哲學邏輯論著如雨後春筍，以至由聯合國教科文組織籌劃、法國哲學家保羅・利科(Paul Ricoeur)主編的《哲學主要趨向》(1979)一書，開篇伊始就討論「邏輯哲學」和「哲學邏輯」。德國哲學家施太格繆勒(W. Stegmüller)撰著的《當代哲學主流》下卷(1981)也用了幾乎一章的篇幅討論「哲學邏輯」。但是，「哲學邏輯」又是一個充滿

---

❶　Ludwig Wittgenstein, *Letters to C. K. Ogden with Comments on the English Translation of the "Tractatus Logico-Philosophicus."* Oxford: Basil Blackwell, 1973, p. 20.

歧義的詞，不同的作者在很不相同的意義上使用它。由於哲學邏輯是馮．賴特的主要研究領域，因此有必要預先對這一概念的來龍去脈、目前用法作一番梳理和辨析，以釐清、界定其精確涵義。

馮．賴特曾談到，在現代邏輯發展的初期，有兩種不同的傾向，分別以布爾(G. Boole)和弗雷格(G. Frege)為代表。布爾先後出版《邏輯的數學分析》(1847)、《思維規律探究》(1854)兩書，著重關注的是與邏輯相關的數學，其目的是要證明「邏輯規律就其形式而言終究是數學的」。這個方向後來的發展包括公理集合論、形式語義學和模型論、可計算性和遞歸函數的理論、自動機理論等。弗雷格於1879年發表《概念文字》一書，重點關注的是與數學相關的邏輯，其目的是把整個數學首先是算術化歸為邏輯，即用純粹的邏輯概念來定義數的概念，特別是自然數的概念；把所有算術推理，特別是數學歸納法推理化歸於邏輯推理。在《算術基礎》一書(1884)的序言部分，弗雷格還明確提出了指導其研究工作的三個基本原則：(1)始終要把心理的東西和邏輯的東西、主觀的東西和客觀的東西明確區別開來；(2)絕不能孤立地詢問一個詞的意義，詞只有在語句的語境中才能獲得意義；(3)絕不能忘記概念和對象之間的區別。弗雷格不僅把他自己構造的形式系統叫做邏輯，而且也把關於這種形式系統的性質以及一般地關於意義和真理性質的哲學反思叫做邏輯。他甚至有這樣的說法：「邏輯以特殊的方式研究『真』這一謂詞，『真』一詞表明邏輯。」❷他認為，廣義邏輯一般來說與語言相關聯，但與心理學和知識論相區別。弗雷格儘管沒有使用「哲學邏輯」一詞，但他的許多觀點是與對這個詞的現代理解相一致的。正因如此，馮．賴特把布爾叫做「數學邏輯」發現之父，而把弗雷格稱做「哲

❷　《弗雷格哲學論著選輯》，王路譯，商務印書館1994年版，頁179。

學邏輯」發現之父。❸

　　在《我們關於外在世界的知識》一書(1929)中，羅素也作出了類似的分析，並最早明確使用了「哲學邏輯」一詞。羅素指出，數理邏輯的現代發展是從布爾開始的，但布爾及其後繼者實際所取得的唯一成就，除開某些細節之外，就是發明一套數學符號，用這套符號可從這種較新的方法與亞里士多德的方法所共同的前提推演出結論來。這個課題作為一個獨立的數學分支是很有意思的，但它與真正的邏輯幾乎沒有什麼關係。自古希臘以來，真正的邏輯最早的一系列進展是由皮亞諾和弗雷格各自獨立取得的，例如區分「是」的屬於意義和包含於意義。羅素接著指出：「數理邏輯，除了它的初創形式之外，就連最現代的形式也不直接具有哲學上的重要意義。在初創以後，它就屬於數學而不屬於哲學了。我將要扼要論述的，是數理邏輯的初創形式，只有這個部分才真正稱得上哲學邏輯。往後的發展，儘管沒有直接的哲學意義，但是對哲學研究有很大的間接用處。」❹他還認為，哲學邏輯的真正對象乃是為各種命題和推理所共有的邏輯形式：哲學邏輯乃是對於邏輯形式的研究。以往的哲學家由於被語言表面的語法形式所蒙騙，未能認清其隱藏著的真正的邏輯形式，而犯了許多重大的哲學錯誤。

　　羅素初步界定但未詳加闡釋的「哲學邏輯」一詞，在斯特勞森(P. F. Strawson)手裡被賦予更明確的含義，從而得到廣泛的流行。

❸　G. H. von Wright, *Introduction,* in *Contemporary Philosophy: A New Survey*, vol. 1, ed. by G. Floistad, Nortinus Nijhoff Publishers, Dordrecht, 1986, p. 228.

❹　羅素：《我們關於外在世界的知識》，任曉明譯，東方出版社1992年版，頁36。

1954年，賴爾(G. Ryle)在一篇論文中區分了形式邏輯和非形式邏輯(informal logic)。在他看來，形式邏輯是一門對符號化的形式演算及其構成要素進行研究和運用的學問，而「非形式邏輯」則是一門標繪概念的「邏輯地圖」的完全不同的學問，這門學問即使不是始終、也是經常地（借用賴爾的比喻）在思想的叢林野莽中和荒蕪的邊疆上進行開拓，在那裡，潔淨筆直的形式邏輯鐵軌尚未鋪設。賴爾在另一個比喻中說，正像製圖員是幾何學家的「顧客」一樣，非形式邏輯家或哲學家是形式邏輯家的顧客，他們「消費著」後者所創造的「產品」。但是，邏輯學家的研究手段本身沒有、也無法解決哲學問題。

斯特勞森部分地接受了賴爾的區分。1967年，他編輯出版了一本題為《哲學邏輯》的文集，此書後來多次重印，在英語世界產生了廣泛的影響。他為此書撰寫了一長篇序言，開頭就把整個邏輯領域區分為兩部分：「邏輯是關於命題的一般理論。它有形式的部分和哲學的部分」，分別叫形式邏輯和哲學邏輯。❺形式邏輯研究命題之間的可演繹關係或蘊涵關係，它要以系統的方式排列有關這種蘊涵關係的各種規律。後來這種排列方式數學化了，即利用特製的人工語言，運用公理化形式化方法，去構造抽象的形式系統。由於現代邏輯的這些分支專注於形式的或技術的方面，並且與數學有密切關係，甚至就是後者的一部分，因此叫做「形式邏輯」或「數理邏輯」。除此之外，邏輯還有其哲學方面：它的成果、方法有直接間接的哲學意義和用處，它的產生有某種哲學背景和哲學預設，並且會引起一系列哲學問題，例如：究竟什麼是命題？說一命題為真是

---

❺ P. F. Strawson, *Philosophical Logic*, Oxford University Press, 1967, p.1.

什麼意思？命題聯結詞的準確性質，特別是出現在條件命題中的蘊涵的準確性質是什麼？意義概念應當怎樣加以分析？真理概念和分析性概念應當怎樣分析?指稱和述謂(predication)的區別和關係是什麼？怎樣說明錯誤（使一對象具有一個可以屬於它但實際上不屬於它的謂詞）和謬誤（使一個對象具有一個不適用於它的謂詞，例如將「是一個素數」這一算術性質歸於一個生物）之間的區別呢？正是這最後一個問題產生了一門有關語義範疇的理論。要回答這些問題，哲學家們就不得不提出和回答有關語言和各種語言表達式的性質和功能的許多其他問題。對於所有這些問題，哲學邏輯學家可以採用兩種方式加以研究：一是採用現行的形式邏輯作為出發點或工具；二是完全撇開這些工具，通過對日常語言用法的仔細觀察和精確描述，來達到自己的目的。前者是人工語言學派的做法，後者是日常語言學派的做法。

很明顯，在斯特勞森那裡，「哲學邏輯」是某種形式的哲學，是對與邏輯有關的哲學概念和哲學問題的仔細探究。英國哲學家大都追隨斯特勞森，在哲學意義上使用「哲學邏輯」一詞。例如，沃爾夫拉姆(S. Wolfram)在《哲學邏輯引論》(1989)一書中，完全接受了斯特勞森關於形式邏輯和哲學邏輯的二重劃分，所討論的論題包括：指稱和真值，必然真理和分析─綜合區別，真理，否定，存在和同一，意義等等。格雷林(A. C. Grayling)指出：哲學邏輯的研究是圍繞語言問題展開的，它的基本概念是命題、分析性、必然性、真理、存在、意義和指稱等，其目的在於通過語言的分析更好地理解思維和世界。這種哲學邏輯是哲學的工場，人們在其中考察、改進分析哲學的主要概念工具，使之精益求精。因此，要理解分析哲學中的爭論，就要求清晰地理解哲學邏輯中的論題，研究此種哲學

邏輯實際上就是研究西方分析哲學的主要概念。所以，「哲學邏輯是哲學，儘管它是提供邏輯學知識、對邏輯問題很敏感的哲學，但它是哲學。」❻保羅・利科在其主編的《哲學主要趨向》一書中，沿襲了斯特勞森倡導的這種哲學邏輯概念。

1930年，哥德爾(K. Gödel)證明了謂詞演算的完全性，一階邏輯真正創立。此後，邏輯沿不同方向繼續發展，其中的兩個方向是：修改或擴充已有的命題邏輯和一階邏輯，由此建立了許多新的邏輯學分支。這些新分支大都具有比較明顯的哲學背景，直接間接地與哲學發生密切關聯。因此，人們逐漸把這些新的邏輯學分支也統稱為「哲學邏輯」。於是，「哲學邏輯」一詞就具有了哲學和邏輯雙重含義，既指對邏輯所產生或引起的哲學概念和問題的哲學研究，也指由這種研究所建立起來的新的邏輯分支。前者是非形式的，後者則是用形式化方法建立起來的形式系統。恩格爾(P. Engel)在《真理的準則 —— 邏輯哲學引論》(1991)一書中，因此主張把賴爾區分邏輯的形式部分和非形式部分的做法，再次搬用到哲學邏輯上，即把後者也區分為「非形式的哲學邏輯」和「形式的哲學邏輯」兩部分。

雙重意義上的哲學邏輯論著很多，例如柯比(I. M. Copi)和古爾德(J. A. Gould)合編的《當代哲學邏輯》(1978)、蒙尼奇(U. Monnich)編的《哲學邏輯概觀》(1981)、馮・賴特的論文集《哲學邏輯》(1983)，甚至《哲學邏輯》雜誌（1972年創刊）、《哲學邏輯手冊》也屬於這一類型。《哲學邏輯》雜誌在闡述其宗旨時說：本雜誌的「範圍限於利用形式方法或討論邏輯理論問題的哲學研究。特別限於以下內容：⑴對於下述直接與哲學興趣相關的邏輯理論分支的研究，例如

---

❻　A. C. 格雷林：《哲學邏輯導論》，中國社會科學出版社1990年版，頁17。

歸納邏輯，模態邏輯，道義邏輯，量子邏輯，時態邏輯，自由邏輯，問題邏輯，命令句邏輯，優先邏輯，條件句邏輯，多值邏輯，相干邏輯；(2)利用形式邏輯技巧的哲學討論，例如近來對抽象實體，非實存的可能者，本質主義，存在，命題態度，意義和真理的討論；(3)對下述與邏輯和語言的邏輯結構有關的哲學問題的討論，例如，邏輯中的約定主義，本體論承諾，邏輯的或語義的悖論，假設的邏輯和預設的邏輯，構造主義，外延性原則；(4)與特殊的學科（例如，語言學，邏輯史或物理學）有關的哲學工作，其重點在於基礎問題，並且利用了邏輯理論，例如，近來對於普遍語法，語用學，可能性概念，哲學史上的理論及數學真理，科學理論的形式化，量子力學的邏輯結構的討論。」顯然，《哲學邏輯》雜誌所說的「哲學邏輯」是廣義的，其特點是：(1)與邏輯有關，或者直接就是新的邏輯分支，或者是對於邏輯理論的概念和問題的澄清和闡明。(2)與哲學有關，是利用形式邏輯手段和方法對於哲學問題的研究。

　　隨著新的邏輯學分支越來越多，逐漸形成一個新興的邏輯學科群體，人們也越來越傾向於用「哲學邏輯」一詞專指這個新興的學科群體，而把作為哲學的「哲學邏輯」改稱為「邏輯哲學」。例如，施太格繆勒在《當代哲學主流》下卷中，借助於卡爾納普的「意義公設」概念，先把形式邏輯定義為「只依賴關於邏輯表達式的意義公設的理論」，並進一步認為，「哲學邏輯的特徵是，它是由形式邏輯或是通過引入另外的意義公設，或是通過引入另外的意義公設加上對在形式邏輯中適用的意義公設的修改而形成的。」❼我本人持有與此類似的主張，並在拙著《邏輯哲學引論》（人民出版社，1990）

---

❼　施太格繆勒：《當代哲學主流》下卷，王炳文等譯，商務印書館1992年版，頁139。

和《哲學邏輯》（重慶出版社，1990）中作了初步闡述。

我認為，哲學邏輯是20世紀30–40年代開始興起、50–70年代蓬勃發展的一個新興邏輯學科群體。它們以數理邏輯（主要指一階邏輯）為直接基礎，以傳統的哲學概念、範疇以及邏輯在各門具體學科中的應用為研究對象，構造出各種具有直接哲學意義的邏輯系統。這個學科群體包括兩大子群：一是變異邏輯 (deviant logics)，形式上表現為經典邏輯的擇代系統 (alternative systems)；一是應用邏輯 (applied logics)，形式上表現為經典邏輯的擴充系統 (extended systems)。

變異邏輯是由否定或修改一階邏輯的某些基本假定而創立的邏輯分支。一階邏輯，包括命題演算和謂詞演算，是建立在下述基本原則或假定之上的：⑴外延原則，即它在處理語詞、語句時，只考慮它們的外延，並認為語詞的外延是它所指稱的對象，語句的外延是它所具有的真值；如果在一複合語句中，用具有同樣指稱但有不同涵義的語詞或語句去替換另一語句或子語句時，該複合語句的真值保持不變。這就是著名的「外延論題」。 與此相聯繫，一階邏輯是建立在實質蘊涵之上的真值函項的邏輯。⑵二值原則，即在一階邏輯中，任一命題或真或假，非真即假，沒有任何命題不具有真假值。⑶個體域非空，即量詞毫無例外地具有存在涵義，並且單稱詞項總是指稱個體域中的某個個體，不允許出現不指稱任何實存個體的空詞項。⑷採用實無窮抽象法，因而在其中可以研究本質上是非構造的對象。多值邏輯的創立就是以放棄二值原則為契機的。在多值邏輯中，一個命題除了取真、假二值之外，還可以取許多其他的真值，使得一階邏輯的矛盾律和排中律也不再成立。在多值邏輯之後，量子邏輯、模糊邏輯、自由邏輯、偏邏輯等等相繼拋棄了二

值原則。另外，一部分邏輯學家對實質蘊涵進行了激烈的抨擊，認為它不符合自然語言中「如果，則」的原義，不符合日常思維中的邏輯推理關係，違反人們的常識和直覺，是不可接受的。於是，他們相繼提出用嚴格蘊涵、相干蘊涵、衍推、直覺主義蘊涵、反事實蘊涵等來代替，並相應地創立了相干邏輯、衍推邏輯、直覺主義邏輯、反事實條件句邏輯等新分支。自由邏輯、偏邏輯則修改或否棄了經典邏輯的存在假定。在自由邏輯中，允許某些詞項在某些情況下不指稱任何實存個體。而在偏邏輯中，個體域不必非空，即量詞不必總是具有存在涵義；單稱詞項不必總是有所指稱，允許無所指的單稱詞項的出現；命題不必非真即假，允許有些命題出現真值空白──既不真也不假。還有一些邏輯學家認為，以外延原則為基礎的一階邏輯遇到了某些嚴重困難，它的一些基本原則，如函項性原則，等值置換規則，同一性替換規則等，可以找到反例。因此，他們修改外延原則，發展了既考慮表達式的外延，又考慮表達式內涵的內涵邏輯。如此產生的邏輯新分支還有弗協調邏輯、非單調邏輯等，它們統稱為「變異邏輯」。

　　應用邏輯則是利用經典邏輯的工具，去分析某些具體學科特別是哲學中的概念或範疇而建立的邏輯學分支。所以馮・賴特說：「哲學邏輯有時定義為運用邏輯分析傳統上哲學家所關心的概念的結構。」❽「我把哲學邏輯描述為構造形式系統以精確闡釋我們在某些話語領域內的概念直覺。我認為，本世紀20多年來的發展表明：構造此類系統實際上可以在哲學家傳統上感興趣的任何領域內進行。這些系統可以稱之為相關概念領域內的『邏輯』，例如，時間的邏輯，因果的邏輯，行動的邏輯，規範的邏輯，或者偏好（優先）的

❽ *Contemporary Philosophy: A New Survey*, vol. 1, p. 227.

邏輯。有些著作家反對如此廣義地使用『邏輯』一詞。他們通常喜歡用它表示對於具有非常高的普遍性程度的概念，例如語句聯結詞或量詞，也許還有模態詞，即包含在所有或近乎所有推理中的概念的形式研究。我本人並不認為這一限制是合理的。我認為，某些『邏輯』公認地比其他邏輯更基本，所以更值得為邏輯學家所關注，而不必為哲學家所關注，後者感興趣的是更為邊沿的邏輯系統。但是，在中心和邊沿之間並沒有嚴格的分界線，足以把『純』邏輯與其『應用』分離開來。」❾哲學家傳統感興趣的概念包括：模態詞必然、可能、不可能、偶然；道義詞義務、允許、禁止；時態詞過去、現在、將來；認知詞知道、相信、懷疑，等等。如果在經典邏輯的基礎上，增加一些具有明顯哲學背景的初始符號、作為這些符號隱定義的公理以及變形規則，得到了一些新的邏輯系統，它們是經典邏輯的擴充系統。模態邏輯、道義邏輯、時態邏輯、認知邏輯、問題邏輯、命令邏輯、優先邏輯等等都是如此構造的系統。

　　至於斯特勞森、格雷林等人當作哲學的「哲學邏輯」，則宜改稱為「邏輯哲學」。邏輯哲學研究由邏輯引起或與邏輯有關的哲學問題。它在邏輯和哲學中都具有自己的起源，這就使得邏輯哲學實際上包括兩部分內容：首先，它要研究邏輯學本身所提出的一系列哲學問題，例如邏輯究竟是什麼，蘊涵與推理的有效性的關係，邏輯真理和邏輯悖論等。其次，它還要研究如何在哲學研究中引入現代邏輯工具，去解決一些傳統的哲學爭論和哲學難題，如意義問題，真理問題，存在問題等。我曾在一篇論文❿中概述了邏輯哲學的一

❾　*The Philosophy of G. H. von Wright*, p. 50.

❿　陳波：《邏輯哲學的新構想》，《湖南師範大學社會科學學報》，1993年第6期。

些主要論題，其中一般性論題有：邏輯觀，意義理論，邏輯真理，邏輯悖論，邏輯和本體論，邏輯和自然語言，形式化方法，推理、後承關係和蘊涵，「是」的邏輯哲學分析；特殊性論題有：數理邏輯中的一些專門性哲學問題，變異邏輯的哲學闡釋，模態的形而上學，時態邏輯和時間哲學，道義邏輯和道德哲學，命題態度和認知邏輯，歸納邏輯的哲學問題，等等。總的來看，邏輯哲學是與語言哲學、科學哲學，甚至更一般的分析哲學錯綜複雜地交織在一起的，其論題、內容常有交叉和重疊，很難在它們之間劃出截然分明的界限。

每一個概念都有它自己的生命和歷史。「哲學邏輯」的詞義就經歷了一個從模糊、明晰、分叉到逐步定型的演變過程。起初，布爾和弗雷格分別重點關注了現代邏輯的不同方面。羅素最早使用了「哲學邏輯」概念。斯特勞森及其追隨者賦予這一概念明確的哲學含義。隨著一批新邏輯的誕生，「哲學邏輯」一詞逐漸並且是越來越多地用來指這批新邏輯。以至恩格爾建議把哲學邏輯分為兩部分：非形式的哲學邏輯和形式的哲學邏輯。而我則建議，把非形式的哲學邏輯改稱為「邏輯哲學」，而保留「哲學邏輯」一詞專指20世紀30–40年代開始興起、50–70年代蓬勃發展的一個新興邏輯學科群體。

不過，「哲學邏輯」一詞也容易造成下述誤解：似乎邏輯的某些部分與哲學有特別密切的關係，只有它們才具有哲學上的重要性和用處，而邏輯的其他部分則與哲學無關，既不具有哲學意義，也在哲學上毫無用處或用處不大。有些人正是基於這一點，對使用「哲學邏輯」一詞持有明顯的敵意或反感。例如，欣迪卡(J. Hintikka)指出：

「存在這樣一個邏輯研究分支，它特別適於用到哲學上嗎？
存在『哲學邏輯』這樣的東西嗎？基本上，我的回答是『不』。
在邏輯的不同常規部分之間，其哲學重要性似乎沒有多少內
在的差別。在我看來，數理邏輯的更深奧部分的許多新近工
作，與哲學研究就有相當大的關係。除開在相當罕見的情況
下，邏輯學家本身呼喚哲學家關注他們的問題外，大多數此
類工作沒有引起哲學家們的注意。然而，像遞歸函數論、模
型論和元數學這些領域已經取得的許多進展，都是關注於闡
釋和展開那些對於哲學家的探究來說具有極大重要性和關係
的概念和概念問題的。」 ⓫

不過，上述誤解是可以消除的。「哲學邏輯」是就其來源和直
觀背景來說的，不是就其應用範圍說的，正像「數理邏輯」是就其
來源和方法論特徵而言的，而不是就其應用範圍而言的一樣。並不
是說「數理邏輯」只適用於數學、只具有數學意義或數學用處，而
與哲學、語言學等其他學科毫無關聯。實際上，數理邏輯的許多成
果和方法具有極其重要的哲學意蘊，例如哥德爾不完全性定理、塔
斯基的真的可定義性和不可定義性定理，羅素的摹狀詞理論等等；
並且，從對數理邏輯的不同研究中，還發展出了像邏輯主義、直覺
主義、形式主義這樣系統的哲學觀點。同樣，某些哲學邏輯分支，
例如萊斯涅夫斯基(S. Lesniewski)的部分學、古德曼(N. Goodman)
的個體演算，各種廣義模態邏輯，起初似乎純粹出於哲學的興趣和
目標而構造，但它們並不只對哲學家有意義。相反，許多其他領域

⓫　轉引自 P. Engel: *The Norm of Truth: An Introduction to the Philosophy of Logic*, Harvester Wheatsheaf, 1991, p. 5.

的研究者，例如計算機科學家，人工智能研究者，語言學家，法律學家，也可能或已經對這些邏輯分支產生興趣，並試圖將它們用於自己的研究工作。實際上，普遍適用性是邏輯的一個本質特徵，任何邏輯對於含有該邏輯所處理的題材的領域，都是普遍適用的。例如，命題邏輯對於處理含命題聯結詞的推理，謂詞邏輯對於處理含量詞、謂詞、個體詞的推理，模態邏輯對於處理含「必然」、「可能」等模態詞的推理來說，都是如此。在這一點上，它們沒有任何原則性差別。因此，說某個邏輯分支的來源、背景、方法論特徵等是一回事，說它們的應用範圍和哲學意義則是另一回事，兩者不能相互混淆。

3.2　模態邏輯

在模態邏輯方面，馮・賴特著有一本專著《模態邏輯》，以及下述主要論文：《模態邏輯的解釋》(1952)，《模態邏輯的一個新系統》(1953)，《關於時態邏輯和模態邏輯的某些評論》(1972)，《場所模態邏輯》(1979)，《歷時模態和共時模態》(1979)，《邏輯模態》、《自然模態》(1983)等。馮・賴特在這些論著中主要討論了下述論題：模態詞的不同種類及其相互關係；一元模態邏輯系統和二元模態邏輯的構建；模態邏輯系統的判定程序；模態邏輯的解釋，等等。

3.2.1　模態詞的種類及其關係

3.2.1.1　真勢模態和廣義模態

1949年，馮・賴特任劍橋教授時，發現了模態詞與量詞之間的類似，並且這種類似還普遍存在於道義概念、認知概念、價值概念

等等之間。於是，他在《模態邏輯》一書中，給出了下述模態概念
表：

真勢的	認知的	道義的	存在的
必然的	已證實的	義務的	全稱的
可能的		允許的	存在的
偶然的	不確定的	中　性	
不可能的	已證偽的	禁止的	空　的

馮·賴特論述說，上述各組概念之間既存在重要的類似，也存
在原則性差異。如果我們用 Φ_1、Φ_2、Φ_3、Φ_4 依次表示上表各組中
的第一、第二、第三、第四個概念，則上述各組概念之間的類似至
少有以下幾點：

⑴下述等值式對於各組概念普遍成立：

$$\Phi_1 p \leftrightarrow \sim\Phi_2 \sim p$$

$$\Phi_2 p \leftrightarrow \sim\Phi_1 \sim p$$

$$\Phi_3 p \leftrightarrow \Phi_2 p \wedge \Phi_2 \sim p$$

$$\Phi_3 p \leftrightarrow \sim\Phi_1 p \wedge \sim\Phi_4 p$$

$$\Phi_4 p \leftrightarrow \Phi_1 \sim p$$

$$\Phi_4 p \leftrightarrow \sim\Phi_2 p$$

這表明各組概念內部的各概念之間可以相互定義。例如，正像全稱
量詞和存在量詞可以相互定義一樣，必然與可能、義務與允許之間
也可以相互定義。

⑵下述分配律對於各組概念普遍成立：

$$\Phi_1(p \wedge q) \leftrightarrow \Phi_1 p \wedge \Phi_1 q$$

$$\Phi_2(p \vee q) \leftrightarrow \Phi_2 p \vee \Phi_2 q$$

$$\Phi_4(p \vee q) \leftrightarrow \Phi_4 p \wedge \Phi_4 q$$

這就是說，正像全稱量詞對於合取可分配、存在量詞對於析取可分配、「無一」對於析取可合取分配一樣，必然、已證實、義務分別對於合取可分配，可能、允許對於析取可分配，不可能、禁止對於析取可以合取分配，如此等等。

不過，上述各組概念之間的類似並不是完全的、絕對的。例如在認知模態、存在模態那裡，就找不到與「偶然」、「中性」在直觀上對應的概念；並且，即使在其餘三組對應概念之間也存在差異，例如下述蘊涵式

$$\Phi_1 p \rightarrow p$$

$$p \rightarrow \Phi_2 p$$

$$\Phi_1 p \rightarrow \Phi_2 p$$

$$\Phi_4 p \rightarrow \sim p$$

對於量詞和真勢模態詞都是成立的，例如必然p蘊涵可能p，p蘊涵可能p，不可能p蘊涵～p。但是它們對於道義模態詞卻是不一般成立的。若用O、P、F分別表示義務、允許、禁止，則下述四個蘊涵式

Op→p

p→Pp

Op→Pp

Fp→～p

中只有Op→Pp（應該p蘊涵允許p）仍然成立，其餘三個公式都不再成立，它們依次是說：凡是應該做的事情實際都做了，凡是做了的事情都是允許做的，凡是禁止的事情實際都沒有做，顯然這些公式混淆了「是」與「應該」之間的界限，它們只在道德完善的理想國裡才成立，而我們的現實世界絕不是道德完善的，因此它們在現實世界中均不成立，不能成為與現實世界相關的道義概念的邏輯規律。

正因為在上述各組概念之間，既有重要的類似又有實質性差異，這就使得參照已有的量詞理論和真勢模態邏輯去建立其他類似概念的邏輯，成為既有可能又有必要的事情。馮·賴特明確指出了這一點：「在各組不同的模態詞之間，既存在本質的類似，也有特徵性差異。所以，它們全都值得加以特別的處理。」⑫他把與上述四組概念相應的邏輯理論分別稱之為模態邏輯 (modal logic)、認知邏輯(epistemic logic)、道義邏輯(deontic logic)和真邏輯(truth-logic)。

真邏輯是關於真、假概念的邏輯。由於在經典命題邏輯（記為PL）和量詞理論（記為 QT）中，任一命題或者真或者假，並且非真即假、非假即真；並且，沒有任何一個命題既真又假。這就是說，其中的命題都滿足直接刻畫真、假概念性質的排中律和矛盾律，所以命題邏輯和量詞理論都屬於真邏輯，是後者的兩個既相互獨立、

---

⑫ G. H. von Wright, *Logical Studies*, p. 58. London: Routledge and Kegan Paul, 1957.

又有隸屬關係的片斷或者說分支。

　　「必然」、「可能」、「不可能」涉及命題的真假強度，所以馮·賴特選用了一個由希臘詞αληθεια（真）轉化而來的英語詞alethic，把這些模態詞稱之為"alethic modalities"（真勢模態詞），把研究此類模態詞的邏輯理論叫做「真勢模態邏輯」。　類似地，把「義務」、「允許」、「禁止」等叫做「道義模態詞」，把與此相應的邏輯理論叫做「道義邏輯」；把「證實」、「不確定」、「證偽」等叫做「認知模態詞」，把相應的邏輯理論叫做「認知邏輯」(epistemic logic)。馮·賴特後來發現了更多與量詞和真勢模態詞相類似的概念，例如涉及時間的「總是」(always)、「有時」(sometimes)和「永不」(never)，例如涉及價值判斷的「好」、「壞」、「中性」、「優先」等，並為之建立了相應的邏輯理論，分別稱之為「時間邏輯」(logic of time)和優先邏輯(logic of preference)。可以把除真邏輯之外的其他涉及模態詞的邏輯理論，統稱為「廣義模態邏輯」，而把專門涉及「必然」、「可能」、「不可能」的邏輯理論稱之為「真勢模態邏輯」。由於除真勢模態邏輯之外的其他廣義模態邏輯都有其專門名稱，例如時間（或時態）邏輯、道義邏輯、認知邏輯、優先邏輯等，於是通常把「真勢模態邏輯」簡稱為「模態邏輯」。

　　在廣義模態邏輯領域，馮·賴特是一位舉足輕重的人物。他是道義邏輯和優先邏輯的創始人和奠基者，並且在真勢模態邏輯、時間邏輯、認知邏輯、相干和衍推邏輯以及真邏輯等方面做出了重要貢獻。

3.2.1.2　邏輯模態和物理模態

　　馮·賴特明確區分了邏輯模態和物理模態。前者是指邏輯的必然性、可能性、偶然性和不可能性；後者是指物理的必然性、可能

性、不可能性等等，亦被稱為「自然模態」或「因果模態」。 對於邏輯模態，馮・賴特又區分其絕對意義和相對意義。

馮・賴特從兩個德文詞Notwendigkeit（必然性）和Möglichkeit（可能性）分別選取首字母大寫，去表示必然性(N)和可能性(M)，並用小寫英文字母t表示任一PL重言式，用p，q，r，…表示任一語句或命題，用(p/q)表示相對q來說p成立，或者說在q的條件下p成立。有了上述符號工具後，我們可以定義絕對意義上的邏輯必然性、可能性、不可能性如下：

D1　p是邏輯必然的=*df*　N(p/t)

D2　p是邏輯不可能的=*df*　～M(p/t)

D3　p是邏輯可能的=*df*　M(p/t)

由於t是在任何條件下都真的，或者說是在所有可能世界中都真的，因此D1–D3所定義的分別是無條件的邏輯必然性、可能性和不可能性，或者說是在所有可能世界中的必然性、可能性和不可能性，因而是絕對意義上的。

相對意義上的邏輯必然性、可能性和不可能性，則是指相對於某種或某些條件q而言的。p相對於q來說是邏輯必然的，當且僅當p相對於q是必然的，並且這種必然性在所有可能世界中成立，用符號表示，即N(p/q)並且N(N(p/q)/t)。由於N(N(p/q)/t)蘊涵N(p/q)，於是我們有下述定義：

D4　p相對於 q是邏輯必然的=*df*　N〔(p/q)/t〕

D5　p相對於 q是邏輯不可能的=*df*　N〔～M(p/q)/t〕

D6　p相對於 q是邏輯可能的=*df*　M〔M(p/q)/t〕

由於物理必然性是邏輯偶然的，因此需要先定義邏輯偶然性如下：

D7　p是邏輯偶然的=*df*　M(p/t)∧M(～p/t)

並引入符號C作為邏輯偶然性的縮寫，於是Cp就表示「p是邏輯偶然的」。

p在偶然條件q之下的物理必然性是指：⒜p不是邏輯必然的，⒝p相對q來說是必然的，⒞這種必然性不是所有可能世界中的必然性。由於～N(p/t)可以寫成M(～p/t)，並且～N〔N(p/q)/t〕可以寫成M〔M(～p/q)/t〕，所以我們有下述定義：

D8　p相對於 q是物理必然的
　　=*df* Cq∧M(～p/t)∧N(p/q)∧M〔M(～p/q)/t〕
D9　p相對於 q是物理不可能的
　　=*df* Cq∧M(p/t)∧～M(p/q)∧M〔M(p/q)/t〕

於是，p相對於q是物理不可能的就意味著：儘管p相對q實際上是不可能的，但 p 並不是邏輯上不可能的，在物理規律不成立的其他可能世界中，p是可能的。

與邏輯可能性不同，物理可能性並不是物理不可能性的直接否定，即不能有下述定義：

D9 p相對q是物理可能的

$=df \sim Cq \vee \sim M(p/t) \vee M(p/q) \vee \sim M \ [M(p/q)/t]$

顯然，物理可能的不能是邏輯不可能的，於是 D9 中的第三和第四個選言支應該去掉，物理可能性是相對某個邏輯偶然條件而言的，D9 中的第一個選言支因此也應去掉。實際上，物理可能性可以定義如下：

p相對q是物理可能的

$=df Cq \wedge M(p/t) \wedge M(p/q) \wedge M \ [M(p/q)/t]$

由於$Cq \wedge M(p/q)$蘊涵$M(p/t)$，並且$M(p/q)$蘊涵$M \ [M(p/q)/t]$，於是上述定義可以縮寫為：

D10　p相對q是物理可能的$=df Cq \wedge M(p/q)$

從D1–D10容易看出，邏輯模態和物理模態之間具有下述關係：
⑴如果p相對q是邏輯必然或物理必然的，則p相對q也是邏輯可能或物理可能的。
⑵相對同一條件 q 的邏輯必然性和物理必然性是互斥的，不能同時成立。
⑶相對同一條件q的邏輯不可能性和物理不可能性也是互斥的，不能同時成立。
⑷如果p相對q是物理可能的，則p在絕對意義和相對意義上都是邏輯可能的。

3.2.1.3　de dicto和de re 模態

馮・賴特在其著述中，廣泛利用了歐洲中世紀哲學家阿奎那(Thomas Aquinas)關於de dicto和de re模態的區分。

所謂de dicto模態就是命題模態，即用於修飾、限定一完整命題的模態，從語法形式上看，它通常置於該命題的句首或句尾。例如，「x大於y，或者x不大於y，這是必然的」和「可能某位中國公民獲得諾貝爾獎」這兩個命題中，前者表示「x大於y或者x不大於y」這一命題為真具有必然性，後者表示「某位中國公民獲得諾貝爾獎」這一命題為真具有可能性，模態詞都是用於修飾、限定一完整命題，因而都是命題模態。所謂de re模態就是事物模態，此類模態並不修飾、限定一完整命題，而是修飾、限定命題主詞所表示的事物與命題謂詞所表示的性質之間的聯繫方式；從語法形式上看，它不在命題的句首或句尾，而是插入命題主詞與謂詞之間。例如，在「人必有一死」、「明天可能下雨」這兩個命題中，模態詞「必然」、「可能」分別表示：人死具有必然性，明天下雨具有可能性，它們都是事物模態。

馮・賴特把de dicto 和de re的區分貫穿到他對於真勢模態和認知模態的討論中，並為此構造了不同的邏輯系統去處理 de dicto 和de re模態。

3.2.1.4　歷時模態和共時模態

馮・賴特在1979年發表的一篇論文中，在邏輯上第一次區分出歷時模態(diachronic modality)和共時模態(synchronic modality)。這是他結合時間因素來考慮模態問題的一次嘗試。

若用p_t表示p在 t 時真，p_t是偶然的則意味著：p在t時真但可以不必如此，也就是說p在 t 時實際上為真但p在 t 時可以不真。這種

可能性實際上是相對於 t 之前的某個時刻t´而言的,是一種先前的可能性(antecedent possibility)。因此,若用E表示存在量詞,即「至少存在一個……」,則p_t偶然真可以定義如下:

D11　　p_t偶然真$=df\ p_t \land (Et)\ (t´<t \land M_t\ {\sim}p_t)$

若用M_tp_t、N_tp_t分別表示:從 t 時看,p在 t 時真是可能的;從 t 時看,p 在 t 時真是必然的,並用(t)表示全稱量詞「對於所有時間點t來說」,則M_tp_t、N_tp_t可分別定義如下:

D12　　$M_tp_t=df\ (Et´)(t´<t \land M_{t´}p_t)$
D13　　$N_tp_t=df\ (t´)(t´<t \to N_{t´}\ p_t)$

這裡,M_tp_t、N_tp_t所涉及的t是同一個時間點,叫做共時模態;而$M_{t´}p_t$、$N_{t´}p_t$中的 t 和 t´是不同的時間點,叫做歷時模態。馮・賴特還論證說,共時模態的邏輯是S5系統,而歷時模態邏輯則是S4系統(關於S4和S5的構造將在下面述及)。

3.2.2　一元模態邏輯系統M、M´和M″

在《模態邏輯》一書中,馮 ・ 賴特不太信任形式公理化方法,而偏愛用分配範式和真值表方法去討論和刻劃模態邏輯,但這套方法特別累贅和笨拙,使用起來不太方便,並且不便於把所討論的模態系統與其他模態系統相比較。馮・賴特於是在該書附錄中,給出了正文中用非公理化方法討論的模態系統的公理化表述,這就是眾所周知的三個模態系統M、M´和M″。下面對馮 ・ 賴特的表述作了

非實質性的改動。

A. 初始符號

　　1.命題變元：p，q，r，…

　　2.PL常項：～，→

　　3.模態常項：M

　　4.括號：(,)

B. 形成規則

　　1.一命題變元是公式；

　　2.若α是公式，則～α，Mα是公式；

　　3.若α和β是公式，則α→β是公式；

　　4.只有根據1–3形成的符號串是公式。

C. 公理

　　A組：一個PL公理集，包括

　　1.p→(q→p)

　　2.(p→(q→r))→((p→q)→(p→r))

　　3.(～p→q)→((～p→～q)→p)

　　B組：

　　1.p→Mp

　　2.M(p∨q)↔Mp∨Mq

　　C組：

　　1.MMp→Mp

　　2.M～Mp→～Mp

　　這裡B1是可能性公理：p蘊涵可能p；B2是M對∨的分配律；C1

是第一還原公理，C2是第二還原公理，它們都是用來把疊置模態詞如～M～MM，M～M～M等等，簡化、歸約、還原為更簡單的模態詞的。

D. 定義

D1　$\alpha \wedge \beta =_{df} \sim (\alpha \rightarrow \sim \beta)$

D2　$\alpha \vee \beta =_{df} (\sim \alpha \rightarrow \beta)$

D3　$\alpha \leftrightarrow \beta =_{df} (\alpha \rightarrow \beta) \wedge (\beta \rightarrow \alpha)$

D4　$N\alpha =_{df} \sim M \sim \alpha$

D5　$C\alpha =_{df} M\alpha \wedge M \sim \alpha$

D6　α 和 β 相容 $=_{df} M(\alpha \wedge \beta)$

D7　α 嚴格蘊涵 $\beta =_{df} N(\alpha \rightarrow \beta)$

D8　α 嚴格等值 $\beta =_{df} N(\alpha \leftrightarrow \beta)$

E. 變形規則

A組：PL的變形規則，即

1. 代入規則：若 $\vdash \alpha$，則 $\vdash \alpha$ 的代入特例。

2. 分離規則：若 $\vdash \alpha$，$\vdash \alpha \rightarrow \beta$，則 $\vdash \beta$。

B組：

1. 若 $\vdash \alpha \leftrightarrow \beta$，則 $\vdash M\alpha \leftrightarrow M\beta$。

2. 若 $\vdash \alpha$，則 $\vdash N\alpha$。

這裡，B1叫做外延性原則，所說的是等值置換規則對模態公式成立：在模態公式中，用可證等價的公式去置換它所含有的某個子公式，所得到的公式與原公式可證等價。由於在可靠且完全的PL系統中，一公式可證當且僅當它是重言式，所以規則B2等於說：若 f

是重言式，則Nf也是重言式，所以B2被叫做重言式規則。

M、M′和M″這三個模態系統的變形規則均相同，即上面所說的規則A1–A2、B1和B2，但公理有所不同：

M＝A組公理＋B組公理

M′＝M＋第一還原公理即C1

M″＝M＋第二還原公理即C2

由於馮·賴特是在該書附錄中給出這三個系統的公理化表述，因此並未展開從公理利用變形規則對定理的證明。在正文中，馮·賴特用分配範式和真值表方法判定了一些公式是相應系統的重言式，因而也是相應系統的定理。

茲列舉一些M系統的定理如下：

T1　$Mp \leftrightarrow \sim N \sim p$　一命題是可能的，當且僅當它的否定不是必然的。

T2　$Np \rightarrow Mp$　若一命題是必然的，則它也是可能的。

T3　$N(p \wedge q) \leftrightarrow Np \wedge Nq$　兩命題的合取是必然的，當且僅當兩命題本身都是必然的。

T4　$M(p \vee q) \leftrightarrow Mp \vee Mq$　兩命題的析取是可能的，當且僅當兩命題中至少有一個是可能的。

T5　$Np \vee Nq \rightarrow N(p \vee q)$　若兩命題中至少有一個是必然的，則這兩個命題的析取是必然的。

T6　$M(p \wedge q) \rightarrow Mp \wedge Mq$　若兩命題的合取是可能的，則這兩個命題本身都是可能的。

T7　$Np \wedge N(p \rightarrow q) \rightarrow Nq$　被必然命題所嚴格蘊涵的命題本身是必然的。

T8　Mp∧N(p→q)→Mq　被可能命題所嚴格蘊涵的命題是可能的。

T9　Np∧N(p∧q→r)→N(q→r)　一個必然前提可以省略。

T10　Np→N(q→p)　必然命題被任何命題所嚴格蘊涵。

T11　～Mp→N(p→q)　不可能命題嚴格蘊涵任何命題。

T12　N(～p→p)→Np　被自己的否定所嚴格蘊涵的命題是必然的。

　　上面的T1和T2涉及可能與必然的相互關係。T3–T6涉及N對∧、M對∨以及N對∨、M對∧的分配關係。T7–T12是有關嚴格蘊涵的規律，其中T10和T11是嚴格蘊涵悖論。

T13　Np→p　必然命題都是真的。

T14　p→Mp　真命題都是可能的。

T15　～Mp→～p　不可能命題是假的。

T16　～p→M～p　假命題是可能假的。

　　這四個定理涉及真值與模態之間的強度關係：必然性強於真，真強於可能性；不可能性強於假，假強於可能假。於是，有下述定理：

T17　(p→q)→(p→Mq)

T18　(p→q)→(Np→q)

T19　(p→q)→(Np→Mq)

　　它們所說的是：一推理的前提可以在模態上加強，其結論可以在模態上減弱，但推理仍然有效。

　　明顯可以看出，M′和M″是M的直接擴充，因此M的定理都是M′和M″的定理，但反之不然。M′中還有下述定理：

T20　MMp↔Mp

T21　NNp↔Np

這是兩個模態歸約律：同一模態詞的連續兩次甚至多次出現最後可以歸約為它的一次出現。

　　除M的那些定理外，M″還有下述定理：

T20　Mp→NMp

T21　Mp↔NMp

T22　Np↔MNp

T23　p→NMp

　　在T22中，用Mp替代p，得到

　　NMp↔MNMp

又根據T21和外延性原則，可以得到

T24　Mp↔MMp

由T24顯然可以得到

　　MMp→Mp

這是M′的一個公理，這表明M′的公理都是M″的公理或定理，因此M′是M″的子系統，M′的定理都是M″的定理，但反之不然。於是，在M″中，不僅同一模態詞的連續兩次甚至多次出現可以化歸為它的一次出現，而且不同模態詞的連續兩次甚至多次出現也可以歸約為最後一個模態詞的一次出現。因此，在M″中所有模態公式原則上都可以歸約為模態詞不連續出現的公式。

馮・賴特還討論了 M、M′ 和 M″ 這三個系統與劉易斯 (C. I. Lewis)所提出的五個嚴格蘊涵系統S1–S5的關係。為便於比較，我們把S1–S5的公理和變形規則表述如下：

A1　　$N(p \wedge q \to q \wedge p)$

A2　　$N(p \wedge q \to p)$

A3　　$N(p \to p \wedge p)$

A4　　$N((p \wedge q) \wedge r \to p \wedge (q \wedge r))$

A5　　$N(N(p \to q) \wedge N(q \to r) \to N(p \to r))$

A6　　$N(p \wedge N(p \to q) \to q)$

A7　　$N(M(p \wedge q) \to Mp)$

A8　　$N(N(p \to q) \to N(\sim Mq \to \sim Mp))$

A9　　$N(Np \to NNp)$

A10　$N(Mp \to NMp)$

SB　　若 $\vdash \alpha$，則 $\vdash \alpha$ 的代入特例

SMP　若 $\vdash \alpha$，$\vdash N(\alpha \to \beta)$，則 $\vdash \beta$

RC　　若 $\vdash \alpha$，$\vdash \beta$，則 $\vdash \alpha \wedge \beta$

SEQ　若 $\vdash N(\beta \leftrightarrow \beta')$，則 $\vdash N(\alpha \leftrightarrow \alpha \, [\beta/\beta'])$

S1–S5的構造如下：

S1＝｛A1–A6, SB, SMP, RC, SEQ｝

S2＝S1＋A7

S3＝S1＋A8

S4＝S1＋A9

S5＝S1＋A10

這五個系統的相互關係是：前一系統依次是後一系統的子系統，倒過來說，後一系統依次是前一系統的擴充，包含著前一系統，即前一系統的定理都是後一系統的定理。我們用 "$S_{i+1} \to S_i$"(i=1,2,3,4)表示S_i是S_{i+1}的子系統。於是，我們有下圖：

$$S_5 \to S_4 \to S_3 \to S_2 \to S_1$$

馮・賴特證明，S2的公理在系統M中都是可證的，S2的變形規則是M的變形規則或導出規則，因此S2是M的子系統，M包含S2。但M不包含S3，因為S3的公理

$$N(N(p \to q) \to N(\sim Mq \to \sim Mp))$$

在M中不可證。S4的公理都在M′中可證，並且M′的公理也都在S4中可證，因此S4等價於M′。此外馮・賴特還證明，S5等價於M″。

1933年，哥德爾(Kurt Gödel)發表了《直覺主義命題演算的一個解釋》一文。他在古典命題演算的基礎上增加一元算子B，把「p是可證的」記為Bp，並增加公理

Bp→p

Bp→((Bp→Bq)→Bq)

Bp→BBp

以及規則

若⊢α，則⊢Bα

由此得到對於直覺主義演算的可證性解釋，它本身也是一形式系統，哥德爾記為Ƨ，並指出它等價於S4。

1937年，費斯在《新模態邏輯》一文中，提出了一個他稱之為 t 的系統。t 以□（必然）為初始符號，它是在古典命題演算的基礎上增加公理

□p→p

□(p→q)→(□p→□q)

以及必然化規則

若⊢α，則⊢□α

而得到的。容易看出，t 就是哥德爾系統Ƨ去掉公理

Bp→BBp

後得到的系統。

1953年，索博辛斯基(B. Sobocinski)在《費斯—馮·賴特的模態系統評注》一文中，把費斯的t系統改稱為T，並證明馮·賴特的M系統與T等價，他還證明T包含S2，包含於S4，與S3互不包含。

我們可以把上述結果圖示如下，其中"Si↔Sj"(1≤i, j≤5)表示兩個系統等價：

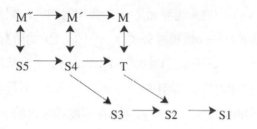

3.2.3 判定程序： 模態真值表 ⑬

在《模態邏輯》一書中，馮·賴特把適用於命題邏輯和謂詞邏輯片斷的分配範式和真值表方法，經修改和擴充後，用於模態系統M、M′和M″，作為這些系統的判定程序，以判定這些系統內的任一公式是不是一重言式。

這裡以公式(p→q)→(Np→Nq)為例，說明模態真值表方法作為判定程序所包含的各個步驟。

第一步，找出與原公式等值且只含～，∨，∧，M的公式，並找出其中不含模態詞的子公式的完全析取範式。

由此，我們得到與原公式等值的公式

⑬ 此小節的內容預設5.1節，因此閱讀此小節前，最好先讀5.1節。

$(p \land \sim q) \lor M \sim p \lor \sim M \sim q$

其中，$p \land \sim q$的以p和q為基項的完全析取範式即是它本身。$\sim p$以p和q為基項的完全析取範式為$(\sim p \land q) \lor (\sim p \land \sim q)$。$\sim q$以p和q為基項的完全析取範式為$(p \land \sim q) \lor (\sim p \land \sim q)$。

　　第二步，找出由上一步得到的公式的模態構件(modal constituent)，簡稱M-構件。一模態公式α在一模態系統內的模態構件可以定義如下：(a)α中的命題變元是α的0級模態構件，記為M_0-構件。(b)如果M_β是α的任一n級模態公式，r_1, $r_2 \cdots$, r_k是α的所有m(m<n)級模態構件，$(\triangle_1 \land \triangle_2 \land \cdots \triangle_k)$是β的以$r_1$, r_2, $\cdots$, r_k為基項的完全析取範式中的任一析取項，並且$\sim(\triangle_1 \land \triangle_2 \land \cdots \land \triangle_k)$不是相應模態系統內的定理，則$M(\triangle_1 \land \triangle_2 \land \cdots \land \triangle_k$是α在相應系統內的一個n級模態構件。

　　從理論上講，若一模態公式含有n個M_0-構件，它們有2^n個真值組合，根據馮・賴特系統M的公理$p \to Mp$，可得到2^n個M_1-構件。並且，由這n個M_0-構件和2^n個M_1-構件，又可以得到 $2^{2^n + n - 1}$ 個真值組合。

　　上公式含有兩個M_0-構件即命題變項p和q，其真值組合為2^2種，寫出來分別是$p \land q$, $p \land \sim q$, $\sim p \land q$, $\sim p \land \sim q$，由此得到四個M_1-構件：$M(p \land q)$, $M(p \land \sim q)$, $M(\sim p \land q)$, $M(\sim p \land \sim q)$。這兩個M_0-構件和四個M_1-構件又有 $2^{2^2 + 2 - 1}$ 即三十二個真值組合。這是因為公式中會出現相同的M_1-構件，例如$M \sim q$的M_1-構件為：$M(p \land \sim q)$和$M(\sim p \land \sim q)$，$M \sim q$的M_1-構件為$M(\sim p \land q)$和$M(\sim p \land \sim q)$，其中不同的M_1-構件是三個，即$M(p \land \sim q)$, $M(\sim p \land q)$, $M(\sim p \land \sim q)$。

　　第三步，在 $2^{2^n + n - 1}$ 個真值組合中，刪除不可能的組合，即與

相應系統的定理相矛盾的組合，然後構造模態真值表。

　　例如，在M系統中有公理p→Mp，因此下列底下劃有橫槓的真值組合在M系統中是不可能的，應該刪除：

p	q	M(p∧~q)	M(~p∧q)	M(~p∧~q)
1	0	<u>0</u>	1	1
1	0	<u>0</u>	1	0
1	0	<u>0</u>	0	1
1	0	<u>0</u>	0	0
0	1	1	<u>0</u>	1
0	1	1	<u>0</u>	0
0	1	0	<u>0</u>	1
0	1	0	<u>0</u>	0
0	0	1	1	<u>0</u>
0	0	1	0	<u>0</u>
0	0	0	1	<u>0</u>
0	0	0	0	<u>0</u>

　　於是，待判定公式的模態真值表為：（見下頁）

p	q	M(p∨~q)	M(~p∨q)	M(~p∨~q)	p→q	M~p	M~q	~M~p	~M~q	~M~p→~M~q	(p→q)→(~M~p→~M~q)
1	1	1	1	1	1	1	1	0	0	1	1
1	1	1	1	0	1	1	1	0	0	1	1
1	1	1	0	1	1	1	1	0	0	1	1
1	1	1	0	0	1	0	1	1	0	0	0
1	1	0	1	1	1	1	1	0	0	1	1
1	1	0	1	0	1	1	0	0	1	1	1
1	1	0	0	1	1	1	1	0	0	1	1
1	1	0	0	0	1	0	0	1	1	1	1
1	0	1	1	1	0	1	1	0	0	1	1
1	0	1	1	0	0	1	1	0	0	1	1
1	0	1	0	1	0	1	1	0	0	1	1
1	0	1	0	0	0	0	1	1	0	0	1
0	1	1	1	1	1	1	1	0	0	1	1
0	1	1	1	0	1	1	1	0	0	1	1
0	1	0	1	1	1	1	1	0	0	1	1
0	1	0	1	0	1	1	0	0	1	1	1
0	0	1	1	1	1	1	1	0	0	1	1
0	0	1	0	1	1	1	1	0	0	1	1
0	0	0	1	1	1	1	1	0	0	1	1
0	0	0	0	1	1	1	1	0	0	1	1

第四步，若原公式在模態真值表中恆取真值真，我們就說該公式表達了其 M- 構件的重言式，即不論其中的 M- 構件取什麼真值，該公式本身恆為真。我們把表達其 M- 構件重言式的模態公式叫做相應系統內的邏輯真理，也叫做相應系統內的邏輯規律。若一個模態公式不表達其 M-構件的重言式，則它不是相應系統內的邏輯真理或邏輯規律。

由於(p→q)→(Np→Nq)在模態真值表中可以取假值，所以它不

是其M–構件的重言式，不是M系統內的邏輯真理或邏輯規律。

再判定(Mp→Nq)→(Mp→Mq)是不是系統M內的邏輯規律。

先對此公式做第一步工作，將它變為其等值公式(Mp∧M～q)∨(～Mp∨Mq)，而此公式又等值於(Mp∨～Mp∨Mq)∧(～Mp∨Mq∨M～q)，它又等值於～Mp∨Mq∨M～q。所以我們只需考慮這最後一個公式，它有兩個命題變項p，q，其中p以p和q為基項的完全析取範式為(p∧q)∨(p∧～q)，q的完全析取範式為(p∧q)∨(～p∧q)。

再做第二步。Mp等值於M((p∧q)∨(p∧～q))，而這又等值於M(p∧q)∨M(p∧～q)，即有兩個M_1–構件：M(p∧q)，M(～p∧q)；Mq有兩個M_1–構件：M(p∧q)，M(～p∧～q)。與此同理，M～q有兩個M_1–構件：M(p∧～q)，M(～p∧～q)。去掉相同項，原公式有四個不同的M_1–構件：M(p∧q)，M(p∧～q)，M(～p∧q)，M(～p∧～q)。由於原公式中不含單獨的M_0–構件，故原公式的真值表與PL公式無關，在列真值表時可以不考慮它們。於是，四個M_1–構件共有$2^4=16$個真值組合，其模態真值表為：

M(p∧q)	1	1	1	1	1	1	1	1	0	0	0	0	0	0	0	0
M(p∧～q)	1	1	1	1	0	0	0	0	1	1	1	1	0	0	0	0
M(～p∧q)	1	1	0	0	1	1	0	0	1	1	0	0	1	1	0	0
M(～p∧～q)	1	0	1	0	1	0	1	0	1	0	1	0	1	0	1	0
～Mp	0	0	0	0	0	0	0	0	0	0	0	0	1	1	1	1
Mq	1	1	1	1	1	1	1	1	1	1	0	0	1	1	0	0
M～q	1	1	1	1	1	0	1	0	1	1	1	1	1	0	1	0
～Mp∨MqM～q	1	1	1	1	1	1	1	1	1	1	1	1	1	1	1	1

顯然，該公式恆取真值真，表達其M-構件的重言式，是M系統內的邏輯真理或邏輯規律。

再判定MNMp→Mp是不是M´系統的邏輯規律。先對此公式做第一步工作，把它變為～M～M～Mp∨Mp，其中含有一個M_0-構件p，它有兩個M_1-構件，即(1)Mp和(2)M～p。於是M～Mp中～Mp的完全析取範式有下面四個合取式：

(3)　Mp∧～Mp

(4)　～Mp∧～Mp

(5)　M～p∧～Mp

(6)　～M～p∧～Mp

其中(3)和(6)與M´的定理相矛盾。於是，M～Mp應有2^{2^1}個M_2-構件，但實際上只可能有下面兩個：

(7)　M～Mp

(8)　M(M～p∧～Mp)

於是原公式應有2^2個M_3-構件。例如M～M～Mp中～M～Mp的完全析取範式有下列合取式：

(9)　M～Mp∧～M～Mp

(10)　～M～Mp∧～M～Mp

(11)　M(M～p∧～Mp)∧～M～Mp

(12)　～M(M～p∧～Mp)∧～M～Mp

其中(9)與 M´的定理相矛盾，於是 M～M～Mp實際上有三個不同的 M_3-構件：

(13)　M～M～Mp

(14)　M(M(M～p∧～Mp)∧～M～Mp)

(15)　M(～M(M～p∧～Mp)∧～M～Mp)

於是原公式有兩個M_1-構件(1)和(2)，兩個M_2-構件(7)和(8)，三個M_3-構件(13)-(15)。這七個不同的M-構件共有2^7=128種可能的真值組合。這就是說，原公式的完全析取範式共有一二八個合取式。若這個完全析取範式取值為真，則原公式就表達它的 M- 構件的重言式，是M´系統內的邏輯真理和邏輯規律。

　　一般而言，如果一模態公式有n個M_0-構件，則有2^n個M_1-構件，有 $2^{2^n}-1$個M_2-構件。舉例來說，若一模態公式含有兩個M_0-構件，則有2^2=4個M_1-構件，則有2^4-1=15個M_2-構件。這十五個M_2-構件共有 $2^{15}-1$=32767 種真值組合，於是該公式的完全析取範式將包含三二七六七個合取式。顯然，儘管這在理論上是可行的，即把三二七六七個合取式逐一檢查，計算出其真值，最後得出該完全析取範式的真值。若它恆取值為真，則原公式為M´系統內的邏輯規律。但是，實際操作起來將是極其煩難的，除非交給電子計算機去完成。由於 M´、M″系統內有模態歸約律，可以把 n 級模態歸約為 n-k 級(k<n)模態，從而可以大大減少原公式的完全析取範式中合取項的數目，但對於不含模態歸約律以及不能把任一n級模態歸約為1級模態的系統，其完全析取範式中合取項的數目仍不會減少或不會大大減少。因此，模態真值表作為 M、M´、M″ 的一般判定程序，並不是一種簡便易行的方法，實用價值不大。

不過，模態真值表對於判定只含M_1-構件或者只含一個M_0-構件的公式來說，是比較方便的。例如，試判定$Np \to \sim M \sim M \sim p$是否為M″的邏輯規律。此公式可變為

$$M \sim p \vee \sim M \sim M \sim p$$

其中含有一個M_0-構件p，於是可能有2^1個M_1-構件，但實際出現的只有一個：$M \sim p$；可能有2^1個M_2-構件，實際出現的也只有一個：$M \sim M \sim p$。這三個M-構件共有2^3個真值組合，但其中四種組合與M″的規律相矛盾，是不可能的組合，它們是

p	$M \sim p$	$M \sim M \sim p$
1	1	1
1	0	0
0	1	1
0	0	0

因為M″中有定理$M \sim p \leftrightarrow \sim M \sim M \sim p$，所以$M \sim p$和$M \sim M \sim p$不可能取相同真值。於是應把這四種真值組合從模態真值表中刪除，然後構造出模態真值表

p	1	1	0	0
$M \sim p$	1	0	1	0
$M \sim M \sim p$	0	1	0	1
$\sim M \sim M \sim p$	1	0	1	0
$M \sim p \vee \sim M \sim M \sim p$	1	0	1	0

原公式不恆取真值1，所以它不是M″系統內的邏輯規律。

　　馮·賴特還用模態真值表去證明M、M′、M″的一致性和完全性。他指出：這些系統的一致性可以很容易地從下述三個事實推出來：⑴這些系統內的每一公式都有其完全析取範式；⑵一個公式的範式與其否定公式的範式是「互補的」，即是說，兩者的完全析取範式中不可能出現相同的合取項；⑶所有可證公式都有相同的完全析取範式。❹

3.2.4　二元模態邏輯系統

3.2.4.1　幾個基本概念

　　以往的模態邏輯研究的都是一元(monadic)模態概念，所討論的「必然」和「可能」都是無條件的或絕對意義上的「必然」、「可能」。從20世紀50年代中期前後開始，馮·賴特著手研究二元(dyadic)模態概念，亦稱為相對模態詞。他在提交給第11屆國際哲學大會的論文《模態邏輯的一個新系統》❺中，引入了一個新記法M(p/q)，它讀作「在給定 q 的條件下，p是可能的」，「相對於 q 來說，p 是可能的」等等。類似地，～M(p/q)是說：「相對於 q，p 是不可能的」；～M(～p/q)是說：「相對於 q，～p是不可能的」。由於重言式 t 是在任何條件下都成立的，因此M(p/t)就表示 p 在任何條件下都是可能的。馮·賴特就這樣把絕對模態作為相對模態的特例

❹　G. H. von Wright, *An Essay in Modal Logic*, North-Holland Publishing Company, 1951, pp. 85–87.

❺　此文收入 1953 年出版的該次大會論文集，後經修改和擴充後，收入馮·賴特自己的論文集：*Logical Studies*, London: Routledge and Kegan Paul, 1957, pp. 89–126.

引進來了。

馮・賴特把下述系統稱之為「古典」(classical)模態邏輯系統：劉易斯的S1–S5系統，費斯的T系統，馮・賴特自己的M、M′、M″系統，以及貝克爾(O. Becker) 提出的弱於T和M的那個系統。馮・賴特指出，應該把相對可能性概念與古典模態邏輯的可並存性(compossibility)區別開來，也就是要把M(p/q)與上述系統中的◇(p∧q)區別開來。◇(p∧q)是假的，即p和q不能並存，當且僅當p和q中有一個是不可能的，因為～◇q→～◇(p∧q)是古典模態邏輯的一個定理。但在二元模態系統中，即使 q 是（絕對）不可能的，M(p/q)也可以是真的，因為～M(q/t)→～M(p/q)並不是二元系統中的定理。

馮・賴特還把兩個甚至多個命題的可並存性和一命題與另一命題的相容性(compatibility)或一致性(consistency)區別開來。M(p∧q/r)表達在條件r下p和q的可並存性，M(p∧q/t)表達p和q的絕對可並存性，而M(p/q)表達p與q的相容性或一致性。馮・賴特強調指出，相容性關係並不是毫無限制地對稱的，即是說，從p與q相容，不能無限制地推出q與p相容。馮・賴特舉例說明這一點。考慮下面三個命題：

　⑴在0和100之間恰好有23個素數。

　⑵在0和100之間至少有21個素數。

　⑶在0和100之間有25個素數。

顯然，命題⑴可推出命題⑵，但與命題⑶矛盾。若把算術真理都當作是必然真理，則⑴不僅是假的，而且是不可能的，⑵和⑶都是必然的。於是，必然命題⑵與不可能命題⑴相容，必然命題⑶卻與不可能命題⑴不相容，並且⑵和⑶都與⑴不可並存。因此，相容性不

同於可並存性。相容性是典型的關係概念，一命題是否與另一命題相容，取決於它們相互的模態關係，而不單獨取決於它們中某一個的模態特性。從上述的論述看，馮·賴特似乎是把相容性看作是一個推理的結論與前提的關係，因而不是對稱的。由於(p/q)也可看成是「q蘊涵p」，因此M(p/q)表示p與q相容。不過，這是關於相容性的一種特殊用法。

馮·賴特還進一步把一個命題的「絕對可能性」與它的「自身一致性」區別開來，前者用M(p/t)表示，後者則用M(p/p)表示。這兩個概念是不等值的，前者比後者強。因為，所有絕對可能的命題都是自我相容的，但自我相容的命題卻不一定是絕對可能的。

馮·賴特把含「可能」、「必然」等模態算子的表達式統稱為M-表達式，因為N（必然）可用M（可能）定義如下：

$$N(p/q) =_{df} \sim M(\sim p/q)$$

M-表達式可遞歸定義如下：(1)命題變元p，q，r，…，重言式符號t，以及命題變元的分子複合式如~p，p∨q，p∧q，p→q，p↔q等，是0階M-表達式；(2)若在M(…/…)中斜槓"/"兩邊填以0階M-表達式，所得到的是1階原子M-表達式；(3)若一M-表達式本身是n階原子M-表達式，則它是n階M-表達式；若它是原子M-表達式的分子複合式，其所含原子M-表達式至少有一個是n階，並且沒有一個超出n階，則它本身是n階M-表達式。M-表達式是以下所要討論的各個二元模態系統的合式公式。

一個1階M-表達式是均質的(homogeneous)，如果它或者是一個1階原子M-表達式，或者是一個1階原子M-表達式的分子複合式。

3.2.4.2　二元模態演算Md[1]

Md[1] 系統是所有二元模態演算的共同基礎，或者說是其核心部分。Md[1]的顯著特徵是它的所有合式公式都是均質的1階M–表達式。

Md[1]的構造如下：

A. 公理

A1　所有PL重言式

A2　$M(p/p) \rightarrow \sim M(\sim p/p)$

A3　$M(p/q) \vee M(\sim p/q)$

A4　$M(p \wedge q/r) \leftrightarrow M(p/r) \wedge M(q/r \wedge p)$

B. 變形規則

R1　代入規則：若$\vdash \alpha$則$\vdash \alpha$的代入特例

R2　分離規則：若$\vdash \alpha$且$\vdash \alpha \rightarrow \beta$，則$\vdash \beta$

R3　置換規則：所有重言等價的0階M–表達式可以相互置換

上面的公理A2是說，如果一命題是自身一致的，那麼它的否定就是與它不一致的。由於$N(p/p)$是$\sim M(\sim p/p)$的縮寫，因而A1也可以表示為$M(p/p) \rightarrow N(p/p)$，這個公式所說的是：如果一命題是自身一致的，那麼它是自身必然的。

A3是說，或者任一命題p本身與任意一個另外的命題q相一致，或者p的否定與q相一致。A3也可以表示為：$\sim M(\sim p/q) \rightarrow M(p/q)$，或$N(p/q) \rightarrow M(p/q)$，其意思是：若p相對於q是必然的，則p相對於q是可能的，即相對必然性蘊涵相對可能性。

A4是概率論中的乘法原則在二元模態邏輯中的類似物。我們將在下一小節中詳細解釋這一點。

Md^{1}中可以證明下述定理：

T1　M(p/q)↔M(p∧r/q)∨M(p∧∼r/q)

這是一個技術性定理，沒有明確的直觀意義。其證明如下：

⑴ M(p/q)↔M(p/q)

⑵ M(p/q)↔M(p/q)∧〔M(r/q∧p)∨M(∼r/q∧p)〕

⑶ M(p/q)↔〔M(p/q)∧M(r/q∧p)〕∨〔M(p/q)∧(∼r/q∧p)〕

⑷ M(p/q)↔M(p∧r/q)∨M(p∧∼r/q)

　　證畢。

T2　M(p∨q/r)↔M(p/r)∨M(q/r)

其意思是：析取的可能性是可能性的析取。證明如下：

⑴ M(p∨q/r)↔M((p∨q)∧p/r)∨M((p∨q)∧∼p/r)　　　T1

⑵ (p∨q)∧p↔p

⑶ (p∨q)∧∼p↔(∼p∧q)

⑷ M(p∨q/r)↔M(p/r)∨M(∼p∧q/r)

⑸ M(p∨q/r)↔M(p∧q/r)∨M(p∧∼q/r)∨
　　　　　　∨M(p∧q/r)∨M(∼p∧q/r)

⑹ M(p∨q/r)↔M(p/r)∨M(q/r)

　　證畢。

T3　N(p∧q/r)↔N(p/r)∧N(q/r)

T3是T2的對偶定理，其意思是：合取的必然性是必然性的合取。
T3很容易從T2得到。

T4 M(q/q)→〔M(p/q)↔M(p∧q/q)〕

其意思是：如果q是自身一致的，則p相對於q的可能性等值於p且q相對於q的可能性。證明如下：

⑴M(p∧q/q)↔M(q∧p/q)　　　PL

⑵M(q∧p/q)↔M(q/q)∧M(p/q)　　A3

⑶M(p∧q/q)↔M(q/q)∧M(p/q)

⑷M(q/q)→〔M(p/q)↔M(p∧q/q)〕

　　證畢。

T5 M(q/q∨r)∨M(r/q∨r)→

　〔M(p/q∨r)↔(M(q/q∨r)∧M(p/q))∨(M(r/q∨r)∧M(p/r))〕

證明如下：

⑴M(q∨r/q∨r)→〔M(p/q∨r)↔M(p∧(q∨r)/q∨r)〕　　T4

⑵M(q/q∨r)∨M(r/q∨r)→

　〔M(p/q∨r)↔M(p∧q/q∨r)∨M(p∧r/q∨r)〕　　T2

⑶(q∨r)∧q↔q

⑷(q∨r)∧r↔r

⑸M(q/q∨r)∨M(r/q∨r)→〔M(p/q∨r)↔

　(M(q/q∨r)∧M(p/q))∨(M(r/q∨r)∧M(p/r))〕　　A3

　　證畢。

為節省篇幅，下面只列出定理，證明從略。

T6　　M(p/t)→ M(p/p∨q)

T7　　M(q/t)∧M(r/t)→〔M(p/q∨r)↔M(p/q)∨M(p/r)〕

　　T7說，一命題相對於兩個絕對可能的命題的析取是可能的，當
且僅當，它相對於這兩個命題中的某一個也是可能的。

T8　　M(q/t)∧M(r/t)→〔N(p/q∨r)↔M(p/q)∨M(p/r)〕

　　T8是T7的對偶定理，其意思是：若一命題相對於兩個絕對可能
的命題是必然的，當且僅當，它相對於這兩個命題中的某一個是必
然的。

T9　　M(q/t)∧M(∼q/t)→〔M(p/t)↔M(p/q)∨M(p/∼q)〕
T10　　M(q/t)∧M(∼q/t)→〔N(p/t)↔N(p/q)∧N(p/∼q)〕
T11　　M(q/t)∧M(∼q/t)→〔∼M(p/t)↔∼M(p/q)∧∼M(p/∼q)〕

　　T9–T11可以推廣成這樣的形式：不是相對於兩個相互矛盾的選
擇q和∼q，而是相對於任意數目的互斥且窮盡的選擇q_1，q_2，…，
q_n，它們仍然有效。T9–T11都是T8的推論。
　　從A3很容易推出下面兩個定理：

T12　　M(q/t)→〔N(p/t)→N(p/q)〕
T13　　M(q/t)→〔∼M(p/t)→∼M(p/q)〕

　　它們是說，一命題是絕對必然的，則它相對於任一絕對可能的

命題也是必然的; 一命題是絕對不可能的, 則它相對於任一絕對可能的命題也是不可能的。

T14   M(p/t)→M(p/p)

定理說, 若一命題是絕對可能的, 則它是自身一致的。此定理的逆不成立, 即是說, 一命題可以是自身一致的但不是絕對可能的。因此, 自身一致的命題類只是絕對可能的命題類的一個子類。

T15   M(t/t)

T16   M(t/～t)

T17   M(p/p)↔N(p/p)

這三個定理分別是說: 重言式是自身一致 (並且是絕對可能的); 重言式即使相對於矛盾也是可能的; 一命題自身一致, 當且僅當它自身必然。

T18   N(t/t)

T19   ～M(～t/～t)

T18可以寫成～M(～t/t), 於是它所說的是: 重言式是絕對必然的, 矛盾式是絕對不可能的; T19可以寫成N(t/～t), 它所說的是: 重言式即使相對於矛盾也是必然的。

T20   ～M(p/p)↔N(～p/p)

T21　$N(p/{\sim}p)\to N(p/t)$

它們是說，一命題自身不一致，當且僅當該命題的否定相對於該命題是必然的；如果一命題相對於其否定是必然的，則它是絕對必然的。

T22　$M(p/p)\lor M({\sim}p/{\sim}p)$

定理說，任一命題或者自身一致，或者其否定自身一致。換句話說，任一命題及其否定都不自身一致是不可能的。

T23　$M(p/t)\land M(q/t)\to\lbrack M(p/q)\leftrightarrow M(q/p)\rbrack$

前面曾指出，相容性關係不是毫無限制對稱的，q可以與p相容，但p與q卻不相容。因此$M(p/q)\leftrightarrow M(q/p)$不是Md¹演算的定理。T23則指明了相容性關係對稱的條件：相容性關係對於絕對可能的命題是對稱的。這就是說，相容性關係在正常情形下都是對稱的，只有在遇到絕對不可能命題這種極端情形下才是不對稱的，如前面談到的關於0和100之間的素數的三個例子所表明的。

從相容性關係不是無限制的對稱，可以推出易位運算不是無限制的有效，即$N(p/q)\leftrightarrow N({\sim}q/{\sim}p)$不是Md¹的定理。但是，

T25　$M({\sim}p/t)\land M(q/t)\to\lbrack N(p/q)\leftrightarrow N({\sim}q/{\sim}p)\rbrack$

是定理，它是T23的推論，表明了易位運算有效的條件：如果～p和

q是絕對可能的，則p相對於q的必然性可以易位為～q相對於～p的必然性。

T26　M(p/t)∧M(～p/t)∧M(q/t)→M(q/p)∨M(q/～p)

由A2和T23易證T26。如果一命題及其否定都是絕對可能的，我們就將此命題稱之為絕對偶然的。T26說，任一絕對可能的命題或者與一絕對偶然命題本身相容，或者與它的否定相容。

T27　M(p/t)→〔M(q/p)∧N(r/q)→M(r/p)〕
T28　M(p/t)∧N(q/p)→M(q/t)

T27說，如果p是絕對可能的，q相對於p是可能的，r相對於q是必然的，那麼r相對於p也是可能的，並且根據T24，r也是絕對可能的。T28是T27的推論：凡相對於絕對可能的命題是必然的命題，本身也是絕對可能的。

T29　M(p/t)→〔N(q/p)∧N(r/q)→N(r/p)〕
T30　N(p/t)∧N(q/p)→N(q/t)

它們分別是說，絕對可能命題之間的相對必然性關係是傳遞的；凡相對於絕對必然的命題是必然的命題，其本身也是絕對必然的。

T31　M(p∧q/p∧q)→N(p/p∧q)

T32　M(p/p)→N(p∨q/p)

它們分別是說，一自身一致的合取命題中的某一合取支相對於該合取命題是必然的；一自身一致命題與任一其他命題的析取，相對於該自身一致命題是必然的。

T33　N(q/p)→N(p→q/t)
T34　～M(p/t)→N(p→q/t)
T35　N(q/t)→N(p→q/t)

如果把 N(p→q/t) 理解為二元模態系統中的嚴格蘊涵，則 T33–T35 都刻畫了嚴格蘊涵的某種性質。T33 的逆不成立，因此它是說相對必然性強於嚴格蘊涵；T34–T35 即是二元系統中的嚴格蘊涵悖論：若一命題絕對不可能，則它嚴格蘊涵任何命題；若一命題絕對必然，則它被任何命題所嚴格蘊涵。但是在 Md¹ 中，沒有相應的關於相對必然性的悖論，因為 ～M(p/t)→N(q/p) 和 N(q/t)→N(q/p) 都不是定理。

3.2.4.3　二元模態演算 Md⁰ᵢMd¹，Md，M´d，M˝d

Md⁰+Md¹ 的特點是，其合式公式是所有的 1 階 M-表達式，即是說，在 1 階的分子複合式中允許出現 0 階的 M-表達式，例如 p→M(p/t)。而這在 Md¹ 中是不允許的，它要求 1 階的分子複合式只能由 1 階的原子 M-表達式構成，即是說，在 Md¹ 中作為獨立單位出現的只能是 1 階 M-表達式，既沒有 0 階的，也沒有高於 1 階的，所以它是均質的。

Md⁰+Md⁰ 是 Md¹ 的擴充，它是在後者的基礎上加入公理

A5 $p \rightarrow M(p/t)$

得到的。A5 是說，真命題是絕對可能的。這是傳統模態邏輯中「實然蘊涵可能」原則的二元表述形式。

$Md^0 + Md^1$ 除包括 Md^1 的所有定理之外，還有下述新定理

T36 $p \rightarrow M(p/p)$

T37 $M(p/t) \rightarrow M(p/p)$

T38 $N(p/t) \rightarrow p$

T39 $p \land q \rightarrow M(p/q)$

它們分別是說，真命題是自身一致的；真命題是自身必然的；絕對必然命題是真的；所有真命題都彼此相容。

Md 的特點是，所有的M–表達式，無論它是多少階的，都是它的合式公式。因此，Md可以稱之為「全」二元模態邏輯系統。

Md的公理就是 $Md^0 + Md^1$ 的那些公理，其變形規則R1和R2也相同，R3修改為

置換規則 可證等價的M–表達式可以相互置換。
另外增加規則R4：

必然化規則：若 $\vdash \alpha$，則 $\vdash N(\alpha/t)$

$Md^0 + Md^1$ 的所有定理都是Md的定理。
M´d是在Md的基礎上加入公理

A6　M〔M(p/t)/t〕→M(p/t)

構成的。A6也可以寫成N(p/t)→N〔N(p/t)/t〕，其意思是：若一命題絕對必然，則該命題絕對必然是絕對必然的。

而M″d則是在Md的基礎上加入公理

A6　M〔～M(p/t)/t〕→～M(p/t)

A6也可以寫成M(p/t)→N〔M(p/t)/t〕，其意思是：若一命題絕對可能，則該命題絕對可能是絕對必然的。M′d和M″d中的A6都是用來把疊置模態詞歸約為非疊置模態的，因此是二元的模態歸約律。可以證明，M′d的A6是M″d的定理，因此M″d是M′d的擴充。

Md⁰+Md¹、Md、M′d、M″d系統是Md¹的順序擴張，它們都以Md¹為基礎，把Md¹作為核心部分。但人們除了做這樣一種擴張工作外，還可以構造一個屬於Md¹的「修正」的二元模態邏輯系統，修正是通過用A2′和A3′替代A2和A3完成的：

A2′　M(q/t)→M(p/q)∨M(～p/q)
A3′　M(p∧r/t)→〔M(p∧q/r)↔M(p/r)∧M(q/r∧p)〕

顯然，A2′和A3′分別比A2和A3弱。因此這個「修正」系統也比Md¹弱：它的定理都是Md¹的定理，但反之不然。

3.2.4.4　二元模態邏輯與古典模態邏輯的關係

馮‧賴特指出，自亞里士多德以來的傳統模態邏輯以及前面所提到的古典模態邏輯，一直把模態詞（必然、可能、不可能）當作

一元謂詞或命題的「性質」來處理；而他的二元模態邏輯則不同，把模態詞當作二元謂詞或命題之間的「關係」來處理，因此二元模態詞也可稱作「關係模態詞」，二元模態邏輯也可稱作「關係模態邏輯」。

二元模態邏輯與古典模態邏輯有一些重要的區別。例如，古典模態邏輯不能區分可並存性和相容性，也不能區分簡單不可能命題與自身不一致命題，而二元模態邏輯則能夠作出上述區分。此外，儘管二元模態邏輯與古典模態邏輯一樣，包含嚴格蘊涵悖論，但卻不包含與此相應的相對必然性、相對不可能的悖論，如此等等。不過，這兩種模態邏輯也是相互聯繫的，表現在可以在兩者之間建立一套「翻譯」程序，把古典模態邏輯翻譯成相應的二元形式。

令◇－表達式是所有古典系統的合式公式，它可以遞歸定義如下：⑴命題變項p，q，r，…，重言式符號t，以及命題變項的分子複合式如～p，p∨q，p∧q，p→q，p↔q，是0階的◇－表達式；⑵若e是n-1階的◇－表達式，則◇e是n階的原子◇－表達式；⑶原子n階◇－表達式是n階◇－表達式；若原子◇－表達式的分子複合式中，至少有一個原子◇－表達式是n階，並且沒有一個是超出n階的，則該分子複合式是n階◇－表達式。在古典系統中通常有下述定義：

$$\Box\alpha =_{df}\sim\Diamond\sim\alpha$$

如果我們在古典系統和二元系統之間建立下述翻譯手冊：

◇e→M(e/t)

□e→N(e/t)

則古典系統就可以翻譯到二元系統中去。例如，古典系統 T、S4、S5的特徵公理

$\Box p \rightarrow p$

$\Box p \rightarrow \Box \Box p$

$\Diamond p \rightarrow \Box \Diamond p$

可以翻譯為

$N(p/t) \rightarrow p$

$N(p/t) \rightarrow N [N(p/t)/t]$

$M(p/t) \rightarrow N [M(p/t)/t]$

它們分別是Md的T38，M′d的A6的另一種表述形式、M″d的A6的另一種表述形式。不過，正像絕對模態($N(p/t)$、$M(p/t)$、$\sim M(p/t)$)是相對模態($N(p/q)$、$M(p/q)$、$\sim M(p/q)$)的極限情形一樣，古典系統也是二元系統的一種極限情形，後者的表達能力更強，因而更豐富。

3.2.5　模態邏輯的解釋

馮·賴特把可能性的可能性、必然性的必然性之類，稱為高階模態（通常稱之為疊置模態）。 由於高階模態在人們的日常語言中很少出現，怎樣理解含高階模態的公式——例如 MMp→Mp，Mp→NMp——的直觀意義及其真理性，就成為理解模態邏輯的一個困難問題。馮·賴特為此提出了關於模態邏輯的三種解釋：幾何解釋、物理解釋、概率解釋。

3.2.5.1　幾何解釋

我們考慮單位長度的任意線段，並把一模態系統內的公式解釋為此線段上的截段。不過，解釋要遵守以下規則：

R1　命題變元用單位線段上的任意截段表示，例如，

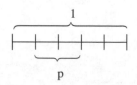

由此可能會出現下述情況：表示一公式的截段由幾個分開的截段組成。

R2　表示公式α的否定的截段，是單位線段上表示α的截段的剩餘部分，簡稱α的餘截段。

顯然，若表示α的截段是單位線段1，則表示α的否定的截段就是空線段0。

R3　表示α∧β的截段，是表示α的截段和表示β的截段的共同部分，簡稱α和β的交截段。例如，

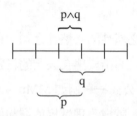

R4　公式α前綴M得到Mα，稱為α的模態。表示Mα的截段是包

括表示α的截段在內的任意截段。例如，

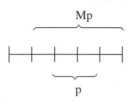

R5　表示M(α∨β)的截段，是分別表示Mα和Mβ的截段的和，簡稱並截段。

R6　如果α、β由同一截段表示，則Mα、Mβ亦由相同截段表示，儘管後一截段可以與前一截段不同。

R7　如果表示α的截段為0，則表示Mα的截段亦為0。

由於∨，→，↔，N可以由～，∧，M來定義，因此由上述規則可以推出關於α∨β，α→β，α↔β，Nα的解釋規則：

表示α∨β的截段，是表示α的截段與表示β的截段的和，簡稱α和β的並截段。

表示α→β的截段，是～α和β的並截段。

表示α↔β的截段，是α和β的交截段與～α和～β的交截段的並截段。

表示Nα的截段，是M～α的餘截段。

如果一個公式是M-重言式，當且僅當，不管表示其變元和模態的截段是什麼，根據上面的解釋規則對它本身的解釋，都使得表示它的是單位截段。

馮·賴特指出，根據以上給定的規則R1-R7，我們可以判定任一M-公式是否為M-重言式。這裡以M(p∧q)→Mp∧Mq為例。我們

先根據前面給出的解釋規則，畫出下圖：

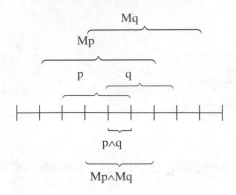

然後我們來考察表示M(p∧q)的截段應處於這個圖的什麼位置。

由於p與(p∧q)∨(p∧～q)等值，因此表示這兩個公式的截段也應相同，根據R6，表示Mp和M((p∧q)∨(p∧～q))的截段也應相同，又根據R5，表示M((p∧q)∨(p∧～q))的截段應是M(p∧q)和M(p∧～q)的並截段。由此推出，表示M(p∧q)的截段應是表示p的截段的截段。同理，表示M(p∧q)的截段也應是表示q的截段的截段。而關於M(p∧q)的這兩個條件同時被滿足，當且僅當，表示M(p∧q)的截段是表示Mp∧Mq的截段的截段。於是，M(p∧q)的餘截段與表示Mp∧Mq的截段的並截段就是單位線段。而這就表明 M(p∧q)→Mp∧Mq 是一M–重言式。

在上述解釋規則的基礎上，我們可以加入

R8　表示MMα的截段，與表示Mα的截段相同。R8對應於第一歸約律：MMp↔Mp。

一公式是M′重言式，當且僅當，不論表示其變元和模態的截段是什麼，只要根據R1–R8對它的解釋，使得表示它本身的截段是單位線段。顯然，M重言式都是M′重言式，但反之不然。

　　馮・賴特指出，借助於R1–R8，我們可以判定任一M′公式是否為M′重言式。這裡以

$$M(Mp\wedge M\sim p)\leftrightarrow Mp\wedge M\sim p$$

為例。我們先根據規則畫出下圖：

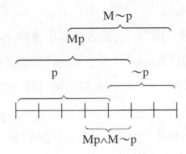

然後我們判定表示M(Mp∧M～p)的截段處於此圖的什麼位置，它是否與表示Mp∧M～p的截段相同？若相同，則它是一個M重言式，反之不然。

　　我們上面已經證明，表示 M(Mp∧M～p) 的截段必定是表示MMp∧MM～p)的截段的截段。根據R8，表示MMp的截段與表示Mp的截段相同，表示MM～p的截段與表示M～p的截段相同，於是，表示MMp∧MM～p的截段必定與表示Mp∧M～p的截段相同。於是，表示M(Mp∧M～p)的截段必定是表示Mp∧M～p的截段的截段。這就證明了M(Mp∧M～p)→Mp∧M～p是M′重言式。根據R4，表示Mp∧M～p的截段必是表示M(Mp∧M～p)的截段的截段，而這證明

Mp∧M～p→M(Mp∧M～p)是M′重言式。綜合以上兩個結論，可得

$$M(Mp∧M～p)↔Mp∧M～p$$

是M′重言式。

在R1–R7的基礎上，我們可以再加入

R9　表示M～Mα的截段與表示～Mα的截段相同。R9對應於第二模態歸約律M～Mα↔～Mα。

一公式是M″重言式，當且僅當，不論表示其所含變元和模態的截段是什麼，只要根據R1–R7和R9，對該公式的解釋都使得表示它本身的截段是單位線段。顯然，M′重言式都是M″重言式，但反之不然。

馮・賴特指出，根據R1–R7和R9，對於任一給定的M″公式，我們都能判定它是否為M″重言式。這裡以MMp↔Mp為例。我們先畫出下圖：

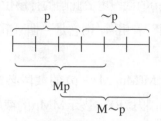

然後看MMp↔Mp處於此圖的何種位置。根據R9，表示M～Mp的截段與表示～Mp的截段相同，因此，表示～M～Mp的截段與表示Mp的截段相同；根據R4，表示M～M～Mp 的截段與表示MMp的

截段也應相同。根據R9，表示M～M～Mp的截段應該就是表示～M～Mp的截段，而已經證明後者等同於表示Mp的截段。因此表示MMp的截段與表示Mp的截段相同，MMp↔Mp是M˝重言式。

3.2.5.2　物理解釋

馮·賴特還提出了與幾何解釋同構的物理解釋或物理模型。

我們首先設想命題變項p，q，r…，表示某個「物理」整體的「物理部分」，例如金屬線的一截，地球表面的某個地區，某個人口數量等等。我們然後考慮在該整體各部分中可能發生的活動(activity)或過程(process)。例如某種強度的電流穿過一截金屬線，在某個地區的降雨量，以及在某地居民（並不必然是全部居民）中流行的某種疾病，等等。任何活動都有其活動範圍（簡稱活動域），造成影響的範圍（簡稱影響域），以及影響達不到的範圍（簡稱抵制域）。現在假定，所考慮的活動和影響遵守下面三個規律：

L1.如果一個活動域被分成（不必是互斥的）各個部分，那麼，這些部分的影響域加起來等同於原來那個活動域的影響域。

L2.相同的活動域總是與相同的影響域相關聯。

L3.如果某活動域是不存在的，即是一個0-域，則與之相聯的影響域也是不存在的。

服從L1的活動，就其影響而言，具有加和性。並不是所有自然過程都有這個特徵，但可以肯定的是，某些過程具有這個特徵。

我們現在可以給出一模態系統內合式公式的解釋。一模態系統內的所有公式α都是如上所述的物理整體的某個部分；～α則表示去掉α所代表的部分後餘下的部分；α∧β則表示α和β各自所代表的部分的共同部分；若α代表某個活動域，則Mα代表α的影響域。（一般來說，影響域比活動域要大。）一公式是M重言式，當且僅當，不論

其中的命題變元代表什麼活動域，相應的模態代表什麼影響域，該公式本身都代表該物理整體。

具有加和性特徵的過程可以分為三類：

第一類過程滿足下述條件：如果一過程的影響域本身變成了該過程的活動域，那麼這個新的活動域的影響域就超出了原有影響域的界限，即是說，影響域隨活動域的擴大而擴大。

第二類過程滿足下列條件：如果一過程的影響域本身變成該過程的活動域，則這新活動域的影響域並不超出原來影響域的界限，即影響域不隨活動域的擴大而擴大。

第三類過程滿足下述條件：如果一過程的活動域周圍的抵制域本身變成該過程的活動域，那麼，這新活動域的影響域並不超出原有抵制域的界限。

馮·賴特指出，第三類過程也是第二類過程，但反之不然。並且，第二類過程的活動域、影響域、抵制域為第一模態歸約律MMp↔Mp在其中成立的模態邏輯系統即M´、S4提供了模型。而第三類過程的活動域、影響域、抵制域則為第二模態歸約律M～Mα↔～Mα在其中成立的模態邏輯系統M˝、S5提供了模型。

3.2.5.3　概率解釋

1952年，馮·賴特在與欣迪卡的一次談話中，忽然想到了模態邏輯與概率論的類似。1953年，在提交給第11屆國際哲學大會的論文《模態邏輯的一個新系統》中，提出了對於二元模態邏輯的概率解釋。

假定可以測度給定命題p相對於另一命題q的可能性程度，並且可以用一個唯一的非負實數表示它。這就是說，M(p/q)有且只有一個實數值，並且這個實數值≥0。如果p相對於q是不可能的，則～

M (p/q)的測度為0。

　　P–表達式可以定義如下：⑴在"P(/)"中斜槓兩邊填上0階M–表達式，所得到的是原子P–表達式，例如P(p/q)，P(∼p/r∧s)等等。⑵由算術聯結詞+，−，×，：連接原子P–表達式，所得到的是分子P–表達式，例如P(p/q)–P(p∧q/r)。⑶原子P–表達式和分子P–表達式統稱為P–表達式。

　　所有均質的1階M–表達式都等值變換為由形如∼M(/)的構件形成的分子複合式，然後用P(/)=0去替換∼M(/)。經如此翻譯後，所有均質的1階M–表達式都轉換為某個P–公式。例如，3.2.5節所述的Md^{1}的公理A1仍保持不變，A2–A4被轉換為：

A2´　∼〔P(p/p)=0〕→P(∼p/p)=0

A3´　∼〔P(p/p)=0〕∨∼〔P(∼p/q)=0〕

A4´　∼〔P(p∧q/r)=0〕↔∼〔P(p/r)=0〕∧∼〔P(q/r∧p)=0〕

變形規則也要作相應的變換。這樣一來，Md^{1}就變成了一個概率演算了。實際上，A3´和A4´還可以進一步轉換為

A3˝　P(p/q)+P(∼p/q)=1

A4˝　P(p∧q/r)=P(p/r)×P(q/r∧p)

　　由A1、A2´、A3˝、A4˝及代入規則、分離規則、等值置換規則所構成的公理系統，是最簡單的概率論公理系統。馮・賴特由此作出結論說：「概率邏輯可以稱之為數量化的模態邏輯。人們可以說，通過引入對可能性程度的測量，模態邏輯被轉換為概率論。應該注

意的是，我們這裡一直在研究的概率和模態之間的關係，是純『形式的』。它的存在完全不依賴於定義概率和模態的任何特殊方式，特別是不依賴於概率的那個著名的『模態』定義，即把概率定義為在眾多（『有利的』和『不利的』）可能性之間的比率。」**⑯**

---

⑯ G. H. von Wright, *Logical Studies*, London: Routledge and Kegan Paul, 1957, pp. 120–121.

第四章　哲學邏輯 (II)

4.1　道義邏輯

　　馮・賴特是道義邏輯的創始者和奠基人。他是把道義邏輯作為「模態邏輯的副產品」❶來看待的，在1951年發表的經典性論文《道義邏輯》❷中，提出了第一個可行的道義邏輯系統。但他後來經常改變自己的觀點，以致被戲稱為「道義邏輯變色龍」。　總的來看，馮・賴特提出和建立了四種類型的道義邏輯：在《道義邏輯》(1951)一文中，建立了關於行動類型的一元道義邏輯；在《道義邏輯的一個新系統》(1964)、《道義邏輯》(1967)和《道義邏輯和一般行動理論》(1968)等論著中，建立了二元道義邏輯；在《道義邏輯再探》(1973)、《規範和行動的邏輯》(1981)等論著中，試圖把道義邏輯奠基於行動邏輯之上；而在《道義邏輯和條件理論》(1968)一文中，馮・賴特試圖用關於充分條件、必要條件、充分必要條件關係的理

---

❶　參見 G. H. von Wright,"Deontic Logic and the Theory of Conditions", in *Deontic Logic: Introductory and Systematic Readings*, ed. by R. Hilpinen, D. Reidel, 1971, p. 159.

❷　收入 G. H. von Wright, *Logical Studies*, pp. 58–74.

論來塑述道義邏輯，把道義邏輯化歸於真勢模態邏輯。本節將考察馮・賴特在前三類道義邏輯方面所做的工作。

4.1.1 一元道義邏輯系統

在馮・賴特1951年提出的系統中，道義算子如應當(ought)、義務(obligation)、允許(permission)和禁止(forbidden)等，是置於行動名稱而非事態描述之前的。這就是說，若分別用符號O、P、F表示義務、允許和禁止，則Op，Pp，Fp中的p，q，r分別表示某種行動，而不是描述某種事態。這裡的差別在英語句式中也有所體現："It is permitted (obligatory, forbidden) that..." 表示道義算子放在事態描述之前，"that" 後面跟意義完整且有真假的語句或命題；"It is permitted (obligatory, forbidden) to..." 表示道義算子置於行動名稱之前，"to"後面跟表示行動的動詞或動詞短語，"to smoke"（抽煙）、"to walk on the grass"（在草地上散步）。與這兩種區別相應，馮・賴特認為，可以發展兩種類型的道義邏輯：借用兩個德文詞表示，一是 Tun-sollen (-dürfen)〔應當做〕型的道義邏輯，其中道義算子後跟動詞或動詞短語；一是Seinsollen (-dürfen)〔應該是〕型的道義邏輯，其中道義算子後跟一描述存在狀態的語句或命題。

馮・賴特指出，即使在Tunsollen型的道義邏輯中，動詞或動詞短語所表示的行動亦可作出進一步區分：一是一般行動（或行動類型），例如殺人、偷竊、散步等；另一是個別行動（或行動個體），如布魯特斯殺死凱撒，孫殿英盜掘清東陵等。在馮・賴特系統中，道義概念是加於表示一般行動的動詞或動名詞之上的，它們實際上是作為行動名稱的謂詞而起作用的。由於Pp和Op不再是行動名稱或行動類型，因此PPp、POp、OOp→Op、OPp→Pp等等就不是該系

統中的合式公式；並且，形如p→Op、p∧～Pq的混合公式，也不是
其中的合式公式。不過，某一給定行動的否定行動，兩個行動的
合取、析取、蘊涵、等值行動還是有意義的，因此，～Op, Op∨Fq,
F～p→Pp等等是其中的合式公式。這樣一來，命題邏輯就可用作分
析一般行動之間邏輯關係的工具。

　　不過，作為馮・賴特系統基礎的命題邏輯，嚴格說來是行動名
稱的邏輯，其中真值概念換成了實施值(performance-value)概念。
與一個命題或者真或者假類似，一個行動或者已實施或者未實施。
對命題邏輯作如此解釋會帶來某些困難，甚至會使某些命題邏輯規
律不再成立。例如，在解釋p∧q有「已實施」這個實施值時，由於
p∧q是一複合的行動名稱，它的特例是類型為p∧q的某個個別行動，
因此「p∧q已實施」必須是指類型為p∧q的某單一行動已實施。按
這種解釋，從類型為p的一個行動已實施，類型為q的一個行動已實
施，不能推出類型為p∧q的一個行動已實施，因為這裡還有一個實
施時間的差別。行動名稱的邏輯，僅當將其應用於同一時間的單一
行動個體時，才滿足命題邏輯規律。這項要求大大縮小了Tunsollen
型道義邏輯的適用範圍。

　　在馮・賴特系統中，允許是初始的道義概念，利用它和命題聯
結詞，可以定義其他道義概念：

D1　Fp=*df*～Pp

D2　Op=*df*～P～p

D3　p是道德上中性的=*df* Pp∧P～p

D4　p和q是道德上相容的=*df* P(p∧q)

D5　p和q是道德上不相容的=*df* ～P(p∧q)

D6　做p使我們在道德上承諾去做q=df O(p→q)

馮·賴特系統在命題邏輯的基礎上，加入了如下三個原則或公理：

A1　Pp∨P～p

A2　P(p∨q)↔Pp∨Pq

A3　O(p∨～p)和～P(p∧～p)不是有效的。

推理規則除命題邏輯的代入規則和分離規則外，還有如下的外延性規則：

R3　若p和q邏輯等值，則Pp和Pq邏輯等值。

這裡，A1叫做「允許原則」：對於任何行動p，或者p是允許的或者～p是允許的。根據PL和D2，A1也可表述為Op→Pp：凡是應該做的都是允許做的；根據PL和D1,A1還可表述為～(Fp∧F～p)：並非p和～p都被禁止。若再引入下述定義

D7　Op=df F～p

則根據PL和D7，A1還可表述為～(Op∧O～p)：並非p和～p都是義務的。由於O對∧可分配，即O(p∧q)↔Op∧Oq；並且若用 t 表示任一重言式，則根據命題邏輯，～t↔(p∧～p)。於是，A1還可表述為～O～t或者Pt，A1因此有至少六個等價表述。

　　A2叫做「道義分配原則」，具體是指P對∨可分配：一析取行動可允許，當且僅當，其中至少有一行動可允許。滿足A2和下述定義

D8　　Pp=*df*～Fp
D9　　Pp=*df*～O～p

的P（允許）叫做「弱的允許」。

　　A3叫做「道義偶然性原則」，馮‧賴特專門用它來對付所謂的道義必然化規則：若γα，則γOα。根據後一規則，可以推出Ot，～P～t，F～t，這些公式分別是說：凡是重言的行動都是應當做的；凡是矛盾的行動都是不允許或禁止做的。馮‧賴特認為，這些結論是異常反直觀和完全無意義的，因為「重言的」行動完全無需實施，而「自相矛盾的」行動則完全無法實施，兩者因此都不配稱作「行動」，也不屬於道德判斷所適用的範圍。所以，馮‧賴特始終對道義必然化規則反感，而提出「道義偶然性原則」與之抗衡。實際上，有了A1和A2之後，A3是多餘的，因為從A1和A2既推不出O(p∨～p)，也推不出～P(p∧～p)。

　　馮‧賴特指出，他的系統是可判定的，其判定方法仍然是在量化邏輯和模態邏輯中使用過的分配範式和真值表。由於在3.2.3節和5.1節中對這一方法有詳細討論，把它用於道義邏輯時又只有一些小的改變，故在此對它只作一簡要概述。考慮到附加給道義公式的種種限制，馮‧賴特系統的一切合式公式都具備如下形式（這裡假定O、F的出現都根據定義換成了P的出現）：

　　⑴　$F(Pf_1, Pf_2, \cdots, Pf_m)$
此處F表示一真值函項，$f_1, f_2, \cdots, f_m$是命題邏輯公式。令$p_1, p_2, \cdots, p_n$是

$f_1, f_2, \cdots, f_m$ 中出現的所有行動變項（即原子公式），令d_i是用$p_1, p_2, \cdots,$ p_n作成的f_i的優析取範式，又令c_1^i，c_2^i，$\cdots$，c_k^i 是d_i的析取支。按照外延性原則R3，⑴等值於

$\quad$ ⑵ $\quad F(Pd_1, Pd_2, \cdots, Pd_m)$

而根據道義分配原則即A2，⑵又等值於

$\quad$ ⑶ $\quad F((Pc_1^i \vee \cdots \vee Pc_{k1}^i), \cdots, (Pc_1^m \vee \cdots \vee Pc_{km}^m))$

公式 Pc_j^i 叫做公式⑴的P-構件。各P-構件在邏輯上相互獨立，只是不能夠所有的P-構件都假，而這種可能性已被A1（允許原則）排除掉了。給出n個原子公式p_i，存在2^n個不同的P-構件， $2^{2^n}-1$種在P-構件 Pc_j^i 上的真值分布。按照⑴-⑶，每個道義公式都是它的P-構件的真值函項；因此，任何道義公式對其P-構件的每一種真值指派所取的值都可以用真值表方法加以判定。如果一個道義公式對其P-構件上一切可能的真值分布都取值為真，它就是一個道義重言式，或稱道義邏輯真理、道義邏輯規律。

$\quad$用上面描述的方式，可以證明A1和A2是道義重言式，並且下述公式也是道義重言式：

$\quad$ T1 $\quad Pp \leftrightarrow \sim O \sim P$

$\quad$ T2 $\quad Op \rightarrow Pp$

$\quad$ T3 $\quad O(p \wedge q) \leftrightarrow Op \wedge Oq$

$\quad$ T4 $\quad Op \vee Oq \rightarrow O(p \vee q)$

$\quad$ T5 $\quad P(p \wedge q) \rightarrow Pp \wedge Pq$

這裡，T3是O對$\wedge$的分配律：一合取行動是義務的，當且僅當其中每一合取支都是義務的。不過，T4和T5的逆不成立，以T5為例，

從「允許做p也允許不做p」，當然推不出「允許既做p又不做p」。

由於馮・賴特把「做一件事使得我們在道德上承諾去做另一件事」定義為 O(p→q)，因此下述道義重言式就被他稱之為「有關承諾的規律」：

T6　　Op∧O(p→q)→Oq

T7　　Pp∧O(p→q)→Pq

T8　　～Pq∧O(p→q)→～Pp

T9　　O(p→q∨r)∧～Pq∧～Pr→～Pp

T10　　～(O(p∨q)∧～Pp∧～Pq)

T11　　Op∧O(p∧q→r)→O(q→r)

T12　　O(～p→p)→Op

總的來說，這些規律是符合人們的直觀的，其中T6亦可表述為：

T6′　　O(p→q)→(Op→Oq)

T12則等值於

T12′　　Op→Op

馮・賴特後來把他的這個系統稱之為道義邏輯的古典系統，若從中去掉公理A1，則得到道義邏輯的極小系統。如果對古典系統作如下兩個修正：第一，道義算子不是加於行動名稱之前，而是加於描述事態的語句或命題之前，從而使疊置公式如OPp→Pp和混合公

式OOp→p成為合式公式；第二，外延性原則R3被如前所述的更強
的道義必然化規則所取代，由此得到道義邏輯的標準系統。倘若用
O作初始符號，則標準系統的公理亦可表述為：

A1´　Op→～O～P

A2´　O(p∧q)↔Op∧Oq

若用T6´取代A2´，所得到的系統與如上所述的標準系統等價。標準
系統強化了道義邏輯與模態邏輯的類似，兩者之間唯一的不似在於：
在模態邏輯中，Np→p 是一公理或定理；但在道義邏輯中，它的道
義類似物Op→p卻不是公理或定理，其弱化形式Op→～O～p才是公
理。❸

　　在標準系統中，可以證明下述定理：

T13　Op→O(p∨q)

T14　Pp→P(p∨q)

T15　Fp→O(p→q)

T16　Oq→O(p→q)

　　這些定理都是「悖論性的」。其中T13是說，如果應該p，則應
該p或者q。舉例來說，如果你應該寄走這封信，那麼你應該寄走這
封信或者燒掉它。這是違反人們的直覺的，羅斯 (Alf Rose) 因此指

---

❸　G. H. von Wright, "On the logic of norms and actions", in *New Studies in Deontic Logic*, ed. by R. Hilpinen, D. Reidel Publishing Company, 1981, pp. 5–6.

出：「很明顯，這個推理並不被直接看作是邏輯有效的。」T13因此被稱為「羅斯悖論」。T14則是「羅斯悖論」的另一種形式。根據T14，如果允許一個人抽煙，則允許這個人抽煙或者殺人。這當然是違反人們的常識和直覺的。

關於羅斯悖論，馮·賴特指出：

「可以毫不誇張地說，處理這個反常的文獻數目是巨大的。在很大程度上它已被淹沒在墨水中。已經構造出許多道義邏輯系統，羅斯悖論公式在其中不可證。某些這樣的系統可能有特殊的優點，但在我看來，單單它們避免了該悖論這一事實不能視為了不起的優點。我建議，對這一問題最好採取『放鬆』的態度。我的意思可解釋如下：

已經對某人發出寄走一封信的命令。假如他不寄走這封信而代之以做另外某件事，他就沒有滿足該命令。假如該命令事關重大，他可能因不履行義務招致懲罰。他不能以他已執行了為寄信命令所衍推的另一命令為理由，來為自己開脫。命令發布者可以同意該命令衍推另一個命令，但是否衍推的問題卻與他要求命令接受者所去做的事情不相干。也許命令接受者所做的這另外一件事情正是禁止去做的。於是，他可能因做了這件事而沒有寄走那封信而受到申斥或懲罰。他也不能通過下述一點來為自己開脫：在做那件禁止的事情時，他執行了一道根據蘊涵關係發布給他的命令。他確實也應該執行那另一道命令，但要通過寄走那封信而不是通過做某件另外的事情來執行。承認Op衍推O(p∨q)，與寄信命令生效的方式毫無關係，也與它們賴以頒布的根據毫無關係。當我說我

們能夠對羅斯悖論採取『鬆馳』的態度時，我的意思正是如此。」❹

更明確地說，馮・賴特的意思是：執行一個命令的邏輯後承，並不等於執行了該命令，有時甚至是違反了該命令。

實際上，只要記住馮・賴特系統中的聯結詞是真值聯結詞，而不是日常語言中的聯結詞，就能理解馮・賴特的上述觀點，並能理解羅斯悖論的不悖性。我們知道，p真、q真、p和q都真，這三種可能中只要有一種可能出現，則pvq必定為真；同理，只要Op, Oq, O(p∧q)中有一個出現，則O(p∨q)必定為真。而T13已有前提Op，當然可以有結論O(p∨q)了。人們之所以把T13看做是悖論，似乎是認為，從「你應該寄走這封信」和「如果你應該寄走這封信，則你應該寄走這封信或者燒掉它」，可以推出「你應該燒掉這封信」，因而當某人燒掉這封信時，他也就執行了要他寄走這封信的命令。但這種看法顯然是不對的，⑴從「你應該寄走這封信」， 無論如何推不出「你應該燒掉這封信」的命令，並且⑵當燒掉這封信時，絕沒有執行寄走這封信的命令。

但是，若把他的系統中的聯結詞理解為日常語言聯結詞，那就是另一回事了。馮・賴特指出，當「或者」與「允許」聯用時，其效力幾乎與「並且」完全相同：「允許X做p或q」就是「允許X做p並且允許X做q」。例如，當允許某個人繼續工作或者休息時，就是既允許他繼續工作也允許他休息，究竟是工作還是休息取決於他本

---

❹ G. H. von Wright, "Problems and Prospectives of Deontic Logic—A Survey", in *Modern Logic — A Survey*, ed. by E. Agazzi, D. Reidel, 1981, p. 416.

人的隨意選擇。馮·賴特因此把此允許稱之為「自由選擇的允許」
(free choice permission)。與前面所說的「弱的允許」相比，它是「強
的允許」，不服從析取分配律，而滿足析取的合取分配律，即

$$P(p \lor q) \leftrightarrow Pp \land Pq$$

於是，從Pp推不出Pp∧Pq，也就推不出P(p∨q)，T14不再是道義重
言式。相應地，

　　　T17　$O(p \land q) \to Op$

　　　T3　$O(p \land q) \leftrightarrow Op \land Oq$

也不再是道義重言式了。並且，「自由選擇的允許」還不能與「義
務」、「禁止」相互定義，即不滿足前面所說的定義D8和D9，因為
它只接受這兩個定義的各一半，即

$$Pp \to \sim Fp$$

$$Pp \to \sim O \sim p$$

但拒絕另一半，即

$$\sim Fp \to Pp$$

$$\sim O \sim p \to Pp$$

其理由是允許包含著不禁止，但並不等於不禁止，它的意思比不禁
止多。等於不禁止的允許是「弱的允許」。馮·賴特指出：這兩類
允許之間的分歧「事關『法律中是否存在漏洞』的爭論。如果接受
可相互定義觀點，在一給定的規範系統內，則每一事態或者行動都
將有一確定的『道義性質』，也就是說，都將或者是禁止的或者是允
許的。這個系統必定在道義上是封閉的。按照相反的觀點，一個規
範系統可以是道義上開放的，即是說，能夠有這樣的事態或行動，
儘管不被該系統的任何規範所禁止，但也不被其中的任何規範所允
許。它們的道義性質未被該系統所決定。」❺

接納「自由選擇的允許」的道義邏輯系統，將與標準系統有很大不同。例如，它也許要有兩個初始的道義概念O和P，並有分別刻畫O、P意義的下述四個公理

B1　O(p∧q)↔Op∧Oq

B2　P(p∨q)↔Pp∨Pq

B3　Op→Pp

B4　Pp→∼O∼p

此系統通過下述定義引入F：

D10　Fp=*df* O∼p

馮・賴特指出，這個系統是可判定的。

但有人不贊同馮・賴特的上述做法，他們指出：「沒有必要發明特殊的允許概念，也沒有必要只根據『或者』與『並且』這兩個詞在普通語言裡偶爾可互換就去構造特殊的允許和義務的邏輯。」❻

如果按馮・賴特的理解，把O(p→q)讀作「做 p 使得我們承諾去做q」，則

T15　Fp→O(p→q)

---

❺　G. H. von Wright, "Problems and Prospectives of Deontic Logic—A Survey", in *Modern Logic—A Survey*, p. 413.

❻　R. Hilpinen, *Deontic Logic; Introductory and Systematic Readings*, D. Reidel, 1971, p. 23.

T16　$Oq \rightarrow O(p \rightarrow q)$

也是悖論性的。它們兩者都可以通過代入、定義置換、等值置換從羅斯悖論得到，因而都是羅斯悖論的變形。T15是說，若p是被禁止的，那麼做p使我們承諾去做任何一件事情；也就是說，做一件禁止的事情使我們承諾去做任何事情。例如，假定殺某個人是禁止的，那麼殺那個人就使我們承諾扔原子彈。T16是說，如果p是義務的，那麼，做任何一件事都使我們承諾去做p；也就是說，做任何一件事情都使我們承諾去做一件應該做的事情。例如，假定敬愛父母是應該的，則殺掉父母也使我們承諾去敬愛父母。這兩個定理當然是違背人們的常識和直覺的，因此被稱之為「承諾悖論」或「派生義務的悖論」。

不過，還是可以為T15和T16辯護的。要記住，標準系統中的公式$O(p \rightarrow q)$與日常語言中的條件句「如果p則應該q」是有差別的。標準系統所採用的是實質蘊涵式 $p \rightarrow q$，對於後者來說，等值式 $(p \rightarrow q) \leftrightarrow \sim(p \wedge \sim q)$ 成立。於是T15就等於

T18　$Fp \rightarrow O \sim (p \wedge \sim q)$

借助於定義 $Fp =_{df} O \sim p$，我們得到

T19　$Fp \rightarrow F(p \wedge \sim q)$

於是，如果殺人是禁止的，那麼殺人和不扔原子彈也是同樣被禁止的。這幾乎不能看作是悖論性的。並且，從T19還可以得到

T20　$Fp \rightarrow F(p \wedge q)$

於是，如果一個行動是被禁止的，堅持做這個禁止的行動並同時做另外任意的一個行動也是被禁止的。這種看法絲毫不是悖論。因此，明顯可以看出，公式$O(p \rightarrow q)$與日常語言條件句「如果p，則應該q」（道德承諾）並不是同義的，前者並不是後者的適當表達。

休斯(G. E. Hughes)和普賴爾建議，不用O(p→q)，而用p→Oq
去表示道德承諾。但馮·賴特指出，儘管這樣一來，相應於T15的
悖論不再出現，因為相應的公式

> Fp→(p→Oq)

並不是標準系統的定理。但是，相應於T16的公式

> T21　Op→(q→Op)

和公式

> T22　～p→(p→Oq)

只是命題邏輯重言式，當然也是標準系統的定理。而T21是說，無
論做什麼事情都使我們承諾去做應該做的事情；T22是說，沒有發
生的任何行動使我們承諾去做任何事情。當然，也可以為它們辯護，
但至少在表面上看來是違背人們的直覺的。這引起了對於把道德承
諾形式化為"p→Oq"這一做法的懷疑。

馮·賴特本人提出了一個更為大膽的建議。他認為，正像模態
邏輯不足以把衍推(entailment)形式化一樣，標準系統也不能把道德
承諾的概念在自身內恰如其分地形式化。他因此提出，應該把道義
概念義務、允許、禁止等等條件化，並提出了新的條件化道義邏輯
系統。

4.1.2　二元道義邏輯系統

在《關於道義邏輯和導出義務的評注》(1956)一文❼中，馮·
賴特提出了一個新的道義邏輯系統，旨在捕捉派生義務的本義。這
個系統的初始道義概念是一個有條件的允許概念 P(p/r)，不妨讀成
「在境況r之下p是允許的」。該系統有兩個公理：

❼　載*Mind*, 65 (1956): pp. 507–509.

A1　P(p/r)∨P(～p/r)

A2　P(p∧q/r)↔P(p/r)∧P(q/r)

推理規則與標準系統相同。條件性義務的概念則定義為

O(p/r)=*df* ～P(～p/r)

從A1和A2可推出定理

⑴　P(p∨q/r)↔P(p/r)∨P(q/r)

按A1和⑴，當境況不變時，P(p/r)和O(p/r)滿足馮・賴特於1951年提出的一元系統的公理。

在《道義邏輯的一個新系統》一文❽中，為了對付齊碩姆(R. M. Chisholm)於1963年提出的反義務命令(contrary-to-duty-imperative)的二難，馮・賴特構造了一個新的二元道義邏輯系統。

我們先敘述一下這個反義務命令二難。很容易看出，我們人類並不是道德上完善的，我們會不時地違背某些道德準則，或者有意無意地忽視某些道德義務。所以，我們的道德準則經常是以這樣一種方式塑述的：人們應該做某件事。但是，如果他因為某種或某些原因，他未能做這件事，那麼他應該盡一切可能做另外一件事；但是，如果他再一次因為某種或某些原因，未能做這另外一件事，那

---

❽　1964年發表於*Danish Yearbook of Philosophy*，後收入論文集*Deontic Logic: Introductory and Systematic Readings*, ed. by R. Hilpinen, 1971.

麼他應該盡一切可能再做另外一件事，……。這就是反義務命令，
即因未能盡義務而產生的補償性義務。例如，我們有義務不傷害任
何人的感情。但假如我們不慎已傷害某人的感情，則我們有義務向
被傷害人道歉。

齊碩姆證明，在標準系統及其擴充系統中，都不能在自身之內
充分表述反義務命令，否則將導致矛盾。他舉了這樣一個例子：我
們假定，根據我們的道德準則，一個人幫助他的鄰居是應該的，並
且如果他去則他告訴鄰居他將來，這也是應該的。我們還假定，我
們的道德準則還規定，如果他不去，那麼他應該不去告訴他的鄰居
他將來。再假定，那個人違背了他的義務，他沒有去幫助他的鄰居。

為了看清楚這種情形如何在標準系統及其擴充系統內導致矛
盾，我們用標準系統的語言表述上述假定。我們用 p 表示他幫助他
的鄰居，用q表示告訴他的鄰居他將來，於是我們得到

　　(1)　Op

　　(2)　$O(p \rightarrow q)$

　　(3)　$\sim p \rightarrow O \sim q$

　　(4)　$\sim p$

我們知道，標準系統內有定理

　　T6　$Op \wedge O(p \rightarrow q) \rightarrow Oq$

從(1)和(2)以及T6可推出

　　(5)　Oq

從(3)和(4)可推出

　　(6)　$O \sim q$

根據PL，我們得到

　　(7)　$Oq \wedge O \sim q$

而標準系統內有定理

　　T23　～(Oq∧O～q)

於是，我們在標準系統內得到了一個明顯的矛盾，即(7)和 T23。於是，我們得到下述二難(dilemma)：標準系統及其擴充或者不能塑述反義務命令，或者包含一個邏輯矛盾。這表明了標準系統及其擴充的局限性，人們將其稱為「齊碩姆二難」。

　　齊碩姆建議用"～p→Oq"表示反義務命令,以此逃避邏輯矛盾。但馮・賴特不贊成這種辦法，因為"～p→Oq"這類由事實陳述和規範陳述所組成的混合公式，甚至不是馮・賴特所提出的道義邏輯古典系統的合式公式。馮・賴特指出，我們當然也可以構造允許此類公式的演算。假設用A表示本來的義務，用"～A→OB"表示反義務命令，則在此演算內A→(～A→OB)和A→(～A→O～B)都是重言式。它們所說的是，假如某人履行了他的本來義務，則可推出：假如他不履行本來義務，則無論什麼事情都是他的義務，包括B和～B。再假定未做A時只應做B，不應做～B，後者可表示為～(～A→O～B)，而這可推出～A。這又意味著：假如否定某件事情是反義務命令，則當事人就會不履行他本來的義務。這些結果都是十分荒謬的。

　　馮・賴特本人提出一個新的二元道義邏輯系統，其中O為初始的道義概念，O(p/q)表示條件性義務，O(p/～q)表示反義務命令：若未履行本來義務q，則應履行補償性義務p。這個系統的推理規則與古典系統相同，公理則有如下三個：

　　C1　～〔O(p/q)∧O(～p/q)〕

　　C2　O(p∧q/r)↔O(p/r)∧O(q/r)

C3　$O(p/q \vee r) \leftrightarrow O(p/q) \wedge O(p/r)$

這裡C3是條件性義務所特有的。馮・賴特用一個例子說明了它的合理性：假定有一道命令，在下雨或者打雷時應該關窗。顯然這道命令的意思是：在下雨時應該關窗並且在打雷時應該關窗。

　　馮・賴特指出，可以把Op，Pq，Fr所表示的規範叫做「直言規範」，而把$O(p/q)$，$P(q/r)$，$F(r/s)$所表示的規範叫做「假言規範」。直言規範只不過是假言規範的特例，即重言條件下的假言規範，用$O(p/t)$，$P(q/t)$，$F(r/t)$ 表示。當把古典系統中表示直言規範的公式，都換成表示重言條件下的假言規範的公式，即分別用$O(p/t)$，$P(q/t)$，$F(r/t)$取代原來的Op，Pq，Fr後，古典系統的公理或定理都變成了二元系統的公理或定理。由於這兩個系統的推理規則相同，要證明這一點，只需證明古典系統的兩個公理經轉換後

A1″　$\sim[O(p/t) \wedge O(\sim p/t)]$
A2″　$O(p \wedge q/t) \leftrightarrow O(p/t) \wedge O(q/t)$

是二元系統的定理。而這是顯然的。

　　馮・賴特證明，他的這個二元系統是可判定的理論，即其中任一合式公式是否為道義重言式，仍可用分配範式和真值表方法來驗證，當然要附加一些新的限制條件。❾

　　但是，這個新的二元系統並不能免除它想要免除的齊碩姆二難，並且還產生了一個類似的悖論，吉奇向馮・賴特指出了這後一

───────────

❾　參見 R. Hilpinen, ed: *Deontic Logic: Introductory and Systematic Readings*, pp. 111–114.

點。❿ 在這個二元系統中，

O(p/q)→～O(～p/r)

是一條定理。證明如下：

(1)　O(p/q)↔O(p/(q∧r)∨(q∧～r))　　PL

(2)　O(p/(q∧r)∨(q∧～r))↔O(p/q∧r)∧O(p/q∧～r)　　B3

(3)　O(p/q)↔O(p/q∧ r)∧O(p/q∧～r)

(4)　O(p/q)→O(p/q∧r)

(5)　O(～p/r)→O(～p/q∧r)

(6)　～O(～p/q∧r)→～O(～p/r)

(7)　～〔O(p/q∧r)∧O(～p/q∧r)〕　　B1

(8)　O(p/q∧r)→～O(～p/q∧r)

(9)　O(p/q∧r)→～O(～p/r)

(10)　O(p/q)→～O(～p/r)

而這條定理是說，如果在條件q下p是義務，則在任意的條件r下～p
不是義務。舉例來說，若在下雨時關窗是義務，則在天晴時開窗就
不是義務。而這顯然是荒謬的。一般來說，從某種境況下某事是義
務，不能邏輯地推出在其他完全不同的、邏輯上不相干的境況下該
事是義務或不是義務。

麻煩產生於B3。B3實際上是下面兩個公式的合取：

B3.1　O(p/r)∧O(p/s)→O(p/r∨s)

B3.2　$O(p/r \lor s) \to O(p/r) \land O(p/s)$

推出$O(p/q) \to \sim O(\sim p/r)$時用到的$O(p/q) \to O(p/q \land r)$，就是從B3.2推出來的。然而，在《道義邏輯的一個新系統的訂正》⓫一文中，馮・賴特並沒有拒絕B3，反而拒絕了B1，把它換成了一個較弱的公理：

B1′　$\sim [O(p/q) \land O(\sim p/q) \land O(p/\sim q) \land O(\sim p/\sim q)]$

馮・賴特指出，在由B1′、B2、B3構成的系統，既推不出B1，也推不出悖論性定理$O(p/q) \to \sim O(\sim p/r)$。

　　但研究表明，馮・賴特的解決辦法是根本行不通的。這個修正系統仍不能滿足齊碩姆所提出的要求：「我們中的大多數人都需要一種辦法，不僅決定我們應當做什麼，也決定當我們未能做應當做的某些事情之後又應當做什麼。」⓬也就是說，它仍不能容納反義務命令。並且，它也不能使人們擺脫由不一致的互相抵觸的義務所帶來的道德困境(predicament)。

　　在《在世哲學家文庫》有關他的哲學專輯中，馮・賴特在答覆其批評者時，回顧總結了自己在二元道義邏輯方面的嘗試：「關於二元道義模態詞，我已進行幾種不同的『實驗』。第一個實驗包含在《道義邏輯和派生義務的評注》一文(1956)中，它是我當時建立

⓫　發表於*Danish Yearbook of Philosophy*, vol. 2(1965)。該文第二節至第五節作為"A new system of deontic logic"一文的延續部分收入*Deontic Logic: Introductory and Systematic Readings* (1971)一書中。

⓬　R. M. Chisholm, "Contrary-to-duty Imperatives and Deontic Logic", *Aanlysis*, vol. 24 (1963), p. 36.

二元模態邏輯理論的一個副產品。其主要思想體現在析取允許的合取分配律中，這類似於概率的乘法原則。第二個實驗包含在《規範和行為》一書(1963)中，與此相關的是第三個嘗試，體現在《道義邏輯的一個新系統》一文(1964)中，並在《道義邏輯的一個新系統的訂正》一文(1965)中作了改進。在《道義邏輯》一文(1967)中作出了第四個嘗試，並在《論道義邏輯和一般行動理論》一書(1968)中繼續和擴展了這一嘗試。在此書中，我還有點半心半意地把《評注》(1956)一文中的主要思想納入到這種新的探究之中。所有這些努力都是實驗性的，我認為其中沒有一個是成功的。但我仍然認為，二元道義模態詞的想法是有意義的。在我看來，它的重要性主要體現在條件規範的理論中。」**⑬**

4.1.3　基於行動邏輯的道義邏輯

　　由於規範是與人的行動聯繫在一起的，馮・賴特早在《規範和行動》(1963)一書中，就試圖把道義邏輯奠基於行動邏輯之上，並在《道義邏輯再探》(1973)、《論規範和行動的邏輯》(1981)等論著中回到了自己的早期觀點。

4.1.3.1　行動邏輯

　　行動邏輯是與行動語句相關的，後者可用[p](a,o)表示，它所說的是：某個行動者 a在場合o做了某件事情p。行動語句的內容可以從兩個不同角度來考察：一是行動的過程，一是行動的結果(result)。以a在場合o開門為例。a做了開門這個動作，產生了「門被打開」或「門開著」這個結果，並且由這個結果還會產生某些後果

---

⑬　P. A. Schilpp and L. E. Hahn, *The Philosophy of G. H. von Wright*, La Salle, Illinois: Open Court, 1989, p. 869.

(consequence)，例如房間變涼了，蒼蠅飛進來了，等等。行動與其結果的聯繫是內在的，與其後果的聯繫是外在的。開門的動作亦稱「身體運動」(bodily movements)或「肌肉活動」(muscular activity)。於是，行動語句[p](a,o)中的"p"也就有兩種不同的意義，它可以表示行動的結果，即由某行動造成的狀態；也可以表示某個行動的過程，即旨在造成某狀態、導致某結果的動作或行為。在前一情形下，p是一語句變項，可用描述狀態的具體語句代替，[p](a,o)相應地讀作：「a在場合o造成（或使得）p。」在後一情形下，p是表示動詞或動詞短語或動名詞的變項，[p](a,o)相應讀作：「a在o處做p。」此外，p所代表的行動還有一般行動與個別行動的區分。由此產生一個爭論問題；在行動邏輯以及道義邏輯中，所處理的究竟是一般行動還是個別行動？道義詞究竟是作用於行動語句的算子，還是作為個別行動的屬性或謂詞而起作用的呢？對這些問題的不同回答，甚至會導致不同類型的道義邏輯。這裡不考慮這些問題及其爭論。

所謂行動邏輯，是在通常的命題邏輯（記為PL）基礎上加入下述公理構成的：

A1　$[\sim p](a,o) \rightarrow \sim [p](a,o)$

A2　$[\sim \sim p](a,o) \rightarrow [p](a,o)$

A3　$[p \wedge q](a,o) \leftrightarrow [p](a,o) \wedge [q](a,o)$

A4　$[\sim(p \wedge q)](a,o) \leftrightarrow [p \wedge \sim q](a,o) \vee [\sim p \wedge q](a,o) \vee [\sim p \wedge \sim q](a,o)$

推理規則如通常所述，包括代入規則和分離規則。

這裡，需要對A1和A4作一些解釋。

～[p](a,o)的直觀意義是清楚的。若從行動過程的角度看，令[p](a,o)表示行動者a在場合o開門，則～[p](a,o)表示a在o處未去開門，即他沒有從事開門的身體運動。若從行動結果的角度看，令[p](a,o)表示a在o處使某扇門打開了，則～[p](a,o)表示a在o處未使那扇門打開。

[～p](a,o)的直觀意義，從行動結果的角度看，仍是清楚的。令p表示「那扇門開著」，則～p表示「那扇門未開著」或「那扇門仍是關著的」。不過，若從行動過程的角度看，令p表示開門的動作，則～p的意義就不甚清楚。實際上，[～p](a,o)意味著a在o處失職未做某件事情p。有人建議把失職(omission)未做某事定義為：行動者本來有能力和機會去做某事，但他卻不去做它。如果用M[p](a,o)表示「a在o處（本來）能夠做p」，則M[p](a,o)∧～[p](a,o)所說的就是a在o處失職未做p。按這種解釋，A1當然是成立的：若行動者a在場合o失職未做p，則a在o處沒有做p。但A1的逆不成立，從～[p](a,o)（a在o處未做p）推不出[～p](a,o)（a在o處失職未做p）。

A4所說的是，一行動者在同一場合失職未做兩個不同的行動，當且僅當他失職未做這兩個行動或者失職未做其中一個而做了另一個。這是符合直覺的理解。A4不能用較弱的A4′取代：

A4′　[～(p∧q)](a,o)↔[～P](a,o)∨[～q](a,o)

因為從a在o處失職未做p，一般地不能推出a在o處也失職未做p且q，特別是當沒有人要求a去做q，或者a沒有能力去做q，或者a在o處時沒有能力做q時更是如此。

馮·賴特還把「析取活動」(disjunctive activity)定義如下：

$$[p \lor q](a,o) =_{df} [\sim(\sim p \land \sim q)](a,o)$$

其意思是：a在o處做一個「析取活動」，例如讀書或者寫作，當且僅當，他在o處失職未做這兩個活動的合取失職。

馮·賴特論證說，含有公理A1–A4的行動演算是可判定的，並且是語義完全的。可以證明，該演算的任一公式都可證等價於一個作為簡單型構件[　](a,o) 或[～　](a,o) 的真值函項複合式，其中[　](a,o)或[～　](a,o)的空位可填上單個變元p，q，r等。在真值表中給構件分配真值時，只服從唯一的限制條件：含有同一個變元的構件[　](a,o)和[～　](a,o)不能同時賦以真值「真」。這是因為同一行動者在同一場合不能既真正去做某事又失職未做此事。在遵守上述限制條件的情況下，一個公式若對其構件的所有真值分布都為真，則說它是一個行動重言式。在上述行動演算中，所有行動重言式都是可證的，並且所有可證公式都是行動重言式。因此，該演算是語義可靠並且完全的。

馮·賴特指出，我們還可以在上述行動演算中引入量詞。這可以分步驟進行：我們可以量化該語句中的行動者，而讓行動場合始終保持同一；我們也可以量化語句中的行動場合，而讓行動者始終保持同一；我們還可以既量化行動者又量化行動場合。最後，我們還可以對其中類似命題的變項p，q，r…等等實施量化。

個別行動"a on o does p"(a在o處做p)可以名詞化"doing p by a on o"(a在o處所做的p)，使之成為（邏輯上的）行動個體。我們可以用小寫字母 x，y，z，…表示這種行動個體以及對它們的失職，並用大寫字母A，B，C，…表示一般行動，亦即某種屬性名稱或者謂詞，如「謀殺」、「唱歌」等，於是可以有這樣的語句形式："doing p by a on o is A"（a在o處所做p是A），例如「在居民區內夜間施工是一種擾民行為」，「在書店拿走書不付款是一種偷竊行為」，「不履行搭救一位落水兒童的責任也是一種謀殺行為」。 關於此類語句的邏輯是一元謂詞邏輯的某個片斷部分，但也可以在一個比傳統謂詞邏輯更精緻的演算內研究上述語句，它們把某種屬性歸諸於某個個別行動。馮・賴特構造了這樣一個演算，並將其稱為「述謂邏輯」(Logic of Predication)。

述謂邏輯的特點在於區分了兩類否定：一是外在的否定～[A]x，它否定的是「某個行動個體x具有屬性A」， 否定的對象是語句；一是內在的否定[～A]x，其意思是行動個體x缺乏(lack)屬性A，否定的對象是屬性。用亞里士多德的話來說，前者相當於「x不是A」，後者相當於「x是非A」。馮・賴特解釋說，缺乏某給定屬性的事物也處於該屬性的「值域」內：它們可以具有該屬性，儘管它們事實上不具有；處於該屬性值域之外的事物則根本不可能有該屬性，因此它們既沒有該屬性，也不缺乏該屬性。例如，我們可以說「大象不是理性的」，但不能說「大象缺乏理性」，因為「理性」一詞根本不適合大象。我們卻可以說「神經失常的人缺乏理性」， 或「神經失常的人是非理性的」， 因為該人假如不神經失常的話，本來是可以具有理性的。

述謂邏輯是在一元謂詞邏輯基礎上加入下述公理得到的：

A1　[～A]x→～[A]x

A2　[～～A]x↔[A]x

A3　[A∧B]x↔[A]x∧[B]x

A4　[～(A∧B)]x↔[A∧～B]x ∨[～A∧B]

$$x\vee[\sim A\wedge\sim B]x$$

A5　$[Ex]([A]x\vee[B]x)\leftrightarrow(Ex)[A]x\vee$

　　$(Ex)[B]x$

A6　$\sim(Ex)([A]x\wedge\sim[A]x)$

推理規則除通常的代入規則和分離規則外，還有一附加推理規則（萊布尼茨律）：　根據A1–A4可證等價的公式在量化公式中保真可置換。

4.1.3.2　道義邏輯新探

馮・賴特指出，我們可以把道義邏輯建立在如上所述的述謂邏輯基礎上。

一般來說，道義詞可以歸諸於行動個體x，y，z等，如「x是義務的」，「y是允許的」，「z是被禁止的」。這時，道義詞實際上是作為一種特殊的屬性詞而起作用，因而可以有[O]x，[P]y，[F]z等公式。此外，道義詞也可以用於一般行動或行動類型。例如「禁止謀殺」和「允許安樂死」等。由於一般行動A，B，C等實際上是一種屬性詞或稱一元謂詞,它們相當於一個含空位的命題函項,「…是A」，「…是 B」等等，實際上暗中具有命題的形式。於是，當道義詞用於一般行動時，它們不再是作為屬性詞，而是作為由一種命題形式形成新的命題形式的算子起作用的。為區別計，把作為算子的道義詞用花體大寫字母 $\mathscr{O}$，$\mathscr{P}$，$\mathscr{F}$ 等表示。

馮・賴特指出，把道義性質歸諸於個別行動，稱之為「道義述謂」(deontic predication)，如[O]x，[P]x，[F]x。那麼，舉例來說，[F]x 是什麼意思呢？我們可以說個別行動 x 由於具有某種本質屬性A而屬於某個一般的行為類型X，而X是被禁止的，即

$$[F]x =_{df} (EX)([X]x \wedge \mathscr{F} X)$$

類似地，還有

$$[O]x =_{df} (EX)([X]x \wedge \mathscr{O} X)$$
$$[P]x =_{df} (EX)([X]x \wedge \mathscr{P} X)$$

並且，作為算子的道義詞 $\mathscr{O}$ 和 $\mathscr{F}$ 還可以相互定義

$$\mathscr{O}x =_{df} \mathscr{F} \sim X$$

但是，馮·賴特指出，作為謂詞的道義詞O、P、F不能相互定義，這是因為其中要用到對個別行動的否定，而個別行動不能被否定，因此[F]~x，[O]~x無意義。

否認一個別行動是被禁止的，就是在肯定它不屬於任何類型的被禁止行動，用符號表示

$$\sim [F]x \leftrightarrow \sim (EX)([X]x \wedge \mathscr{F} X) \leftrightarrow (X)([X]x \rightarrow \sim \mathscr{F} X)$$

關於允許，有兩種選擇：一是弱的(weak)允許，用符號Pw表示，即未被禁止等於允許，

$$[Pw]x =_{df} (X)([X]x \rightarrow \sim \mathscr{F} X)$$

一類是強的(strong)允許，用Ps表示，除未被禁止外還需要某些其他

的條件:

$$[Ps]x =_{df} (X)([X]x \to \sim \mathscr{F} X) \wedge (EX)([X]x \wedge \mathscr{P}X)$$

很容易看出, 我們有

$[Ps]x \to \sim[F]x$

但沒有

$\sim[F]x \to [Ps]x$

根據內在否定的意義, 我們有下述定義:

$$[\sim F]x =_{df} \sim[F]x \wedge ([O]x \vee [P]x)$$
$$[\sim O]x =_{df} \sim[O]x \wedge ([P]x \vee [F]x)$$
$$[\sim P]x =_{df} \sim[P]x \wedge ([F]x \vee [O]x)$$

這就是說, 當[∼F]x真時, 儘管x此時缺乏被禁止性, 但它可以具有其他道義性質如義務、允許中的某一個; x是能夠具有道義性質的, 它處於道義性質的值域之內。相反, 當僅僅∼[F]x為真時, x可以是完全不具有道義性質的東西, 它完全處於道義性質的值域之外。

從上述三個定義, 顯然可以得到:

$$[\sim F]x \to [O]x \vee [P]x$$
$$[\sim O]x \to [P]x \vee [F]x$$
$$[\sim P]x \to [F]x \vee [O]x$$

並且, 由於我們已有[P]x→∼[F]x, 因而又可得到:

$[P]x \rightarrow [\sim F]x$

馮・賴特把道義邏輯視為「規範(norm)邏輯」或「規範命題的邏輯」。規範語句是指形如 $\mathscr{O}-$，$\mathscr{F}-$，$\mathscr{P}-$ 的表達式，其中"–"的位置被原子的或分子的行動謂詞所占據。規範語句的用法之一，是用來頒布或記錄行動的規範或規則的，此時我們說規範語句表達規範，並稱此類規範語句為「規範表述」(norm-formulation)。規範語句還可用來作出陳述：存在如此這般的規範或規則，此時我們稱它為規範命題(norm-proposition)。馮・賴特偏向於認為，道義邏輯是規範命題的邏輯，其中有如下所述的「道義等值原則」：

邏輯上等值的謂詞在（表達規範命題的）規範語句中可以保真地相互置換。

借助於述謂邏輯的定理以及關於道義謂詞的定義和上述規則，可以證明有關規範的下述邏輯真理：

T1　$\mathscr{F}(A \lor B) \leftrightarrow \mathscr{F}(A \land B) \land \mathscr{F}(A \land \sim B) \land \mathscr{F}(\sim A \land B)$

T2　$\mathscr{F}A \rightarrow (x)([A]x \rightarrow [F]x)$

T3　$\mathscr{P}(A \lor B) \leftrightarrow \mathscr{P}(A \land B) \land \mathscr{P}(A \land \sim B) \land \mathscr{P}(\sim A \land B)$

T4　$\mathscr{P}A \rightarrow \sim \mathscr{F}A$

如果在一規範系統內，$FA \land F \sim A$ 成立，或者 $OA \land O \sim A$ 成立，我們不說這個規範系統是不合邏輯或邏輯不可能的，而說它是「不合理的」(irrational)。因此，合理的規範系統必須遵守下述原則：

T5　$\sim(\mathscr{F}A \land \mathscr{F} \sim A)$

T6　$\sim(\mathscr{O}A \land \mathscr{O} \sim A)$

$\mathscr{P}(A{\wedge}B){\rightarrow}\mathscr{P}A$ 不是有關規範的邏輯真理，但是 $\mathscr{P}(A{\wedge}B)$ 是與 $\mathscr{F}A$「理性不相容的」。因此，我們有下述規範邏輯真理：

T7　$\mathscr{P}s(A{\wedge}B){\rightarrow}\mathscr{P}wA$

馮・賴特指出，$\mathscr{O}$對$\wedge$的分配律

$\mathscr{O}(A{\wedge}B){\leftrightarrow}\mathscr{O}A{\wedge}\mathscr{O}B$

不再成立。例如，從命令某人從某個入口處進入公園，並不能邏輯地推出只命令他進入公園，而無論他是從哪個入口處進入。這說明 $\mathscr{O}(A{\wedge}B){\rightarrow}\mathscr{O}A{\wedge}\mathscr{O}B$ 不再成立。再舉例來說，若某個人有兩個義務如關門和關窗戶，有時人們可以通過做一件事情，比如說開關，同時完成這兩個義務，因此他就沒有必要分別去做這兩件事。馮・賴特認為，這說明$\mathscr{O}A{\wedge}\mathscr{O}B{\rightarrow}\mathscr{O}(A{\wedge}B)$也不成立。「於是，在兩個規範的合取$\mathscr{O}A{\wedge}\mathscr{O}B$與合取義務$\mathscr{O}(A{\wedge}B)$之間，無論以哪一種方式，都不存在衍推關係。」[14]

馮・賴特還指出，$FA{\rightarrow}F(A{\wedge}B)$是否普遍成立，並沒有清楚的答案。但下述原則成立：

T8　$\mathscr{P}A{\wedge}(x)([A]\,x{\rightarrow}[B]\,x){\rightarrow}{\sim}\mathscr{F}B$

並且，由T8可推出T4，T4因此只是更一般原則T8的一個推論。

---

[14]　G. H. von Wright, "On the Logic of Norms and Actions", in *New Studies in Deontic Logic*, ed. by R. Hilpinen, D. Reidel, 1981, p. 29.

T9　　$\mathscr{F}\sim A\wedge(x)([A]\,x\to[B]\,x)\to\sim\mathscr{F}\,B$

T9說，如果有義務A，而B是A的邏輯後承，則不能禁止B。由T9可推出$\mathscr{F}\sim A\to\sim\mathscr{F}A$，而這等值於T5和T6，因此T5和T6只是更普遍原則T9的一個推論。

由於有T1和T2這兩個分配原則，我們可以通過含$\mathscr{F}$或$\mathscr{P}$的原子構件及其否定的真值，得到相應的分子複合式的真值，由此判定整個公式的真值。在對這些構件分配真值時，要遵守由T8和T9引入的兩個限制條件。如果在所有可允許的真值分布下，所考察的公式都取值為「真」，我們就稱該公式為道義重言式。

馮‧賴特指出，以上所述的道義邏輯是「應當做」(Tunsollen)的邏輯，還可以構造與此相似的「應該是」(Seinsollen)的邏輯。

4.2　優先邏輯

優先邏輯，又名偏好邏輯、選擇邏輯，是一種研究存在於價值判斷之間的優先關係的形式理論，馮‧賴特是其創始人。1963年，他出版《優先邏輯》一書，構造了一個優先邏輯的形式公理系統；1972年發表《優先邏輯再探》一文，發展了他在這一領域內所做的工作。

馮‧賴特指出，倫理哲學家通常感興趣的概念可以分為三組：第一組為規範概念，例如，權力和義務、命令、禁止、允許等，這組概念成為道義邏輯研究的對象，道義邏輯就是關於「義務」、「允許」、「禁止」等概念和命題的一種形式理論；第二組概念為價值概念，如好、壞以及更好、更壞等等；第三組為人類學概念，例如需要和要求、決定和選擇、動機、效果和行動等。優先邏輯與第二組

概念有關，它以存在於價值判斷之間的優先關係為研究對象，是一種研究優先關係的形式理論。

優先邏輯具有廣泛的應用價值。由於價值判斷不僅存在於倫理學之中，而且還存在於經濟學、美學等學科之中，因此，優先邏輯與一般價值理論及其三大主要分支——美學、經濟學、倫理學都有著十分密切的關係。馮·賴特指出，了解優先概念本身，對於了解上述學科中更複雜的價值判斷形式，不僅是有幫助的，而且這種幫助還是實質性的。

4.2.1 優先邏輯：1963

4.2.1.1 基本概念和方法

在 1963 年出版的《優先邏輯》一書中，馮·賴特以優先 (preference)概念作為其理論起點。這個概念是未經嚴格定義的，但還是有可能通過它的各個相關因素，對它作出非形式的說明。

優先和事態 馮·賴特認為，有兩種優先：事態(state of affairs)之間的優先和事物之間的優先。例如，當我們說，我們喜歡C國擺脫其他國家的控制勝過它沒有擺脫控制，這裡的優先關係項就是事態。所謂事態，簡單來說是事物的狀態，但更多的時候帶有行動、行為、做某事的意味。而當我們喜愛蘋果勝過梨，喜歡中國勝過別的國家時，優先關係項表面看來是事物，優先是兩個或兩類事物之間的優先。但是我們要問：喜愛蘋果勝過梨是什麼意思呢？也許，這意味著，喜愛蘋果的味道勝過梨的味道，更進一步，喜歡吃蘋果勝過吃梨，於是事物之間的優先變成了兩個行動之間的優先，即事態的優先。所以，在上述兩種優先中，事態的優先是更基本的。優先邏輯所要研究的是事態的優先。

優先和主體 人們在從事某一具體實踐活動時，總是先要進行一番價值思考，對不同的對象和行動作出價值評估，並且比較它們之間的價值關係，即比較它們各自價值的優劣、好壞、大小，在此基礎上作出優先判斷，然後付諸行動（導致選擇行為）。 所以，任何優先都是相對於主體即人而言的，都是由特定的人在特定的時間內作出的判斷。所以，優先判斷的標準形式是：「x在t時喜愛p勝過q」，這裡"x"表示人或者主體，"t"表示特定的時間。為了方便起見，常常使用其省略形式：「p優先於q」，這裡暗中假定了所考慮的優先是相對於某一給定的主體和給定的時間而言的。

內在的優先和外在的優先 馮・賴特認為，人們能夠區分內在的(intrinsic)優先與外在的(extrinsic)優先。如果能夠非循環地給出p優先於q的理由、原因、根據，則說p是外在地優先於q；否則，優先就是內在的。p內在地優先於q，有時可以用「p本身優先於q」，「p因自身之故優先於q」來表達。對內在優先的判定表達我們的喜愛，優先概念與「喜愛一物勝過另一物」具有同樣的意義。說p內在地優先於q，就是說，我們喜愛p，它比q更好。所以，優先成為「更好」(betterness)概念的一個構成要素，是與更好、更壞、好、壞、善、惡等價值概念密切相關的。同時，優先也與需要和要求、決定與選擇、動機、效果和行動等概念有關。其中特別是與選擇概念相關聯。可以這樣說，優先是處於更好與選擇之間的概念。馮・賴特認為，所有外在的優先最終都是以內在的優先為基礎的。優先邏輯與內在的優先並且只與內在的優先有關。

假定用小寫字母p, q, r, …表示任一事態，分子複合式可以借助真值聯結詞～, ∧, ∨, →, ↔用變元p, q, r, …構造出來。此外，在大寫字母P的左邊和右邊各加上一變元或一分子複合式，例

如pPq（讀作p優先於q），(p∧q)Pr（讀作p∧q優先於r），由此得到的表達式稱為原子P–表達式或原子優先–表達式；原子P–表達式用真值聯結詞結合為分子複合式，例如

$$\sim(pPq)\rightarrow(p\wedge q)P\sim r$$

讀作：如果並非p優先於q，則p∧q優先於非r。這兩類表達式統稱為P–表達式或優先表達式。P–表達式中的原子P–表達式，和P–表達式中所含變元p，q，r，…等等，有時又被稱為該P–表達式的原子構件(atomic-constituents)。

優先邏輯以數理邏輯的命題演算為基礎。優先邏輯要經常用到命題演算中的兩個重要方法，即真值表方法和把各種表達式化為它自身的範式的方法。P–表達式本身可根據命題邏輯的規律變形，例如，如果P–表達式是原子P–表達式的合取，那麼合取支次序的改變並不影響整個表達式的真值：例如，(pPr)∧(s∨r)Pq 和 (s∨r)Pq∧(pPr)可以相互代替；並且原子P–表達式中記號P兩邊的表達式也可根據命題邏輯的規律分別變形，例如(p∨q)Ps和(q∨p)Ps可以相互代替。最後，我們約定：真值聯結詞∧比∨的結合力更強，例如p∨q∧r∨s是兩項析取的合取，而不是三項的析取。

4.2.1.2　五個基本原則及其解釋

馮・賴特所構造的優先邏輯基於如下五個基本原則之上：

A1　$(pPq)\rightarrow\sim(qPp)$

A2　$(pPq)\wedge(qPr)\rightarrow(pPr)$

A3　$(pPq)\leftrightarrow(p\wedge\sim q)P(\sim p\wedge q)$

A4　$(p\vee q)P(r\vee s)\leftrightarrow[(p\wedge\sim r\wedge\sim s)P(\sim p\wedge\sim q\wedge r)$

$$\wedge(p\wedge\sim r\wedge\sim s)P(\sim p\wedge\sim q\wedge s)$$

$$\land(q\land\sim r\land\sim s)P(\sim p\land\sim q\land r)$$

$$\land(q\land\sim r\land\sim s)P(\sim p\land\sim q\land s)]$$

A5　$(pPq)\leftrightarrow[(p\land r)P(q\land r)\land(p\land\sim r)P(q\land\sim r)]$

　　這五個基本原則可分為兩組：前兩個為一組，後三個為另一組。A1和A2刻畫了優先關係的基本屬性。A1表明優先關係的反對稱性，即如果一個事態p優先於另一事態q，那麼必然地第二個事態q不優先於前一事態p。A2表明優先關係的傳遞性：如果一個事態p優先於另一事態q，並且這另一事態q優先於第三事態r，那麼必然地第一事態p優先於第三事態r。

　　A3表明了一事態p優先於另一事態q的意義，它是說：一個事態p優先於另一事態q，當且僅當這個事態和另一事態的否定之合取(即p∧～q)優先於另一事態和這一事態的否定之合取(即q∧～p)。

　　一般說來，p或者q優先於r，根據A3，就是說，$(p\lor q)\land\sim r$優先於$r\land\sim(p\lor q)$，根據命題邏輯，這就意味著：$p\land q\land\sim r$優先於$\sim p\land\sim q\land r$，$p\land\sim q\land\sim r$優先於$\sim p\land\sim q\land r$，$\sim p\land q\land\sim r$優先於$\sim p\land\sim q\land r$，即

$$(p\lor q)Pr\rightarrow[(p\land q\land\sim r)P(\sim p\land\sim q\land r)\land$$

$$(p\land\sim q\land\sim r)P(\sim p\land\sim q\land r)\land$$

$$(\sim p\land q\land\sim r)P(\sim p\land\sim q\land r)]$$

同理，我們有：

$$pP(q\lor r)\rightarrow[(p\land\sim q\land\sim r)P(\sim p\land q\land r)\land$$

$$(p\land\sim q\land\sim r)P(\sim p\land q\land\sim r)\land$$

$$(p\land\sim q\land\sim r)P(\sim p\land\sim q\land r)]$$

綜合上述兩個公式，p或q優先於 r 或者 s，就等於說：

〔(p∧~r∧~s)P(~p∧~q∧r)∧

(p∧~r∧~s)P(~p∧~q∧s)∧

(q∧~r∧~s)P(~p∧~q∧r)∧

(q∧~r∧~s)P(~p∧~q∧s)〕

而這就是A4所說的。它表明，析取的優先是合取分配的。

　　A5 與優先邏輯方面最重要的特性相關。A3 說，主體喜歡一事態p勝過另一事態q，就是喜歡p∧~q勝過~p∧q。那麼要問，這種優先是否與世界上除開p和q之外的所有其他事態無關呢？這裡有三種可能：

　　一種可能是主體喜歡一事態勝過另一事態，不管世界上與這兩個事態同時還發生了其他什麼事態。這種優先稱之為絕對的優先。令r、s代表不同於p、q且它們自身也不相同的事態，並且它們不是任何其他事態的真值函項，它們或者都得到，即r∧s；或者一個得到另一個得不到，即r∧~s，~r∧s；或者兩個均得不到，即~r∧~s。p絕對地優先於q，就是說，

(p∧~q∧~r∧s)P(~p∧q∧r∧s)∧

(p∧~q∧r∧~s)P(~p∧q∧~r∧s)∧

(p∧~q∧~r∧~s)P(~p∧q∧r∧~s)∧

……

例如，假如一小孩喜歡一個玩具娃娃絕對勝過喜歡糖果，那就是說，即使他選擇糖果時，還給他餅乾、鉛筆等等，他都喜歡前者勝過喜歡後者。所以事態p絕對優先於事態q，就意味著所有含p∧~q的世界中的事態，都優先於含~p∧q的世界中的事態，不管這世界中還出現其他什麼事態。很顯然，這種絕對的優先在現實生活中是很少出現的。

　　另一種可能是，主體喜歡事態p勝過事態q，不管世界本身的事態怎樣，只要除開 p、q 之外，這兩個事態其他方面的情況均相同。這種優先稱之為非條件的優先。p非條件地優先於q，就是說，假定存在著一個不同於p和q的事態r，當事態r出現時，p優先於q；當事態r不出現時，p也優先於q。p優先於q不以r的出現與否為條件，即

　　　　$(pPq) \leftrightarrow (p \wedge r)P(q \wedge r) \wedge (p \wedge \sim r)P(q \wedge \sim r)$

所以非條件的優先是假使其他情況都相同的優先。如果其他情況不相同，其優先是可以改變的。

　　第三種可能是，主體喜歡事態p勝過事態q，但以$p \wedge \sim q$世界與$\sim p \wedge q$世界在某一或某些特定方面相一致為條件。例如，假設主體喜歡$p \wedge \sim q \wedge r$勝過喜歡$\sim p \wedge q \wedge r$，但喜歡$p \wedge \sim q \wedge \sim r$並不勝過$\sim p \wedge q \wedge \sim r$，那麼主體喜歡p勝過q就是以r為條件的。所以這種優先稱之為條件的優先。

　　A5所說的優先是非條件的優先，馮・賴特所構造的優先邏輯是關於事態之間的非條件的內在優先的邏輯理論。借助於非條件的優先概念，可以定義出好(goodness)和壞(badness)這兩個概念。

　　一事態p是好的，當且僅當，它無條件地優先於它的矛盾者$\sim p$，也就是說，它的出現無條件地優先於它的不出現。用公式表示，即

　　　　p是好的$=df(pP \sim p)$

　　一事態p是壞的，當且僅當，它的矛盾者$\sim p$無條件地優先於它本身，也就是說，它的不出現無條件地優先於它的出現。用公式表示，即

p是壞的$=df(\sim pPp)$

4.2.1.3　三種基本運算：合取、分配、擴張

為了形式演算的目的，我們有必要引進論域的概念。所謂論域，就是出現於某個特定的P–表達式中的所有變元p，q，r…的集合。這個集合就被叫作該公式的論域。在優先邏輯中，P–表達式除可以根據命題邏輯的重言律進行變形（或者說運算），還可以進行另外三種相互承接的運算，即合取、分配和擴張。

A. 合取運算

考慮一個任意的P–表達式的原子構件，例如(p∧q)Pr，我們首先合取記號P左邊的表達式與右邊表達式的否定，然後合取它右邊的表達式與它左邊表達式的否定，得到(p∧q∧$\sim$r)P(r∧$\sim$(p∧q))。這種運算稱為合取(conjunction)。從(p∧q)Pr經合取運算可得到(p∧q∧$\sim$r)P(r∧$\sim$(p∧q))。此後，在P–表達式的所有原子構件中，我們再用記號P左邊和右邊表達式的完全析取範式（其變元只限於在P–表達式中出現過的）來替換這些表達式本身。例如，在把(p∧q)Pr變換為(p∧q∧$\sim$r)P(r∧$\sim$(p∧q))之後，再把後者變形為

(p∧q∧$\sim$r)P(($p∧\sim q∧r$)∨($\sim p∧q∧r$)∨($\sim p∧\sim q∧r$))

B. 分配運算

在原來的P–表達式經過上述變形之後，我們再在其中根據優先的合取分配原則（參見A4），例如，用表達式

〔(p∧q∧$\sim$r)P(p∧$\sim$q∧r)∧

(p∧q∧$\sim$r)P($\sim$p∧q∧r)∧

(p∧q∧$\sim$r)P($\sim$p∧$\sim$q∧r)〕

去替代表達式

$$(p \wedge q \wedge \sim r) P((p \wedge \sim q \wedge r) \vee (\sim p \wedge q \wedge r) \vee (\sim p \wedge \sim q \wedge r))$$

這種運算稱之為分配運算(distribution)。

C. 擴張運算

有這樣一個表達式，它是從原來的表達式經過上述變形後得到的。考慮這個表達式的任一原子構件。假定這個原子構件中含有變元p，q和r，但不含s，而s也屬於該表達式的論域。我們在這個原子構件的記號P左右兩邊各合取上一個s，得到第一個新的原子P-表達式：

$$(p \wedge q \wedge \sim r \wedge s) P(p \wedge \sim q \wedge r \wedge s)$$

再在那個原子構件的記號P左右兩邊各合取上一個~s，得到第二個新的原子P-表達式：

$$(p \wedge q \wedge \sim r \wedge \sim s) P(p \wedge \sim q \wedge r \wedge \sim s)$$

然後把這兩個原子P-表達式合取起來，即

$$[(p \wedge q \wedge \sim r \wedge s) P(p \wedge \sim q \wedge r \wedge s) \wedge$$

$$(p \wedge q \wedge \sim r \wedge \sim s) P(p \wedge \sim q \wedge r \wedge \sim s)]$$

並且用這個合取式代替原來那個不含變元s的原子構件，即$(p \wedge q \wedge \sim r)$$P(p \wedge \sim q \wedge r)$。這種運算稱之為擴張運算(amplication)。擴張運算可以多次運用於P-表達式的原子構件，直至其中的每一個原子構件都含有在該P-表達式中所出現的全部變元為止。如果我們把變元和變元的否定的合取稱之為狀態描述(state-description)的話，那麼n個變元就存在2^n個邏輯上不同的狀態描述。

當我們已經在給定的P-表達式上進行了合取、分配、擴張之後，經過變形的P-表達式的原子構件將具有一致的結構，即每一原子構件都含有相同的變元或變元的否定，並且其變元都是按字典順序排列的。而這就是給定的P-表達式的完全析取範式。

4.2.1.4　優先重言式

公式的原子構件又被稱為公式的 P- 構件或優先構件。每一個 P-表達式表達一個它的 P-構件的真值函項。如果一個P-表達式表達它的 P- 構件的重言式，它就被稱為 P- 重言式或優先重言式 (preference-tautology)。任一優先表達式是否為 P- 重言式可以用真值表方法來判定，其步驟如下：

給定任一P-表達式。我們首先根據命題邏輯規律進行適當的變形，然後對它進行合取、分配、擴張運算，以得到它的完全析取範式，也就是它的P-構件和（或）P-構件的否定的合取的析取。然後再用真值表方法判定它是否為一重言式，即判定它是否可能前件真而後件假。在優先邏輯中，如果用帶下標的字母 w 表示正被討論的那個P-表達式的論域之內的任一狀態描述，那麼使用真值表的兩個限定可表述如下，它們分別是優先關係的反對稱性和傳遞性所要求的：

(i)具有 w_1Pw_2 形式的構件和具有 w_2Pw_1 形式的構件，不能同時指派相同的真值；

(ii)在 w_1Pw_2, w_2Pw_3, …, $w_{n-1}Pw_n$ 這樣的構件系列中，如果在前的 n-1 個構件均被指派以「真」值，則第 n 個構件也必須指派以「真」值。

我們用一個例證說明真值表方法的使用。試判定 $(pP\sim p)\wedge(\sim qPq)\to(pPq)$ 是否為一優先重言式。

第一步合取運算，由此可得：

$(pP\sim p)\wedge(\sim qPq)\to(p\wedge\sim q)P(\sim p\wedge q)$

第二步分配運算，不需要，遂略。

第三步擴張運算，由此可得：

〔(p∧q)P(∼p∧q)∧(p∧∼q)P(∼p∧∼q)∧

(p∧∼q)P(p∧q)∧(∼p∧∼q)P(∼p∧q)〕

→(p∧∼q)P(∼p∧q)

上述公式有五個P-構件：

1.　(p∧q)P(∼p∧q)

2.　(p∧∼q)P(∼p∧∼q)

3.　(p∧∼q)P(p∧q)

4.　(∼p∧∼q)P(∼p∧q)

5.　(p∧∼q)P(p∧q)

其中1–4為蘊涵式的前件，5為蘊涵式的後件。根據優先關係的傳遞性，如果第二個構件和第四個構件為真，則第五個構件必然為真。這一限定足以保證上述公式為P-重言式，因為真值組合TTTTF（即前件真後件假）不可能在它的真值表中出現。所以，

T1　(pP∼p)∧(∼qPq)→(pPq)

是一P-重言式。根據前面給出給出的好和壞的定義，這個公式的意思是：好的事態優先於一個壞的事態。

在得到原P-表達式的完全析取範式之後，除真值表方法外，還可使用點箭示意圖 (diagram of points and arrows) 去檢驗完全析取範式中各個P-構件的合取是否一致。如果是一致的，則原P-表達式是P-重言式；如果不一致，則不是P-重言式。

我們用平面上的點，去表示處於P-構件左右兩邊的每一個狀態描述。每一個在P-構件的合取中未被否定的P-構件，我們用一個從記號P的左邊到右邊的箭頭表示。在已經如此畫出未被否定的P-構

件之後，我們根據下述規則完成這個圖：如果從第一點到第二點有一箭頭，並且從第二點到第三點有一箭頭，那麼從第一點到第三點必定也有一箭頭。這是優先關係的傳遞性所要求的。

在如此畫出示意圖後，P-構件和（或）P-構件的否定的合取是一致的（即原P-表達式是一重言式），當且僅當，它滿足下列兩個條件：⑴不存在這樣的一對點，在它們之間存在著相反方向的箭頭。這是優先關係的反對稱性所要求的。⑵如果該合取中的P-構件是否定的，則從表示記號P左邊的狀態描述的那一點到表示記號P右邊的狀態描述的那一點之間沒有箭頭。如果一個P-表達式的完全析取範式的合取是不一致的，我們就可作出結論：這個P-表達式的否定是一優先重言式。這個條件是為了保證優先關係的傳遞性。

我們試用點箭示意圖來證明公式$(pP\sim p)\wedge(\sim qPq)\wedge\sim(pPq)$是不一致的。此公式的完全析取範式的合取為

$$[(p\wedge q)P(\sim p\wedge q)\wedge(p\wedge\sim q)P(\sim p\wedge\sim q)\wedge$$
$$(p\wedge\sim q)P(p\wedge q)\wedge(\sim p\wedge\sim q)P(\sim p\wedge q)\wedge$$
$$\sim((p\wedge\sim q)P(\sim p\wedge q))]$$

這個合取式的各項關係可用點箭示意圖表示如下：

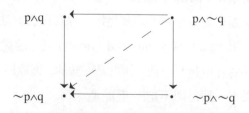

這個圖表明，該公式完全析取範式的合取是不一致的，因為根據優先關係的傳遞性，從表示$p\wedge\sim q$的那一點到表示$\sim p\wedge q$的那一點

應該有一箭頭；而按照上面給出的第二個條件，則這兩點之間應該沒有箭頭，矛盾。於是，待判定公式的否定

$$\sim〔(pP\sim p)\wedge(\sim qPq)\wedge\sim(pPq)〕$$

等值於

$$(pP\sim p)\wedge(\sim qPq)\rightarrow(pPq)$$

就是一致的，即是一個重言式。這個結果與前面用真值表方法證明的結果是相同的。

我們用點箭示意圖可以證明下述優先邏輯的元定理：(1)公式 $(pP\sim p)\wedge(qP\sim q)\wedge(pPq)$ 是一致的，其意義是：「在兩個好的事態中，一個可以比另一個更好。」(2)公式 $(\sim pPp)\wedge(\sim qPq)\wedge(pPq)$ 是一致的，其意義是：「在兩個壞的事態中，一個可以比另一個更壞。」此外還可證明：「兩個好的事態都出現比只出現其中之一或兩者都不出現要好。」

4.2.1.5 I、E的引入和PE邏輯

一個事態既不好也不壞，稱為「自身中性的」(indifferent in itself)，其形式定義是：

$$p是自身中性的 =_{df} \sim(pP\sim p)\wedge\sim(\sim pPp)$$

兩個事態，如果任何一個都不優先於另一個，稱為「互為中性的」(indifferent between themselves)，其形式定義是：

$$p和q是互為中性的 =_{df} \sim(pPq)\wedge\sim(qPp)$$

我們用符號 I 表示「中性」(indifference)。可以證明，

$(pI\sim p)\wedge(qI\sim q)\rightarrow(pIq)$

$(pIq)\wedge(pPr)\rightarrow(qPr)$

都不是重言式。

中性可區分為兩類。一是弱的中性即I，另一是強的中性，又稱為等值(value-equality)，用符號E表示。事態p等值於事態q就意味著：在任何境況下，事態$p\wedge\sim q$都不優先於事態$\sim p\wedge q$，反之亦然。等值E是比中性 I 更強的關係，這就是說，等值的事態必定是互為中性的，但互為中性的事態不必是等值的。如果一個事態與它的矛盾者是等值的，我們就說那個事態（和它的矛盾者）有零值(zero-value)。可以證明，有零值是比自身中性更強的關係。

E–表達式的定義與P–表達式的定義幾乎相同，只需把後者中的記號P換成E。關於E–表達式的邏輯研究可以稱之為「等值邏輯」。對P–表達式有效的合取、分配、擴張運算，對E表達式仍然有效。用於驗證一P–表達式是否為P–重言式的真值表方法和點箭示意圖，改之以新的限定後，可以用於驗證任一E–表達式是否為E–重言式。下述五個公式為E–重言式

T2 $(pEq)\rightarrow(qEp)$

T3 $(pEq)\wedge(qEr)\rightarrow(pEr)$

T4 $(pEq)\leftrightarrow(p\wedge\sim q)E(\sim p\wedge q)$

T5 $(p\vee q)E(r\vee s)\leftrightarrow$

$[(p\wedge\sim r\wedge\sim s)E(\sim p\wedge\sim q\wedge r)\wedge$

$(p\wedge\sim r\wedge\sim s)E(\sim p\wedge\sim q\wedge s)\wedge$

$(q\wedge\sim r\wedge\sim s)E(\sim p\wedge\sim q\wedge r)\wedge$

$(q\wedge\sim r\wedge\sim s)E(\sim p\wedge\sim q\wedge s)]$

T6　(pEq)↔〔((p∧r)E(q∧r))∧((p∧～r)E(q∧～r))〕

E和P的重要區別之一在於：優先關係是反對稱的，而等值關係卻是對稱的，T2揭示了這一點。還可以用真值表方法證明：

T7　(pE～p)∧(qE～q)→(pEq)

是一E-重言式。這個公式是說，具有零值的事態是等值的。

我們還可以構成由原子P-表達式和原子E-表達式混合而成的分子複合式，這類混合命題我們稱之為PE-表達式。關於PE-表達式的形式理論稱為PE邏輯。在PE邏輯中，可以證明：

T8　(pEq)∧(pPr)→(qPr)

是一個PE-重言式。

在整個優先邏輯中，我們有以下重要結果：

T9　～(pPp)

是一個P-重言式。它表明，優先關係是非自返的。這是優先關係反對稱和傳遞的必然結果。

T10　pEp

是一個E-重言式。它表明，等值關係是自返的。這是等值關係對稱、

傳遞的必然結果。由此可見，E關係是等價關係。

當記號 P 或 E 左邊而非右邊或者右邊而非左邊的表達式是一矛盾式時，沒有任何規則能保證從(p∧～p)Pq和(p∧～p)Eq這類公式中導出必然結論。這就是說，這類公式在如上所述的系統內既不是可證的也不是不可證的。

4.2.2　優先邏輯：1972

4.2.2.1　優先形式演算

在1972年發表的《優先邏輯再探》一文中，馮・賴特採納了與《優先邏輯》一書(1963)基本相同的假設，但也有若干重要變化，引入了像境況 (circumstance)、狀態空間 (state-space)、優先視野 (preference-horizen)和全視野優先(holistic preference)等新概念，並把討論的重點放在哲學方面而不是形式演算上。

馮・賴特指出，人們在一個時間內喜愛事態p勝過事態q，而在另一時間內也許喜歡事態q勝過事態p，這種優先的變化可能基於兩個原因：一是境況的變化，所謂境況就是除開p、q之外的所有其他的事態。作出第二次優先選擇時的境況已不同於作出第一次時的境況，境況的變化導致優先的變化。二是主體的口味 (taste) 的改變，即是說，作出兩次不同的優先選擇時，境況並沒有發生什麼變化，只是主體用來選擇的價值評價標準、欣賞趣味變了。優先邏輯所研究的優先只是相對於境況的優先，而不考慮口味的變化。與過去一樣，優先邏輯與且只與某些類型的內在優先有關，並且是與事態之間的全視野的內在優先有關。

為了解釋事態之間的全視野優先，我們先考慮 n 個邏輯上獨立的事態p_1, p_2, …, p_n, 以及由它們構成的2^n個世界的可能總狀態，

或簡稱2^n個可能世界w_1，w_2，$\cdots w_{2^n}$。這n個基本事態以及2^n個可能世界，一起構成一有窮集合S，S叫做狀態空間。每一個基本事態和基本事態的分子複合式都有一個析取範式，它有k個（$0 \leqslant k \leqslant 2^n$）總狀態。在極端的場合下，當k=0時，我們就有一個自相矛盾的事態，也就是在任何可能世界都不能得到的事態。令p是一基本的或複合的事態，那麼p-世界就是有p在其中出現的世界（總狀態）。

下面考慮兩個事態p和q，它們或者是S中的元素，或者是由S中m個元素構成的分子複合式。S中餘下的n-m個元素可以有2^{n-m}個不同的可能組合C_1，C_2，$\cdots$，$C_{2^{n-m}}$。這些組合如同p和q一樣處於狀態空間S之中。於是，p在境況C_i之下優先於q，可以用下述兩種方式定義如下：

D1　p在境況C_i之下優先於q，當且僅當，每一個是p-世界但不是q-世界的C_i世界，都優先於p每一個是q-世界但不是p-世界的C_i世界。

如果在所有的境況C_i，也就是在境況C_1，C_2，直至$C_{2^{n-m}}$中，p優先於q，我們就說，在（S中）其他一切東西都相同的情況下，p在S中優先於q。所以，D1所定義的定義是假定其他情況都相同的優先。

D2　p在境況C_i之下優先於q，當且僅當，某些同時是p-世界的C_i-世界優先於某些同時是q-世界的C_i-世界，並且沒有任何是q-世界的C_i-世界優先於任何是p-世界的C_i-世界。

任何合理的內在優先關係都必定是禁自返的，即是說，沒有任何事態能夠優先於它自身。所以，當我們根據D1來解釋優先時，我們必定已經排除了既是p-世界又是q-世界的具有優先關係的世界。如果根本不存在這樣的世界，即是說，p和q是互斥的，那麼D1就只

是意味著: 每一個是p-世界的C_i-世界優先於每一個是q-世界的C_i-世界。於是p在D1的意義上優先於q就衍推p也在D2的意義上優先於q。

在特定的境況或在其他一切情況均相同的條件下的事態間的優先關係, 稱為全視野優先, 即從全局情況著眼而作出的優先選擇。D1和D2是解釋全視野優先的兩種方式, 它們都是合理的。根據這兩個定義, 狀態空間內的事態間的優先關係可以分解成該世界的可能總狀態的真值函項複合式; 當然, 優先關係的任何真值函項也能夠作這樣的分解。

但是應該指出, 如果認為狀態空間 S 包括了在該世界實際可能得到或得不到的所有那些事態, 並認為這些總狀態是現實世界的總狀態, 那就會誤入歧途。實際上, 全視野優先在其中成立的那個狀態空間是較為狹窄的, 它決定著一個主體在一確定時間上的優先視野, 這就是說, 它只包括了主體思考事態之間是否具有優先關係時所考慮到的構成相應境況的那些事態。不同的主體在任何給定的時間內可以有不同的優先視野, 並且同一個主體的優先視野也可以隨時間而變化, 優先視野的變化會導致作出不同的優先選擇。

在《優先邏輯再探》中, 馮・賴特構造了一個簡單的優先形式演算, 它是由經典命題邏輯加入下述兩個公理構成的:

A1　$(pPq) \rightarrow \sim(qPp)$

A2　$(pPq) \rightarrow (pPr) \vee (rPq)$

A1表明了優先關係的反對稱性。A2叫做價值可比較原則, 即是說, 如果有兩個事態p和q, 並且p優先於q, 那麼對於第三個事態r來說,

或者p優先於r，或者r優先於q；換句話說，如果p優先於q並且r不優先於q，則p優先於r。

上述優先演算至少有下述定理：

T1 $(pPq) \wedge (qPr) \rightarrow (pPr)$

T2 $\sim (pPp)$

以上的A1、T1和T2表明，優先關係是禁自返、反對稱、傳遞的關係，所以是一種序關係，在一系列相繼優先的事態中，可以排列出優先序。

像過去一樣，我們可以借助於優先關係，去定義好、壞、中性I等價值概念。

D3 p是好的$=df (pP \sim p)$

D4 p是壞的$=df (\sim pPp)$

D5 $pIp = df \sim (pP \sim p) \wedge \sim (\sim pPp)$

D6 $pIq = df \sim (pPq) \wedge \sim (qPp)$

由此可得到下述定理

T3 $(pP \sim p) \wedge (\sim qPq) \rightarrow (pPq)$

T4 pIp

T5 $(pIq) \leftrightarrow (qIp)$

T6 $(pIq) \wedge (qIr) \rightarrow (pIr)$

T7 $(pPq) \wedge (pIr) \rightarrow (rPq)$

T8　(pPq)∧(qIr)→(pPr)

上述T4、T5和T6表明，中性關係 I 是自返、對稱和傳遞的，具有此種性質的I關係亦稱等值,T6–T8表示了價值相等原則的內容。

4.2.2.2　關於好、壞定義的討論

前面，我們曾把好的事態定義為它優先於它的矛盾者，壞的事態定義為它的矛盾者優先於它本身。這種定義確有其優點，但也會導致令人棘手的後果。

現在我們考慮把上述定義應用於世界的總狀態。於是，一個總狀態是好的，當根據D1來解釋時，就意味著：所討論的那個總狀態是所有可能世界中最好的，也就是說，它優先於所有其他的總狀態；當根據D2來解釋時，它意味著：所討論的那一狀態是比某些可能世界更好的，並且不比任何其他的可能世界更壞。

類似地，世界的一個總狀態是壞的，當且僅當，它被認為是比所有其他的可能世界更壞的（根據D1），或者，被認為是比某些可能世界更壞，但不比任何其他的可能世界更好（根據D2）。

這些結果因下述理由而被認為是難於對付的：

根據對全視野優先的強的解釋(D1)，只能有一個好的總狀態，處於這兩個極端之間的那些世界都是「中性的」，即既不好也不壞，但是這些中性的世界能夠（雖然不必然）具有不同等的價值，即在中性世界之間也能排出優先關係，有些世界被認為比其他世界更好一些，有些世界要更壞一些。

按照弱的解釋(D2)，不止一個世界可以是好世界，並且不止一個世界可以是壞世界。處於好世界與壞世界之間的那些世界再一次可以排列出較好的或較壞的，所以並不（必然地）具有同樣的價值。

如果存在一些好世界的話，它們將是不可排列的，而是全都具有同樣的價值——壞的世界也是如此。於是，按照關於好世界和壞世界的這樣一種看法，就不存在好、壞的程度之分了。一切好的世界將是同等的好，一切壞的世界將是同等的壞。而這是與人們在價值論方面所具有的一些根深蒂固的直覺看法相抵觸的。

於是，如前所述的關於好、壞的定義必須修正。其修正辦法是：好是在世界的一個給定總狀態中的好，壞也是在世界的一個給定總狀態中的壞。其形式定義如下：

D7　事態p在世界w中是好的，或更完整地說，在世界w中獲得事態p是一件好事，這是指：當$p \wedge C_i = w$時，$pP_{Ci} \sim p$。p在世界w中是一件壞事情，這是指：當$\sim p \wedge C_i = w$時，$\sim pP_{Ci}p$。p在世界w中將會是好的，是指當$\sim p \wedge C_i = w$時，$pP_{Ci} = w$。p在世界w中將會是壞的，當$p \wedge C_i = w$時，$\sim pP_{Ci}p$。

上面的$pP_{Ci} \sim p$表示：在境況C_i下p優先於$\sim p$，其他類此。我們此時來說明p在w中優先於q的意義，即$p \wedge q \wedge C_i = w$並且$(p \wedge \sim q)P_{Ci}(\sim p \wedge q)$。更明確地說，世界w是由p和q出現之前的那些事態的組合C_i加上p和q構成的，p在這一世界中優先於q，意味著在這個世界中p出現q不出現優先於q出現但p不出現，假如p和q之外的其他情況都相同的話；並且在這世界中p和q都是好事情，在這個意義上好具有程度之分，因為p比q更好。壞也同樣如此。這是符合我們的直覺的。但是上述定義也有一個令人棘手的後果：既不好也不壞的東西之間也能排出優先次序。

我們下面討論好、壞的另一種定義方式。

如果我們能夠把世界的某些總狀態作為無價值的挑選出來，那麼我們就會克服前面所遇到的那些困難。因為，若有某些總狀態是無價值的，那麼優先於它們的每一總狀態都是好的，被它所優先的每一總狀態都是壞的，每一個與它中立的總狀態就與它一樣是無價值的，這裡沒有任何東西妨礙好的世界和壞的世界具有好壞的程度之分，這是十分符合我們的直覺的。

問題是怎樣挑選出一個世界，它是空的，是完全沒有任何東西的存在，是具有零值的總狀態。這就是邏輯上自相矛盾的世界。在狀態空間 S 的元素組成的那些真值函項中，有一個是重言式，是所有總狀態組成的析取式；有一個是矛盾式，是沒有一個總狀態的、空無一物的析取式。我們可以引入一個特殊的符號 O 表示這個析取式，它代表一個邏輯上不可能的世界，是沒有任何東西對之為真為假的世界。我們可以把 O 作為常項加入優先演算中，並且令它起變元p，q等等同樣的作用。從形式角度說，這是沒有問題的。

我們能夠把這個「世界」O 作為好世界與壞世界的分界點。一個世界w是好的，當且僅當wPO（w優先於這個O-世界）；世界w是壞的，當且僅當OPw。好世界與壞世界分別也可以分等級，但是既不好也不壞的世界在價值上全都等於 O 世界，因此它們相互之間不存在優先關係。

把 O- 世界排列在所有可能世界之上，這沒有任何邏輯的障礙。這種排列相當於極端的悲觀主義態度，它把所有可能世界都看成是壞的；相反，若把所有可能世界排列在 O 之上，則相當於極端的樂觀主義，它把所有可能世界都看成是好的；完全冷漠的態度則是把所有可能世界看作是等於 O 的，即把所有可能世界都看成是無價值的。

　　我們現在從總狀態進到一般的事態。事態p是好的，當且僅當，pP_C0，即如果其他一切情況均相同，並且p優先於0–世界；反之，p就是壞事態。pP_C0，當根據D1來解釋時，就意味著每一p–世界優先於0，即每一p–世界都是好的世界；當根據D2來解釋時，這意味著某些（至少有一個）p–世界是好的並且沒有一個p–世界是壞的。

　　對於一般的事態而言，好和壞是允許程度之分的。在優先邏輯中有下述元定理：「在兩個好的事態中，一個可能比另一個更好。」「在兩個壞的事態中，一個可能比另一個更壞。」「兩個好事態都出現比只出現其中之一要好。」　但是，既不好也不壞的事態並不必是同值的，它們只是簡單的不可比較。

　　應該強調指出的是，優先邏輯仍然不是一個成熟的邏輯分支，作為優先邏輯創始者的馮・賴特自己就指出了這一點。他曾談到：道義邏輯和優先邏輯都是對於規範性和評價性概念和話語的形式邏輯研究，道義邏輯也許不是非常重要和毫無問題的，但是它已作為一個獨立的邏輯學分支確立了自己的地位。而優先邏輯的情況卻並非如此，它迄今仍沒有得到充分的發展，甚至關於優先邏輯的一些基本原則 —— 例如，優先關係是傳遞的嗎？任何兩個事態是優先可比較的嗎？如果一個事態優先於另一個，那麼後者的否定是否優先於前者的否定？析取式或合取式的優先關係可以分配嗎？等等 —— 也是充滿爭議的。極而言之，關於這些問題有多少作者發表了意見，那麼就存在多少種意見，這些意見甚至是相互抵觸、相互否定的。**⓯**優先邏輯仍有待於進一步發展。

⓯　　G. H. von Wright, *Philosophical Logic*, Oxford: Basil Blackwell, 1983, pp. 66–67.

4.3　時間邏輯

在時間邏輯方面，馮·賴特發表過六篇論文，分別是：《然後》(1965)、《以後》(1966)、《時態邏輯和變化邏輯》(1966)、《關於時態邏輯和模態系統的某些評述》(1967)、《總是》(1968)以及《時間、變化和矛盾》(1968)，其中比較重要的是前兩篇和最後一篇。

1966年在美國匹茨堡大學會見普賴爾(A. N. Prior)之前，馮·賴特對普賴爾型時態邏輯幾乎一無所知。後者把時態邏輯當做模態邏輯的副產品，引入與模態詞類似的時態詞如過去、現在和將來，構造相應的形式系統，旨在刻畫時間次序的性質，例如它究竟是線性的，還是枝形的，抑或是循環的？等等。馮·賴特是從變化入手研究時間的，變化總是發生在一定的時間間隔如年、月、日、小時、分、秒內的，並且總是由人的行動所引發的。馮·賴特把變化發生前的狀態叫做「初始狀態」，變化發生後的狀態叫做「終止狀態」，兩者之間有一個「轉換過程」。由此考慮出發，他引入了兩個時間連接詞：and next（然後）和and then（以後），並構造了相應的演算，旨在刻畫時間本身的性質，例如時間是離散的還是無限可分的？等等。

有關時間的性質及其序關係，可以用下述條件來刻畫：

C1　自返性　$\forall x(xRx)$

C2　對稱性　$\forall x\forall y(xRy\rightarrow yRx)$

C3　反對稱性　$\forall x\forall y(xRy\rightarrow\sim yRx)$

C4　傳遞性　$\forall x\forall y\forall z(xRy\wedge yRz\rightarrow xRz)$

C5　可比較性　$\forall x \forall y \forall z(xRy \lor x=y \lor yRx)$

C6　連通性　$\forall x \forall y(xRy \lor yRx)$

C7　稠密性　$\forall x \forall y(xRy \rightarrow \exists z(xRz \land zRy))$

C8　左線性　$\forall x \forall y \forall z(yRx \land zRx \rightarrow (y=z \lor yRz \lor zRy))$

C9　右線性　$\forall x \forall y \forall z(xRy \land xRz \rightarrow (y=z \lor yRz \lor zRy))$

C10　前　驅　$\forall x \exists y(xRy \land \sim\exists z(xRz \land zRy))$

C11　後　繼　$\forall x \exists y(yRx \land \sim\exists z(xRz \land zRy))$

C12　無始性　$\forall x \exists y(yRx)$

C13　無終性　$\forall x \exists y(xRy)$

例如，人們通常把時間設想為一個線性序列，即是說，時間是一條線，一條無始無終、沒有分叉、沒有支流的河流，從無限遙遠的過去穿過現在通向無限遙遠的將來。這種時間觀由C3、C4、C8、C9、C12、C13刻畫；時間的離散性是由C10和C11刻畫的，循環性則是由C1、C2、C4刻畫的，枝形時間觀則由C3、C4、非C9來刻畫，如此等等。

4.3.1　「然後」演算

然後演算(馮·賴特稱之為T-演算)的構造如下：

A. 字母表

　(a)變元 p, q, r, …

　(b)真值聯結詞～, ∧, ∨, →, ↔

　(c)時間聯結詞T

　(d)括號(,)

這裡變元p，q，r，…表示一般命題(generic proposition)，它們本身並不真或假，只有相對於某個時間點才有真假，並且其真假還可以變化，以「天在下雨」為例，它可以在今天為真，明天為假，後天再為真。

B. 形成規則

(a)一個變元是原子T-表達式；

(b)在時間聯結詞T左右兩邊各加上一個T表達式所得到的T-表達式，是原子T-表達式。

(c)原子T-表達式的真值函項複合式是T-表達式。

根據形成規則得到的公式pTq，表示「現在p，然後q」，它以把時間之流切分為一個個前後相繼的時間點為前提，因此它所刻畫的時間是離散的。關於變元 p，存在四種互斥的並且窮盡的可能性：pTp，pT~p，~pTp，~pT~p，其中只有pT~p和~pTp才與真正的變化有關，所以馮・賴特把它們稱之為基本變化。

C. 公理

A0　所有經典命題邏輯的公理

A1　$(p \lor q)T(r \lor s) \leftrightarrow (pTr) \lor (pTs) \lor (qTr) \lor (qTs)$

A2　$(pTq) \land (rTs) \leftrightarrow (p \land r)T(q \land s)$

A3　$p \leftrightarrow (pT(q \lor \sim q))$

A4　$\sim(pT(q \land \sim q))$

在這裡，A1叫分配公理，A2叫並置(co-ordination)公理，它可以用

更簡單的公式

$$(pTq)\wedge(pTr)\rightarrow(pT(q\wedge r))$$

代替。A3叫冗餘公理；A4叫做不可能性公理。

D. 推理規則

R1 代入規則

R2 分離規則

R3 等值置換規則

可以證明，T-演算至少有下述定理：

T1 $(pTq)\vee(pT\sim q)\vee(\sim pTq)\vee(\sim pT\sim q)$

證：(1) $p\leftrightarrow(pT(q\vee\sim q))$ A3

(2) $(pT(q\vee\sim q))\leftrightarrow(pTq)\vee(pT\sim q)$ A1

(3) $p\rightarrow(pTq)\vee(pT\sim q)$ (1)(2)PL

(4) $\sim p\leftrightarrow(\sim pT(q\vee\sim q))$ (1)R1

(5) $(\sim pT(q\vee\sim q))\leftrightarrow(\sim pTq)\vee(\sim pT\sim q)$ A1

(6) $\sim p\rightarrow(\sim pTq)\vee(\sim pT\sim q)$ (4)(5)PL

(7) $p\vee\sim p\rightarrow(pTq)\vee(pT\sim q)\vee(\sim pTq)$
$\vee(\sim pT\sim q)$ (3)(6)PL

(8) $p\vee\sim p$ PL

(9) $(pTq)\vee(pT\sim q)\vee(\sim pTq)\vee(\sim pT\sim q)$ (7)(8)R2
證畢。

T2　$(pTp)\vee(pT\sim p)\vee(\sim pTp)\vee(\sim pT\sim p)$

證：在T1中用p代q即得T2。T2表示了四類基本變化。

T3　$\sim(p\wedge\sim pTq)$

證：⑴　$(p\wedge\sim p)\leftrightarrow((p\wedge\sim p)T(qv\sim q))$　　　A3.R1

　　⑵　$(p\wedge\sim p)T(q\vee\sim q)\leftrightarrow((p\wedge\sim p)Tq)\vee$

　　　　$((p\wedge\sim p)T\sim q)$　　　A1

　　⑶　$(p\wedge\sim p)\leftrightarrow((p\wedge\sim p)Tq)\vee((p\wedge\sim p)T\sim q)$　　　(1)(2)PL

　　⑷　$\sim(p\wedge\sim p)\leftrightarrow\sim(((p\wedge\sim p)Tq)\vee((p\wedge\sim p)T\sim q))$　　(3)PL

　　⑸　$\sim(p\wedge\sim p)$　　　PL

　　⑹　$\sim(((p\wedge\sim p)Tq)\vee((p\wedge\sim p)T\sim q))$　　　(4)(5)PL

　　⑺　$\sim((p\wedge\sim p)Tq)\wedge\sim((p\wedge\sim p)T\sim q)$　　　(6)PL

　　⑻　$\sim((p\wedge\sim p)Tq)$　　　(7)PL

　　　　證畢。

　　T3是第二個不可能性原理。它表明：T1中任意兩個析取支的合取都是不可能的。以 $(pTq)\wedge(pT\sim q)$ 為例，根據A2，這等於$(pTq\wedge\sim q)$，根據A4，這是假的。再以$(pTq)\wedge(\sim pTq)$為例，根據A2，這等值於$(p\wedge\sim p)Tq$，而根據T3，這也是假的。因此，T1的4個析取支是互斥的並且是窮盡的。T2顯然也是如此。

T4　$(pTq)\to p$

T5　$p\wedge(qTr)\leftrightarrow(p\wedge q)Tr$

T6　$(pTq)Tr\leftrightarrow(pTq\wedge r)$

證：⑴　$(pTq)\wedge(pTr)\leftrightarrow(((pTq)\wedge p)Tr)$　　　T5 R1

　　⑵　$(pTq)\wedge(pTr)\leftrightarrow(pT(q\wedge r))$　　　A2,R1,R4

⑶　$(pTq) \rightarrow p$　　T4

⑷　$(pTq) \rightarrow (pTq) \land p$　　⑶,PL

⑸　$(pTq) \land p \rightarrow (pTq)$　　PL

⑹　$(pTq) \land p \leftrightarrow (pTq)$　　⑷⑸PL

⑺　$(pTq) \land (pTr) \leftrightarrow ((pTq)Tr)$　　⑴⑹R3

　　證畢。

　　但是，$pT(qTr)$ 並不等值於 $(p \land q)Tr$，前者涉及三個相繼的時間點，後者則只涉及兩個時間點。並且，$(pTq)Tr$ 也不等值於 $pT(qTr)$，前者等值於 $(p \land q)Tr$，只涉及兩個相繼時間點，而後者則涉及三個相繼的時間點。

　　馮·賴特把在一個 T– 表達式中出現的所有變元叫做該表達式的論域。如果一個T–表達式的論域中含有n個變元p_1，p_2，$\cdots$，p_n，則這n個變元決定了2^n個狀態描述，記作，s_2，$\cdots$，s_2^n。考慮形如

$$-T(-T(-T(-\cdots T-)\cdots)$$

的T–表達式，其中每一連字符–表示該表達式中一狀態描述的位置，第一列省略號表示模式 T(– 的任意數目的重複，第二列省略號則表示狀態描述的任意數目的重複。這種形式的表達式叫做含 n 個變元的論域的歷史 (history)，其中相繼出現的狀態描述的數量叫做該歷史的長度。例如，$s_iT(s_jT(s_kTs_l))$ 是一個長度為4的歷史；$siTsj$ 是長度為2的歷史。單個狀態描述則是長度為1的「歷史」，它描述了世界在此時的狀況，但並沒有涉及從一個時刻到下一個時刻的變化或不變。

　　容易看出，具有給定長度m的可能歷史的總數是2^{mn}。而Tm–n重言式是指一個含n個給定變元的論域中長度恰好為 m 的所有可能

歷史的析取。一個Tm重言式則是指含n個元的論域中長度確為m的所有可能歷史的析取。T重言式則是指含n個元的論域中長度為m的所有可能歷史的析取。顯然，每一個Tm-n重言式也是Tm重言式，每一個Tm重言式也是一個T重言式。例如，前面的A0-A4，T1-T6都是T重言式，其中T6含有三個不同的變元且長度為2，所以是一個$T_{2,3}$重言式。

根據A3，我們可以重言地增加一給定歷史的長度。令歷史為hi，該公式的論域中狀態描述為s_1，s_2，……，s_{2^n}。於是，根據A3，

$$hi \leftrightarrow hiT(s_1 \vee \cdots \vee s_{2^n})$$

而根據A1，又可得

$$hi \leftrightarrow (hiTs_1) \vee (hiTs_2) \vee \cdots \vee (hiTs_{2^n})$$

既然任意兩個狀態描述都是互斥的，故此公式中任意兩個析取支也是互斥的。

歷史不僅可以增加長度，也可以通過把新的變元引入該公式的論域來增加「寬度」。以表達式pTp為例，它是只含一個變元且長度為2的一個可能歷史之一。根據R3，我們可以用$(p \wedge q) \vee (p \wedge \sim q)$取代p，於是pTp變成

$$(p \wedge q) \vee (p \wedge \sim q)T(p \wedge q) \vee (p \wedge \sim q)$$

由A1，我們得到

$$((p \wedge q)T(p \wedge q)) \vee ((p \wedge q)T(p \wedge \sim q)) \vee ((p \wedge \sim q)T(p \wedge q)) \vee ((p \wedge \sim q)T(p \wedge \sim q))$$

含兩個變元p，q的論域中長度為2的表達式有十六個可能的歷史，此公式為其中四個可能歷史的析取。根據A4和T3，我們立即可以證明，這四個析取支是互斥的。

含一個變元的論域中長度為1的歷史，構成一個互斥的析取，

p∨～p是一個T重言式。上例說明可以重言地增加歷史的長度和寬度，故容易推知：含有任意n個變元的論域中長度為任意m的歷史也構成互斥的析取。一個給定歷史的補，就是論域相同且長度亦相同的所有其他歷史的析取。由於歷史是互斥且窮盡的，所以一給定歷史的否定就等於該歷史的補。

在T演算中可以證明下述元定理：

⑴每一個T表達式都等值於其論域中長度相同的歷史的析取。而後者又被叫做該表達式的範式。所以上述元定理等於說，每一個T表達式都可以化歸為一個T範式。

⑵一個T表達式是T定理，當且僅當，它的T範式是一個T重言式。

上述元定理刻畫了T演算的可靠性、完全性和可判定性。

前已指出，時間聯結詞T表示「然後」，"pTq"意味著「現在p，然後q」，而這與"qTp"的意義明顯不同。因此T是不對稱的時間合取詞，並且不滿足結合律。若在T演算中用真值聯結詞∧去處處替換T，則T演算的定理都成為古典命題邏輯的重言式。因此，T演算在PL中有一個解釋。

在T演算中，用T(然後)加真值聯結詞不能定義時間量詞「總是」(always)、「有時」(sometimes)、「絕不」(never)。因此，若在T演算中，引入一個新的初始符號∧，∨p表示現在p並且將要永遠p，並通過定義引入∨p（有時p），∧～p（絕不p）：

D1　∨p=*df*～∧～p

D2　∧～p=*df*～p∧～∨p

再引入下述公理：

A5　∧(p∧q)↔∧p∧∧q

A6　∧p→p

A7　∧t, t為任一PL重言式

A8　∧p→∧∧p

A9　∧(∧p→∧q)∨∧(∧q→∧p)

A10　∧p↔(pT∧p)

A11　∧(tTp)↔(tT∧p)

A12　(pT∨~p)→∨(pT~p)

就得到一個刻畫離散時間序的邏輯系統(Logic of Discret Time Ordering)。1979年，西格爾伯格(Krister Segerberg)在《馮・賴特的時間邏輯》一文中證明，這個系統是可判定的和完全的，並且等價於普賴爾在《過去、現在、未來》一書(1967)中在「非標準的時態邏輯」名下表述的一個系統。

4.3.2　「以後」演算

「然後」演算預設了時間是離散的線性序，即從一個時刻到下一個時刻，再到下下一個時刻，以至無窮。馮・賴特在1966年發表的論文《以後》中，提出了一個新的時間聯結詞「以後」(and then)，「p，以後q」意味著「現在p，並且在後來的某個時間內q」，並為它構造了形式系統。這個系統並不預設時間是離散的，也不預設時間是稠密的或連續的。實際上，「以後」的標準用法與時間的上述三種性質都是相容的。

馮·賴特仍用T表示「以後」(and then)。如此理解T之後，然後演算中的公理A0、A1、A3、A4和所有推理規則都依然成立，但A2

$$(pTq)\wedge(rTs)\leftrightarrow(p\wedge r)T(q\wedge s)$$

不再普遍成立：從在後來某個時候q真並且在後來某個時候s真，不能推出在後來的那個時候q和s都真。因為q和s可以在後來同一時候為真，也可以一個在另一個之後為真。因此，在A2中必須用"(q∧s)∨(qTs)∨(sTq)"去替換其中的"q∧s"。於是A2被修改成：

$$(pTq)\wedge(rTs)\leftrightarrow(p\wedge r)T((q\wedge s)\vee(qTs)\vee(sTq))$$

這樣，「以後」演算包括下述四個公理：

B0　所有PL公理

B1　$(p\vee q)T(r\vee s)\leftrightarrow(pTr)\vee(pTs)\vee(qTr)\vee(qTs)$

B2　$(pTq)\wedge(rTs)\leftrightarrow(p\wedge r)T((q\wedge s)\vee(qTs)\vee(sTq))$

B3　$p\leftrightarrow(pT(q\vee\sim q))$

B4　$\sim(pT(q\wedge\sim q))$

在「以後」演算中，我們可以證明下述定理，其中有些與「然後」演算的定理形式相同，且證明亦相同；有些定理形式雖相同，但證明不同。

T1　$(pTq)\vee(pT\sim q)\vee(\sim pTq)\vee(\sim pT\sim q)$

T2　$(pTp)\vee(pT\sim p)\vee(\sim pTp)\vee(\sim pT\sim p)$

T3　$(pTq)\rightarrow p$

T4　$\sim((p\wedge\sim p)Tq)$

T5　$p \wedge (qTr) \leftrightarrow (p \wedge q)Tr$

T6　$(pTq) \leftrightarrow p \wedge (tTq)$

T7　$(p \wedge q)Tr \rightarrow (pTr)$

T8　$pT(q \wedge r) \rightarrow (pTq)$

T9　$(pTq) \wedge (pTr) \leftrightarrow ((pTq)Tr)$

T10　$((pTq)Tr) \leftrightarrow ((pTr)Tq)$

T11　$(pT(qTr)) \rightarrow (pTr)$

T12　$\sim(tT\sim p) \rightarrow (tTp)$

　　上述十二個定理中，除T11外，全都對於表示「然後」的時間合取詞T有效。而T11揭示了「以後」(and then)的傳遞性。

　　借助於表示「以後」的T和真值函項聯結詞，可以定義時間量詞「總是」、「有時」、「絕不」。若分別用符號∧、∨、∧～表示這三個時間量詞，則可以給出下述定義：

D1　$\wedge p =_{df} p \wedge \sim(tT\sim P)$

D2　$\vee p =_{df} p \vee (tTp)$

D3　$\wedge \sim p =_{df} \sim p \wedge (tT\sim p)$

　　D1是說，總是p意味著現在p並且以後不會不p；D2是說，有時p意味著現在p或者以後某個時候p；D3是說，絕不p意味著現在不p且以後也不p。如此定義後，∧p和∨p可以相互定義：

$\wedge p =_{df} \sim \vee \sim P$

$\vee p =_{df} \sim \wedge \sim P$

關於這些時間量詞，有下述定理：

T13 $\bigwedge t$

T14 $\bigwedge p \rightarrow p$

T15 $\bigwedge p \rightarrow \bigvee p$

T16 $\bigwedge(p \wedge q) \leftrightarrow \bigwedge p \wedge \bigwedge q$

T17 $\bigwedge(p \rightarrow q) \rightarrow (\bigwedge p \rightarrow \bigwedge q)$

T18 $\bigwedge p \rightarrow \bigwedge \bigwedge p$

T19 $\bigvee \bigwedge p \rightarrow \bigwedge \bigvee p$

T20 $\bigwedge(\bigwedge p \rightarrow \bigwedge q) \vee \bigwedge(\bigwedge q \rightarrow \bigwedge p)$

由於「以後」(and then) 演算只是對「然後」(and next) 演算的公理A2作些修改得到的，關於後者的元邏輯結果也適用於前者，即在「以後」演算中可以證明：

⑴每一個T表達式都等值於其論域中長度相同的歷史的析取，也就是說，每一個T表達式都可以化歸為T範式。

⑵一個T表達式是T定理，當且僅當，它的T範式是T重言式。

上述元定埋刻畫了「以後」演算的可靠性、完全性和可判定性。

在量詞邏輯中，有全稱概括規則：

若 $\vdash A(x)$，則 $\vdash \forall x A(x)$

在模態邏輯中，有必然化規則：

若 $\vdash A$，則 $\vdash \Box A$

在「以後」演算中，則有∧-必然化規則：

若⊢A，則⊢∧A

假設A是「以後」演算的定理，由於所有定理都是演繹等值的，因此A↔t也是定理，而等值置換規則在「以後」演算中成立，所以∧A↔∧t也是定理，而∧t是定理即T13，所以∧A也是定理。上述規則得證。

假如從「以後」演算中挑選出下列要素：B0、T14、T17、T18、T20以及代入規則、分離規則、等值置換規則和∧-必然化規則，由此構成的系統在結構上等價於模態邏輯系統S4. 3。由於在如此構成的系統中不能證明B1–B4，因此「以後」演算並不結構等價於S4.3。

考慮表達式p→(tTp)。它是說，如果現在p，則在以後某個時候p。此公式永遠成立就意味著：一旦p出現，它將會一再地出現——無窮多次的出現。公式

p∧∧ (p→(tTp))

就表達了這一思想。如果在「以後」演算中加入

(α) ∧(p→(tTp))

作為一條公理或定理，則意味著：事態 p 一旦在某個時候出現，則在此之後就會無窮多次重複出現。應該注意的是，這裡必須把無窮多次重現(infinite recurrence)與恒久重現(perpetual recurrence)區別開來。一個事態恒久重現，當且僅當，它一旦在某個時候出現，它就將在此之後永遠出現。這一思想的符號表達形式是：

(β) ∨p→∧(tTp)

既然(tTp)可推出∨p，所以β可重寫為

$$\lor p \to \land((tTp)\land\lor p)$$

根據T16，這又等值於

$$\lor p \to \land(tTp)\land\land\lor p$$

根據PL，它可推出

$$\lor p \to \land\lor p$$

而這在結構上等值於模態系統 S5 的特徵公理。換句話說，如果把(β)加入「以後」演算中作為公理，則「以後」演算結構等價於S5。

由於p→∨p且∧(tTp)→(tTp)，因此從(β)可推出p→(tTp)。意味著：如果(β)是一條公理，則p→(tTp)將是一條定理。又由於∧-必然化規則在「以後」演算中成立，則

$$(\alpha) \quad \land(p\to(tTp))$$

也將是一條定理。恒久重現衍推無窮多次重現，但反之不然，其理由與時間的性質有關。假如時間是稠密的或連續的，則某個事態有可能在某個將來的時間前無窮多次重現，但此後卻不再出現。假如時間是離散的，則這種偶然性就不會發生。於是，假如一事態無窮多次重現，則它將永遠重現。

某個事態一旦出現就將永遠出現，這一思想早就由某些古代哲學家表述過。例如亞里士多德在《解釋篇》中指出：「存在的東西當其存在時，必然存在。」(19a24-25)他還在《尼可馬各倫理學》中解釋說：沒有一個人籌劃過去，但卻籌劃將要來到的東西或可能的東西，反之過去則不能不已經發生。所以，當阿加松說，甚至上帝也被剝奪了使已經發生的事情不發生的權利時，他是說對了。根據這種觀點，凡發生了的事情都是此後不可阻止的，今後也將永遠出現。尼采則使這種觀點在近代得到復蘇，馮·賴特因此把(β)叫做「尼采公理」。

在「然後」演算和「以後」演算中，我們討論了兩個時間聯結詞「然後」(and next)和「以後」(and then)。這兩個聯結詞都是「向前看」的：“p and next q”意味著「現在p，然後q」，而“p and then q”則意味著「現在 p，以後q」，兩者都是指向未來的。實際上，可以找出這兩個聯結詞「向後看」的對應詞；“next after”和“and before”。“p next after q”意味著「現在p，此前q」，而“p and before q”意味著「現在p，以前q」，兩者都是指向p的過去。這兩個新的聯結詞仍用T表示。為了顯示這兩組聯結詞的對應，我們把“p and next q”譯為「p，然後q」，把“p and then q”譯為「p，以後q」；而把“p next after q”譯為「p，此前q」，把“p and before q”譯為「p，以前q」。並用T̄表示前兩個聯結詞，即「向前看」的T；用T̲表示後兩個聯結詞，即「向後看」的T。於是，與T̄（然後）演算A0–A4相應，我們有 T̲（此前）演算，只需把 A0–A4 中的 T 理解為T̲ 即可。與T̄（以後）演算B0–B4相應，我們有T̲（以前）演算，只需把B0–B4中的T理解為T̲即可。並且我們還可構造 T̄ 和 T̲ 相結合的演算。不過，應注意的是，在把有關T̄的A0–A4與有關 T̲ 的A0–A4結合起來時，尚需兩個連接公理：

A9　$(p\bar{T}(q\underline{T}r))\leftrightarrow((p\wedge r)\underline{T}q)$

A10　$(p\underline{T}(q\bar{T}r))\leftrightarrow((p\wedge r)\bar{T}q)$

此外，在把有關T̄的B0–B4與有關T̲的B0–B4結合起來時，同樣也需要兩個連接公理：

B9　$(p\bar{T}(q\underline{T}r))\leftrightarrow((p\wedge r)\underline{T}q)\vee(p\bar{T}(r\underline{T}q))\vee((p\underline{T}r)\wedge(p\bar{T}q))$

B10 $(p\overline{T}(q\overline{T}r))\leftrightarrow((p\wedge r)\overline{T}q)\vee(p\overline{T}(r\overline{T}q))\vee((p\overline{T}r)\wedge(p\overline{T}q))$

4.3.3 時間、變化和矛盾

馮·賴特1968年在劍橋大學發表愛丁頓紀念演說《時間、變化和矛盾》，其中探討了時間、變化和矛盾三者之間的關係。他認為，時間和變化是相互依賴的。一方面，假如這個世界上沒有變化，時間概念就沒有任何用處，我們甚至不能設想世界在時間中的存在。康德因此把時間看做是人類得以認識現象界的形式。另一方面，變化又要預設時間，因為變化是在時間流程中發生的，並且時間能消解變化所帶來的形式上的矛盾。兩種基本的變化類型，pT～p和～qTq，如果僅從形式上看，符號T左右兩邊的公式是矛盾的；但由於p和～p，相應地q和～q，不是在同一個時間點，而是在前後相繼的時間點上發生的，所以實際上它們並不矛盾。馮·賴特因此說，時間使人們擺脫了形式上的矛盾。但是，時間是否能使人永久地擺脫矛盾呢？馮·賴特對此提供了否定的回答。

馮·賴特引入了一個特殊算子N，如果A是一句子，NA可以直觀地解釋為「A在所考慮的整個時間區間內發生」。這個算了的特殊之處在於：儘管對任一公式A，～N(A∧～A)總為真，但是對於某些公式A，～N～(A∧～A)可能真。換句話說，對於所考慮的時間區間來說，矛盾儘管不是必然的，但卻是可能的。也就是說，在所考慮的時間區間內允許出現「自相矛盾」的片斷，只要假定這些矛盾不會持續太久。馮·賴特的這種觀點是以把時間看做連續的區間，而不是一個個離散的點為基礎的。他放棄了先前所持有的「時間原子」假設。

他指出，可以為如上所述的N提出如下四個公理：

A1　　$N(p\wedge q)\leftrightarrow Np\wedge Nq$

A2　　$N(p\vee q)\leftrightarrow Np\vee Nq$

A3　　$N(p\vee\sim p)$

A4　　$\sim N(p\wedge\sim p)$

如果把N理解為「必然」，則A1，A3，A4是許多模態邏輯系統的公理，其真實性不庸置疑。需要解釋的是A2，它說：若一個析取命題必然真，則其中至少有一個析取支必然真。由此出發，加上A3，立刻可推出$Np\vee N\sim p$，即任一命題或者是必然的或者是不可能的。這並不表明所討論的系統是荒謬的或不足道的，只是意味著這個系統不允許偶然命題，其中真的命題是必然的，假的命題是不可能的。邏輯數學命題就是此類命題的例子。A1–A4所刻畫的是一種理性主義的觀點。所以馮・賴特把由 A1–A4 構成的演算叫做理性主義邏輯。

如果把N作如前所述的時間邏輯解釋，A2所說的就是：若一析取命題在所考慮的整個時間區間內真，則至少有一個析取支在該整個區間內真。這一點並不對任一命題成立，因此自然的反應是去掉A2。A1對於任一事態或命題均成立，A4叫做可應用性原則或有意義原則，都應該保留。因為若否定A4，就意味著矛盾$(p\wedge\sim p)$在所考慮的整個時間區間內不可避免，馮・賴特認為此種情形不合理，不予考慮。否定A3卻是可能的；否定A3得到$\sim N(p\vee\sim p)$，而這等值於$\sim N\sim(p\wedge\sim p)$。若把M作為$\sim N\sim$的縮寫，則得到$M(p\wedge\sim p)$，它意味著在所考慮的時間區間內的某些片斷部分，矛盾$(p\wedge\sim p)$可以

發生。馮·賴特把這種矛盾叫做「真實的矛盾」(real contradiction) 和「自然中的矛盾」(contradiction in nature)。他認為，如果承認或允許這種矛盾，我們就有可能在兩種邏輯傳統之間建立聯繫：一種是從亞里士多德到弗雷格、羅素以及數理邏輯或符號邏輯的偉大傳統，另一種是源自於黑格爾但影響較少的傳統。他明確指出：「這兩種『邏輯』一直是南轅北轍，一種邏輯的代表人物對另一種邏輯的態度通常只是嘲諷和鄙視。我本人認為，偉大的傳統是邏輯，黑格爾邏輯不是它的替代物或嚴格競爭者。黑格爾邏輯，就其作為邏輯而言，也許不是很有價值的。但是它包含著對傳統意義上的邏輯學家來說真正有意思的思想和觀察，對於這些思想和觀察的研究也許會導致邏輯方面的新進展。這種研究也許還能夠促進當代哲學中一直尖銳對立、涇渭分明的各種傾向的交流和融合。」**⓰**

　　馮·賴特把上述容許矛盾的時間邏輯叫做離散時間劃分的邏輯 (Logic of Discrete Time-Division)，對它的討論主要是在非形式層面進行的。西格爾伯格 (K. Segerberg) 則把這種邏輯稱之為變化和持存的邏輯 (Logic of Change and Duration)，並為之發展了克里普克語義學，證明其邏輯真理不構成遞歸可枚舉集，因而這種邏輯本身不可以公理化。**⓱**

⓰　G. H. von Wright, *Philosophical Logic*, p. 131.

⓱　K. Segerberg:"von Wright on Time, Change, and Contradiction", in *The Philosophy of G. H. von Wright*, pp. 637–645.

第五章　邏輯哲學

5.1　邏輯真理和分配範式

正如欣迪卡指出的，「馮・賴特在演繹邏輯方面的大多數工作是以一個共同的技巧為特徵的，這就是分配範式的使用。這一技巧是馮・賴特關於邏輯真理性質的下述主要看法的基礎，即邏輯真理是重言式（或空洞的）。」❶ 儘管分配範式的觀念和技巧都不是馮・賴特最先提出的，不過，在他之前沒有一個人已認識到這一技巧的全部力量，或者在如此不同的場合使用了它。他是第一個在一階謂詞邏輯（量化理論）的某些非一元部分使用分配範式的人，他在很早就意識到有可能在整個一階邏輯內定義分配範式，儘管這種定義最先是由他人明確給出的；並且，他是第一個在模態邏輯中使用分配範式的人，後來又把它運用到與模態邏輯類似的其他邏輯領域。於是，分配範式毫無疑問地成為馮・賴特在演繹邏輯方面工作的標誌。

---

❶　參見 *The Philosophy of G. H. von Wright*, pp. 517–518.

5.1.1　出發點：維特根斯坦的思想

　　維特根斯坦在《邏輯哲學論》中提出了真值函項理論，並認為「邏輯命題是重言式」。馮·賴特深受維氏這一思想的影響，力圖把它從命題邏輯推廣到整個一階邏輯，並進一步推廣應用到廣義模態邏輯中去，以此說明邏輯真理和數學真理的區別。

　　真值函項理論的起點是維特根斯坦所謂的「基本命題」。基本命題相當於形式語言系統內的原子命題，若不破壞其命題形式就不能再拆解為其他命題，因而是命題分析的終極，是最簡單的命題結構。基本命題具有簡單性、獨立性和真假性。「基本命題的真值可能性意味著原子事實存在和不存在的可能性。」❷基本命題是複合命題的真值主目，而複合命題則是基本命題的真值函項，前者的真值是由後者的真值所唯一決定的。即是說，若給定基本命題的真值，我們根據其中所含邏輯聯結詞的真值特性，就可以計算出該複合命題的真值。維特根斯坦還由此發明了真值表方法，表示真值函項的真值與其中所含支命題的真值的關係。

　　在命題真值條件的可能組合中，維特根斯坦區分出兩種極限情況：一種是重言式，一個命題對其基本命題的所有真值可能性而言皆真；另一種是矛盾式，一個命題對其基本命題的所有真值可能性而言皆假。重言式和矛盾式實際上是命題的蛻變形式，而非真正的命題。因為「命題表明它所說的東西，而重言式和矛盾式則表明它們什麼也沒有說。」❸它們不是現實事物的圖像，它們沒有描述任何具體的情況。它們甚至沒有真值條件：重言式是無條件的真（容許

---

❷　維特根斯坦：《邏輯哲學論》，4.3。

❸　同上書，4.461。

任何可能情況），矛盾式是無條件的假（不容許任何可能情況）。維特根斯坦認為，真值條件決定了命題留給事實的領域，命題、圖像、模型在消極意義上類似受固體物體限制的空間，一個物體就處在這個空間之中。相反，像「他在這裡或者他不在這裡」這樣的重言式，留給現實的是整個無限的「邏輯空間」，沒有對任何東西實施限制；而像「他在這裡並且他不在這裡」這樣的矛盾式，則充塞了整個「邏輯空間」，沒有給現實留下一點餘地。因此，「重言式和矛盾式是缺少含義的。……（例如，當我知道天在下雨或天不在下雨的時候，關於天氣我就什麼也不知道。）」❹

維特根斯坦指出：「邏輯的命題是重言式。」「邏輯命題的特殊標誌是，它的真值是從符號本身得知的，這個事實包括一切邏輯哲學。非邏輯命題的真值或假值是不能單從這些命題認出的，這也是極其重要的事實。」❺他把一切邏輯真理歸於重言式，認為它們沒有表達任何具體的思想內容，什麼也沒有說。然而，它們也不是無意思的，它們是符號體系的一部分，正如 “0” 是算術符號體系的一部分一樣。命題的特定組合產生一重言式的事實顯現了某種關於命題結構要素方面的東西。維特根斯坦指出：「邏輯命題是重言式這個事實顯現了語言和世界的形式的——邏輯的——屬性。」❻

馮・賴特以維特根斯坦的上述思想為出發點。他把邏輯區分為三種類型：命題邏輯、性質邏輯、關係邏輯。命題邏輯如通常所述，它把命題作為不再分析的基本單位，研究由命題聯結詞作用於命題而構成的複合命題的邏輯性質及其推理關係。命題邏輯中的邏輯真

---

❹　維特根斯坦：《邏輯哲學論》，4.461。

❺　同上書，6.1, 6.113。

❻　同上書，6.12。

理就是命題邏輯的重言式。一命題邏輯公式是否為重言式，可以用真值表方法和範式方法加以判定。

命題還可以分析為各種非命題成份。性質邏輯和關係邏輯則是由命題的不同分析方法產生的。在性質邏輯看來，一命題是把一性質歸屬於一事物（對象或個體），該命題於是由表示事物的主詞S、表示性質的謂詞P以及系詞和量詞組成。有兩個不同的量詞：全稱量詞「所有的」，馮·賴特用U表示；存在量詞「有的」，馮·賴特用E表示。於是，四種性質命題就可以表示為：

所有S都是P　　U(S→P)

所有S都不是P　U(S→～P)

有的S是P　　　E(S∧P)

有的S不是P　　E(S∧～P)

性質命題研究此類命題的邏輯性質及其推理關係，傳統的三段論就是這種邏輯的一部分，但絕不是全部。關係邏輯則認為，一命題是確立幾個或一些事物之間的相互關係，命題於是由表示事物的個體詞x,y,z,…，表示關係的關係詞R以及量詞構成，例如∀x∃yR(x,y)。

如果性質邏輯和關係邏輯中不含量詞，則可以把其中的公式如S→P，S∧P，R(x,y)就看作是命題邏輯中的p,q,r等等，於是這兩種邏輯就不包含與命題邏輯本質上不同的成份，因而就蛻變為命題邏輯，或至少與命題邏輯「同構」。如果這兩種邏輯中含有量詞，但量詞所作用的個體域是有窮的，譬如說含有 n 個個體，含量詞公式也可以翻譯、轉換成不含量詞公式，即用其他聯結詞把量詞消除掉：

$U(S{\rightarrow}P)$：$(Sx_1{\rightarrow}Px_1){\wedge}(Sx_2{\rightarrow}Px_2){\wedge}{\cdots}{\wedge}(Sx_n{\rightarrow}Px_n)$

$E(S{\rightarrow}P)$：$(Sx_1{\wedge}Px_1){\vee}(Sx_2{\wedge}Px_2){\vee}{\cdots}{\vee}(Sx_n{\wedge}px_n)$

$Ux\ R(x,y)$：$R(x1,y){\wedge}R(x2,y){\wedge}{\cdots}{\wedge}R(xn,y)$

$Ex\ R(x,y)$：$R(x1,y){\vee}R(x2,y){\vee}{\cdots}{\vee}R(xn,y)$

於是，可以用命題邏輯的方法，例如真值表方法和範式方法，去判定任一公式是否是相應邏輯中的重言式即邏輯真理。

但是，一旦遇到無窮個體域，在消除相應的量詞公式時，就會得到無窮長的合取式或析取式，而我們顯然不能構造無窮長度的真值表，也不能寫出一個無窮長度的範式。於是，真值表方法和範式方法就不能成為具有無窮個體域的性質邏輯和關係邏輯的判定方法，這兩種邏輯因而也就沒有一套判定程序去判定其中任一公式是否為重言式，即是否為邏輯真理。馮・賴特想要解決的問題是：對命題邏輯中的真值表方法和範式方法作某種修改，使之成為性質邏輯和關係邏輯的判定程序。

5.1.2　分配範式和量化性質邏輯

如所周知，命題邏輯的任一公式都可以等值變換為它的合取範式、析取範式、完全的合取（析取）範式等。現對這些概念作一簡單說明。

合取範式是支命題為簡單析取的合取式。所謂簡單析取是一析取式，其支命題或是一命題變項，或是一命題變項的否定，如 p, p${\vee}{\sim}$q,${\sim}$p${\vee}$q${\vee}$r，都是簡單析取。而(p${\vee}$q)${\wedge}$(p${\vee}{\sim}$q), (r${\vee}$s)${\wedge}$(${\sim}$r${\vee}$p${\vee}{\sim}$s)等則是合取範式。合取範式的作用在於顯示重言式。一合取範式是重言式，當且僅當它所含的每一簡單析取都是重言式。而一簡

單析取是重言式，當且僅當一命題變項及其否定都在該簡單析取中出現。由於(p∨q∨r∨～r)和(p∨q∨～p∨r)都是重言的簡單析取，因而(p∨q∨～p∨r)∧(p∨q∨r∨～r)就是一重言的合取範式，與它等值的公式就是一重言式，即邏輯真理。

析取範式是支命題為簡單合取的析取式。所謂簡單合取是一合取式，其支命題是一命題變項或一命題變項的否定，如p∧～q, p∧r∧～s等都是簡單合取，而(p∧q)∨(p∧r∧～s), (p∧～q)∨(～p∧r)等則是析取範式。析取範式的作用在於顯示矛盾式。一析取式是一矛盾式，當且僅當它所含的每一簡單合取都是矛盾式。而一簡單合取是矛盾式，當且僅當一命題變項及其否定都在該簡單合取中出現。例如，由於(p∧q∧～p)和(p∧r∧～r)都是矛盾式，因此(p∧q∧～p)∨(p∧r∧～r)均為矛盾式，與它等值的公式是常假公式，即邏輯矛盾。

而一個合取（或析取）範式是完全的合取（或析取）範式，當且僅當它滿足下列條件：⑴在此範式中出現的命題變項在每一簡單析取（或合取）中都出現且只出現一次；⑵各簡單析取（或合取）互不重言等值。就一完全合取範式來說，令其中正好含有p_1, p_2, …p_n，則它為形如$C_1 \wedge \cdots \wedge C_k$的命題形式，其中k≥1，而每一$C_j$又都具有$E_1 \vee \cdots \vee E_n$的形狀，對其中的每一個i，$E_i$或是$p_i$或是～$p_i$。

馮・賴特把性質邏輯和關係邏輯中的合取範式和析取範式，統稱為分配範式 (distributive normal formulae)，因為它們滿足全稱量詞對於合取的分配律，以及存在量詞對於析取的分配律。我們這裡撇開馮・賴特的各種專門用語和細微區分，通過幾個例證去說明如何用他所謂的分配範式和真值表方法，去判定性質邏輯中的任一公式是否為重言式，即邏輯真理。

考慮如下的三段論：「如果所有歐洲人是白人，並且有些歐洲

人是穆斯林，那麼有些白人是穆斯林。」令用P代表歐洲人，用Q代表白人，用R代表穆斯林。於是該三段論可以用公式表示為：

$$U(P{\to}Q){\wedge}E(P{\wedge}R){\to}E(Q{\wedge}R)$$

其中三個變項P、Q、R共有2^3=8種組合：

　　⑴P∧Q∧R

　　⑵P∧Q∧～R

　　⑶P∧～Q∧R

　　⑷P∧～Q∧～R

　　⑸～P∧Q∧R

　　⑹～P∧Q∧～R

　　⑺～P∧～Q∧R

　　⑻～P∧～Q∧～R

這八種組合可以圖示如下：

P∧Q∧～R		～P∧Q∧～R	
	P∧Q∧R	～P∧Q∧R	
	P∧～Q∧R	～P∧～Q∧R	
P∧～Q∧～R		～P∧～Q∧～R	

對於這八種組合，共有2^8=256種不同的方式得到滿足或不被滿足，從它們全都得到滿足直至其中沒有一種得到滿足。具體就前面所述的那個待判定的三段論公式

$$U(P→Q)∧E(P∧R)→E(Q∧R)$$

來說，由於其前提和結論對這八種組合作了某種斷定，因而就排除了其中一些組合。我們可以根據下述等值式

$$U(P→Q)↔∼E∼(P∧Q)$$

消除全稱量詞U，於是得到：

$$∼E∼(P→Q)∧E(P∧R)→E(Q∧R)$$

把上述公式每一項中不含量詞的子公式等值變換成它的完全析取範式。以P、Q、R為基項，∼(P→Q)的完全析取範式為(P∧∼Q∧R)∨(P∧∼Q∧∼R)，(P∧R)的完全析取範式為(P∧Q∧R)∨(P∧∼Q∧R)，(Q∧R)的完全析取範式為(P∧Q∧R)∨(∼P∧Q∧R)。由於E對∨可分配，於是得到下述四個不同的含E的公式：E(P∧Q∧R)，E(P∧∼Q∧R)，E(P∧∼Q∧∼R)，E(∼P∧Q∧R)。可以把這些公式叫做存在構件，而公式

$$∼E∼(P→Q)∧E(P∧R)→E(Q∧R)$$

則是這些存在構件的真值函項。這四個存在構件共有2^4個真假組合。從這些組合計算待判定公式的真值表時，需要根據如下的真值表，其中1表示真，0表示假。

E (P∧Q)	E (P∧∼Q)	E (∼P∧Q)	E (∼P∧∼Q)	EP	E∼P	E (P∧Q)	E (P∨Q)	E (P→Q)	E (P↔Q)	E (P∨∼P)	E (P∧∼P)
1	1	1	1	1	1	1	1	1	1	1	0
1	1	1	0	1	1	1	1	1	1	1	0
1	1	0	1	1	1	1	1	1	1	1	0
1	1	0	0	1	0	1	1	1	1	1	0
1	0	1	1	1	1	1	1	1	1	1	0
1	0	1	0	1	1	1	1	1	1	1	0
1	0	0	1	1	1	1	1	1	1	1	0
1	0	0	0	1	0	0	1	1	1	1	0
0	1	1	1	1	1	0	1	1	0	1	0
0	1	1	0	1	1	0	1	1	1	1	0
0	1	0	1	0	1	0	1	1	0	1	0
0	1	0	0	0	0	0	1	1	1	1	0
0	0	1	1	0	1	0	1	1	0	1	0
0	0	1	0	0	1	0	1	1	1	1	0
0	0	0	1	0	1	0	0	1	0	1	0
0	0	0	0	0	0	0	0	0	1	1	0

根據上表，我們可以得到下表：

E(P∧Q ∧R)	E(P∧~Q ∧R)	E(P∧~Q ∧~R)	E(~P∧Q ∧R)	E(P∧R)	E~(P→Q)	E(Q∧R)
1	1	1	1	1	1	1
1	1	1	0	1	1	1
1	1	0	1	1	1	1
1	1	0	0	1	1	1
1	0	1	1	1	1	1
1	0	1	0	1	1	1
1	0	0	1	1	0	1
1	0	0	0	1	0	1
0	1	1	1	1	1	1
0	1	1	0	1	1	0
0	1	0	1	1	1	1
0	1	0	0	1	1	0
0	0	1	1	0	1	1
0	0	1	0	0	1	0
0	0	0	1	0	0	1
0	0	0	0	0	0	0

把上表後三項的真值組合中相同的真值組合去掉,得到下表：

E(P∧R)	E~(P→Q)	E(Q∧R)	~E~(P→Q)	~E~(P→Q) ∧E(P∧R)	~E~(P→Q) ∧E(P∧R)→ E(Q∧R)
1	1	1	0	0	1
1	0	1	1	1	1
1	1	0	0	0	1
0	1	1	0	0	1
0	1	0	0	0	1
0	0	1	1	0	1
0	0	0	1	0	1

由於待判定公式恒取值為 1，則它是量化性質邏輯中的重言式，即量化性質邏輯中的邏輯真理或邏輯規律。除此之外，量化性質邏輯中還有下述邏輯真理：

I 組：表達 U 與 E 關係的規律

1. U～P↔～EP

2. ～U～P↔EP

3. ～UP↔E～P

4. UP↔～E～P

II 組：有關 U 和 E 的∧、∨分配律

5. U(P∧Q)↔UP∧UQ

6. E(P∨Q)↔EP∨EQ

7. UP∨UQ→U(P∨Q)

8. E(P∧Q)→EP∧EQ

III 組：傳統三段論除 darapti, bramantip, felapton 和 fesapo 之外的其他有效式。

IV 組：上面提到的四個三段論有效式的修正形式

1. EP∧U(P→Q)∧U(P →R) →E(R∧Q)

2. EP∧U(P→Q)∧U(Q→R)→E(R∧P)

3. EP∧U(P→～Q)∧U(P→R)→F(R∧～Q)

4. EP∧EQ∧U(P→～Q)∧U(Q→R)→E(R∧～P)

除了上述這些邏輯真理之外，性質邏輯當然還有其他的邏輯真理。並且，如上所述的分配範式和真值表方法也完全適用於通常的一元謂詞演算。這裡以∀x(A→B)→(∀xA→∀xB)為例。先消除全稱

量詞：

$$\sim Ex \sim (A \rightarrow B) \rightarrow (\sim Ex \sim A \rightarrow \sim Ex \sim B)$$

其中$\sim(A \rightarrow B)$以A、B為基項的完全析取範式為$A \wedge \sim B$，$\sim A$以A、B為基項的完全析取範式為$\sim(A \wedge B) \vee (\sim A \wedge \sim B)$，$\sim B$以A、B為基項的完全析取範式為$(A \wedge \sim B) \vee (\sim A \wedge \sim B)$。由此得到三個不同的存在構件：$E(A \wedge \sim B)$，$E(\sim A \wedge B)$，$E(\sim A \wedge \sim B)$，由此可構造下述真值表：

$E(A \wedge \sim B)$	1	1	1	1	0	0	0	0	
$E(\sim A \wedge \sim B)$	1	1	0	0	1	1	0	0	
$Ex(\sim A \wedge \sim B)$	1	0	1	0	1	0	1	0	
$Ex \sim (A \rightarrow B)$	1	1	1	1	0	0	0	0	
$Ex \sim A$	1	1	1	0	1	1	1	0	
$Ex \sim B$	1	1	1	1	1	0	1	0	
$\sim Ex \sim (A \rightarrow B)$	0	0	0	0	1	1	1	1	
$\sim Ex \sim A$	0	0	0	1	0	0	0	1	
$\sim Ex \sim B$	0	0	0	0	0	1	0	1	
$\sim Ex \sim A \rightarrow \sim Ex \sim B$	1	1	1	0	1	1	1	1	
$\sim Ex \sim (A \rightarrow B) \rightarrow (\sim Ex \sim A \rightarrow \sim Ex \sim B)$	1	1	1	1	1	1	1	1	

所以，$\forall x(A \rightarrow B) \rightarrow (\forall x \rightarrow \forall xB)$ 是一元謂詞邏輯的重言式，即邏輯真理。

馮・賴特起初對上述方法應用於關係邏輯表現得很樂觀，認為可以為關係邏輯找到一套判定程序。但所遇到的困難大大出乎他的預料，他花費三、四年時間仍未取得成功。最後是由他的弟子欣迪

卡在其博士論文《謂詞演算中的分配範式》(1953)中解決了此問題。
欣迪卡證明一階謂詞邏輯的每一個公式都有其分配範式，並且他還
研究了分配範式的存在構件的邏輯性質。馮・賴特之所以想把邏輯
真理刻畫為重言式，給邏輯真理以有窮主義的說明，是因為他急於
想把邏輯和數學區別開來。按照魏爾的說法，「數學是無窮的邏輯」。
馮・賴特直到晚年仍然認為，魏爾的這句話隱藏著深刻的真理。

5.2　語義悖論研究

悖論的英文詞是Paradox和antinomy。按馮・賴特的說法，「一個
命題是悖論，當且僅當，從假定該命題為真或者為假出發，可以合
乎邏輯地推出：如果它為真則它為假，如果它為假則它為真。」 ❼
1926年，英國數學家拉姆塞把所有悖論分為兩類：邏輯—數學悖論
和語義悖論。前者涉及類、集合、關係、函數等邏輯和集合論的觀
念，包括布拉里—福蒂悖論、康托爾悖論和羅素悖論等；後者涉及
真假、定義、名稱、意義等認識論和語言學的觀念，包括說謊者悖
論、理查德悖論、格雷林悖論等。馮・賴特在《他謂悖論》(1960)
和《說謊者悖論》(1963)兩篇論文 ❽ 中，對語義悖論作了一些探討，
闡述了下述主要觀點：悖論是從暗中假定的虛假前提出發進行合乎
邏輯推導的結果，它使我們終於認識到某些看似天經地義的假設、
信念、前提的虛假性，從而對人類認識的進步作出了貢獻。

---

❼　G. H. von Wright, *Truth, Knowledge and Modality*, Basil Blackwell, 1984, p. 40.

❽　均載於G. H. von Wright, *Philosophical Logic*,前篇見於pp. 1–24；後篇見於pp. 25–33.

5.2.1 他謂悖論

所謂他謂悖論(the heterological paradox)，是由德國人格雷林(Kurt Grelling) 於1908年提出並發表的，所以亦稱格雷林悖論。可把所有形容詞分為兩類：一類是對於自身適用的，如 "pentasyllabic"（五個音節的），「中文的」，「短的」；一類是對於自身不適用的，如 "monosyllabic"（單音節的），「英文的」，「紅色的」。前一類詞稱為「自謂的」(autological)，後一類詞稱為「他謂的」(heterological)。現在的問題是：「他謂的」這個詞本身是自謂的還是他謂的？人們通常認為這個詞不是自謂的就是他謂的。假如它是自謂的，即適用於自身的，則它是他謂的；假如它是他謂的，則它也適用於自身，即它是自謂的。結果是：他謂的是自謂的，當且僅當，他謂的是他謂的。這是一個明顯的悖論。

馮・賴特認為，表述他謂悖論的上述方式是表面的，並且是嚴重致人迷誤的，它假定了關於此悖論的真實表述會促使我們去懷疑的很多東西。馮・賴特通過定義相關概念，以更精確的形式表述了這個悖論，具體提出了兩種表述：非形式表述和形式表述。

5.2.1.1 非形式表述

馮・賴特指出，他謂悖論是一種語義悖論，它涉及語言表達式與其意義的關係，只不過這裡的語言表達式是詞(word)，詞的意義則是它所表示、指稱、命名的性質(property)。詞是性質的名稱，例如「紅色的」、「新的」、「動物」等等；並且詞本身也可以有性質，例如它包含多個字母和多個音節，它是長的或短的，它在某個語境中出現一次或多次，等等。於是就有可能出現這種情況：詞是某種性質的名稱，並且其自身恰好也具有該性質，例如"polysyllabic"（多

音節的）本身是多音節的，「名詞」本身也是一個名詞。當然也有大量的詞是某種性質的名稱，但自身並不具有該性質，例如「圓的」本身不是圓的，「美元」本身不是美元。前一類詞叫做「自謂的」，後一類詞叫做「他謂的」。「自謂的」可以精確定義如下：

D1　x是自謂的，當且僅當，x是某種性質的名稱並且x具有該性質。

利用D1，可以定義「他謂的」如下：

D2　x是他謂的，當且僅當，並非x是自謂的。

在D2中，用D1中「自謂的」的定義項替換「自謂的」一詞，於是得到：

D3　x是他謂的，當且僅當，並非x有某種性質並且x是該種性質的名稱；這等於說，或者x不是任何性質的名稱，或者它是某種性質的名稱但本身不具有該性質。

馮・賴特指出，從D1–D3可以看出，「自謂的」和「他謂的」這兩個詞可以交互定義，因此原則上可以只要一個而省略掉另一個。並且，上述定義中變元x的值域(range)叫做相應定義的論域，它有三種選擇：一是x代表事物，即能夠具有某種性質的東西，x的值域由所有事物組成；二是x代表詞，x的值域由所有詞組成；三是x代表性質的名稱，x的值域由所有表示性質的詞組成。馮・賴特本人傾向於第三種選擇。

馮・賴特指出，悖論產生的根源在於把「自謂的」或「他謂的」概念應用於「他謂的」一詞。我們問：「他謂的」一詞是自謂的還是他謂的？現在考慮「他謂的」這個詞是他謂的這個論題。我們有必要先指出：當把包含一自由變元的定義應用於處在該變元值域內的個別事物時，用來替換定義中變元的是處於變元值域內的事物的

名稱，而不是事物本身；同理，如果定義所應用的事物是名稱時，用來替換定義中變元的就必須是名稱的名稱，必須給它加引號。於是，用「他謂的」一詞替代D3中的x時，我們得到如下的等價式：

「他謂的」是他謂的，當且僅當，並非「他謂的」具有某種性質並且是該種性質的名稱。

現在來判定「他謂的」是他謂的這一論題究竟是為真還是為假。我們先嘗試性地假定：「他謂的」一詞命名了那種他謂性質 (heterologicality)，即一事物如果不是自謂的就會具有的性質。「他謂的」是他謂的這一論題的真實性於是就取決於：「他謂的」一詞究竟是否具有它被認為命名了的性質？說「他謂的」是他謂的，等於說並非「他謂的」有它所命名的性質；而說「他謂的」有它所命名的性質，等於說「他謂的」是他謂的。上述論題的成真條件因此變成：

「他謂的」是他謂的，當且僅當，並非「他謂的」是他謂的。

用命題演算的符號表示，即$p \leftrightarrow \sim p$。如果p或者真或者不真，那麼說p真當且僅當p不真，就等於說p既真又不真。因此，上述的$p \leftrightarrow \sim p$是一個明顯的矛盾。馮・賴特把所謂的他謂悖論就理解為：「他謂的」是他謂的這一論題的成真條件是一個邏輯矛盾。

常常有這樣一種說法：我們在悖論中證明 (prove) 了一個矛盾。馮・賴特強調指出，在任何情況下，我們都不能說已經證明了一個矛盾，因為矛盾就其本性而言是不能證明的東西。「證明」一詞的意義自動排除了證明矛盾的說法。正確的說法是：我們已經推導出 (derived) 一個矛盾，即從某些前提出發合乎邏輯地得出了矛盾。於是，在產生悖論的過程中，某些東西已被證明了。但所證明的不是矛盾，而是某個真命題，這個真命題具有條件命題的形式，例如在他謂悖論那裡所證明的是：

如果「他謂的」一詞命名一事物所具有的某種性質，當且僅當它不是自謂的，那麼，「他謂的」是他謂的當且僅當它不是他謂的。

我們可以用命題演算符號將這個真條件命題表示為 $p \rightarrow (q \leftrightarrow \sim q)$。由於$(q \leftrightarrow \sim q)$是矛盾，即邏輯假的命題，它對於"q"的一切取值都假，顯然當 "q" 以「『他謂的』是他謂的」為值時也為假。因此，「『他謂的』是他謂的，當且僅當並非『他謂的』是他謂的」這一命題也是邏輯假的。根據否定後件律，我們就否證(disprove)了該條件命題的前件：「『他謂的』命名一事物所具有的某種性質，當且僅當它不是自謂的。」而這又等於證明了下述命題：

並非：「他謂的」命名一事物所具有的某種性質當且僅當它不是自謂的。

而這個命題等於說：「他謂的」一詞並沒有命名某種性質，更明確地說，一事物是他謂的，並不構成該事物的任何一種「性質」。這就是導致他謂悖論的那個邏輯推理過程最終所確立或證明的結論。

5.2.1.2　形式表述

有人可能會提出，我們在討論格雷林悖論時所達到的結論，依賴於我們選定的表述這個悖論的特殊方式，即依賴於這種表述的「非形式」特徵，它利用了「性質」、「事物」這些未經嚴格定義的概念。為了對付這種可能的指責，馮・賴特又對格雷林悖論作了形式化表述和討論，即在一個形式演算內處理這一悖論。

該形式演算包括下列要素：

A. *初始符號*

　　1.真值聯結詞：$\sim$，$\wedge$，$\vee$，$\rightarrow$，$\leftrightarrow$

　　2.T–符號：a, b, c,⋯

　　3.P–符號：A, B, C,⋯

　　4.引號：" "

　　5.N符號："A"，"B"，"C"，⋯

B. *形成規則*

　　1.把一T–符號直接置於P–符號的左邊，由此得到的複合式是原子公式，如Aa, Ba。

　　2.一P–符號後跟一個N符號，由此得到的是原子公式，如A"B"。

　　3.若α、β是原子公式，則$\neg\alpha$，$\alpha\wedge\beta$，$\alpha\vee\beta$，$\alpha\rightarrow\beta$，$\alpha\leftrightarrow\beta$是複合公式。

原子公式和複合公式通稱公式。

C. *定義*

　　若用X表示任一P–符號，則可通過下述定義引入希臘字母Ψ：

D1　Ψ"X"$=df \sim$X"X"

這裡需要作一些解釋。上面所說的 T– 符號是事物 (thing) 符號，表示任一個體；P–符號則是性質(property)符號，表示個體所具有的任一性質；N符號則是相應P–符號的名稱，它類似於T–符號，可以與P–符號一起形成原子公式。而希臘字母Ψ則相當於P–符號，因為它後面跟一N符號時為原子公式，如Ψ"A"。

D. 公理

命題演算的一組公理，只不過要求用如上所述的原子公式去替代此組公理中的命題變元。

E. 變形規則

1.代入規則：公理或定理中的一個T–符號可以處處用另一T–符號代入；一P–符號可以處處用另一P–符號代入。

2.分離規則：從α和α→β推出β。

從本演算的公理出發，經使用代入規則和分離規則（以及定義置換）所得到的公式，是本演算的定理。

顯然，公式～A"A"↔～A"A"是本演算的定理，因為它只不過是重言式p↔p的代入特例。在此定理中，根據D1用Ψ"A"置換～A"A"，得到～A"A"↔Ψ"A"，再用 Ψ 處處代換 A，由此得到 ～Ψ"Ψ"↔Ψ"Ψ"。而這是一個矛盾，即格雷林悖論。

我們當然希望我們的演算不包含任何矛盾，因此應該想辦法去掉它。首先要做的是弄清楚它是如何產生的。顯然，導致矛盾的最後步驟是代入。根據前面表述的代入規則，此步代入是不允許的。因為代入規則只是說P–符號可以用P–符號代入，而我們前面並沒有把Ψ在可代入性方面看作是與P–符號同類型的符號，儘管它在與N符號結合可構成公式這一點上與P–符號類似。相反，用Ψ代換P之後產生矛盾，就足以表明不能把Ψ看作是某種P–符號。

這種避免矛盾（悖論）的方式與非形式表述中不把「他謂的」看做表示性質的詞的做法是一致的。就「他謂的」一詞可以用來形成主謂式命題而言，它是與表示性質的詞類似的，但不能因此把它當作一個性質詞，因為有些事物對於任一性質詞的意義為真，對於

「他謂的」一詞的意義卻不真。我們當然也可以根據Ψ與其他P-符號的類似，把Ψ看做是一個P-符號，但這樣一來P-符號就有兩種不同涵義：在一種涵義上，P-符號就是可以出現在合式公式中T-符號或N符號左邊的任何東西；在另一種涵義上，P-符號是可以用來代換處於定理中T-符號或N符號左邊的符號的任何東西。Ψ至多在第一種涵義上是P符號，而在第二種涵義上仍不是P符號。這正是我們前面所說的意思。

5.2.2　說謊者悖論

說謊者悖論是已知最古老的悖論。早在西元前 6 世紀就由古希臘哲學家埃庇門尼德(Epimenides)提出。他說了這樣一句話：

> 所有的克里特島人都說謊。

而他本人也是克里特島人之一。他說的這句話是真的還是假的？如果這句話為真，則所有克里特島人都說謊，則他也說謊，所以這句話為假；如果這句話為假，則有的克里特島人不說謊，埃庇門尼德可能就是這些不說謊的克里特島人之一，所以這句話可能為真。顯然，從這句話為真可邏輯地推出它為假，但從這句話為假不能邏輯地推出它為真。因此，這句話還不是嚴格意義上的悖論。

西元前 4 世紀時，古希臘麥加拉學派創始人歐布里德 (Eubulides)將上述悖論加以改造，得到了「強化的說謊者悖論」：

> 我正在說的這句話是假的。

若這句話真，則它所說的是事實，所以它假；若這句話假，則它所說的不是事實，所以它真。於是，它真當且僅當它假。這就成為一嚴格意義上的悖論了。

波蘭邏輯學家塔斯基(A. Tarski)以更清楚、明白的形式表述了說謊者悖論。他指出，一個語句的真實性定義必須滿足如下的T等式：

T　x是真的當且僅當p。

這裡，p是語句變項，代表任一有真假的語句，x則代表這一語句的名稱。語句名稱可以是結構摹狀型的，也可以是引號型的，即用 "p" 去指稱語句p。據T等式，於是有：

"p"是真的，當且僅當p。

舉例來說，若用「雪是白的」這個具體命題代入上式中的p，則有：

「雪是白的」是真的，當且僅當雪是白的。

顯而易見，T等式與人們關於語句真實性的直覺觀念是一致的。

現在，我們令符號C作為「C不是一個真語句」這個表達式的縮寫。於是我們有：

(α)「C不是一個真語句」等同於C。

據T等式，我們又有

(β)「C不是一個真語句」是一個真語句，當且僅當，C不是一個真語句。

從前提(α)和(β)，我們立刻得到一個矛盾：

(γ)C是一個真語句，當且僅當，C不是一個真語句。

塔斯基的嚴格表述表明，悖論並不是僅從一句話或一個命題推

出的，實際上它還使用了某些暗中假定或接受的前提，例如上述的T等式。

馮・賴特在《說謊者悖論》一文中，提出了一個與塔斯基表述類似的表述，他稱之為「精緻的」(sophisticated)表述。所考慮的悖論式命題是：

這個語句不是真的。

馮・賴特指出，有三種提到這個悖論式命題的方法：一是用它的引號名稱「這個語句不是真的」，二是用它本身的前四個字「這個語句」，三是用「開頭語句」(the top sentence)。這三種方法實際上用到了該命題的三種不同名稱。

由上述悖論式命題再加下述三個前提：

⑴"p"是真的當且僅當p。

⑵「這個語句不是真的」是真的，當且僅當，這個語句不是真的。

⑶「這個語句不是真的」=這個語句。

可以得到一個矛盾。

⑷這個語句是真的，當且僅當，這個語句不是真的。

對於如上表述的悖論，人們還可以提出許多異議和反對意見。批評首先是針對其中所使用的「語句」概念。有人會問：為什麼不用「這個命題不是真的」，或者「這個陳述不是真的」呢？語句是真值載體即能夠為真為假嗎？馮・賴特的答覆是：「我認為，必須承認在首要的意義上真值是陳述(statements) 和命題(propositions) 的屬性，僅僅在派生的意義上才能說語句是真的或假的。」❾這樣一

來，上述表述中的「語句」一詞最好換成「陳述」或「命題」。 但
馮・賴特建議，我們可把悖論式命題簡單表述為：

　　這不是真的。

從而避開爭論、減少麻煩。從這個悖論式命題出發，如果再用 "p"
表示任一語句，用"that p"表示由該語句所表述的命題，則說謊者悖
論的精緻表述可以進一步簡化成這樣四個命題：

　　(1′)That p是真的，當且僅當p。

　　(2′)That這不是真的是真的，當且僅當，這不是真的。

　　(3′)That這不是真的=這。

　　(4′)這是真的當且僅當這不是真的。

　　我們還可以用 t 指稱命題p，由此推廣(1′)所述的關於真的一般
條件：

　　(1″)如果"t"指稱命題p，那麼t是真的當且僅當p。

在(1″)中用「這」代"t"，用「這不是真的」代"p"，我們得到：

　　(2″)如果「這」指稱命題「這不是真的」，那麼，這是真的當且
僅當這不是真的。

　　我們再加入前提：

　　(3″)「這」指稱命題「這不是真的」。

從(2″)和(3″)根據肯定前件式，得到：

　　(4″)這是真的當且僅當這不是真的。

而這是一個矛盾，由此完成了說謊者悖論的構造和表述。它與此前
的表述相比有兩個優點：它更明顯，並且它不依賴於可能受到懷疑

---

❾　G. H. von Wright, *Philosophical Logic*, p. 27.

的同一可替換性原則。

　　既然由(2″)和(3″)推出一個矛盾(4″)，而矛盾在我們的邏輯中是恆假的，即

　　(5)並非這是真的當且僅當這不是真的。

根據否定後件律，可以得到：

　　(6)並非「這」指稱命題「這不是真的」。

　　馮·賴特指出，如果我們認為說謊者悖論證明了什麼東西的話，所證明的東西肯定不是矛盾命題，因為矛盾就其本性而言是不可證明的，矛盾只能偶爾從前提經邏輯推理推演出來。所證明的東西是(6)，即「『這』指稱命題『這不是真的』」為假，悖論的產生就源自於這個虛假前提。

5.2.3　辯護和澄清

　　馮·賴特處理他謂悖論和說謊者悖論的共同特點是：通過對這兩個悖論的精確表述，證明若假定某些前提，則會邏輯地導致矛盾即悖論，矛盾在邏輯中是不允許的，因此根據否定後件律，相應的前提必不成立。在他謂悖論那裡，所否定的前提是：「他謂的」一詞表示、命名、指稱某種性質如他謂性質，從而證明「他謂的」一詞並不指稱任何性質。在說謊者悖論那裡，所否定的前提是：「這」指稱命題「這不是真的」。馮·賴特的上述論證的結論是不可避免的嗎？針對可能會提出的異議和批評，馮·賴特作了辯護和澄清。

　　在他謂悖論那裡，人們懷疑「『他謂的』一詞不指稱任何性質」這一結論的不可避免性，無非是懷疑達到這一結論的手段的可靠性，這些手段分為兩組：一是少數幾個邏輯原則，如矛盾律和否定後件律，一是關於「自謂的」和「他謂的」定義。馮·賴特認為，懷疑

邏輯原則從而認為某些命題可以既真又不真，或者既不真也不不真，是不可想像的，因而人們至多可以去懷疑定義D1–D3的適當性。而馮·賴特認為，關於「自謂的」定義D1，像人們對於任何定義所能希望的那樣好和那樣可靠；關於「他謂的」定義D2和D3，只不過是引入一個新詞 "heterological"（他謂的）去代替兩個詞 "not autological"（非自謂的），這也是絕對無可置疑的。因此，要懷疑上述結論的可靠性，除非發現推理過程中還使用了另外的暗含前提。馮·賴特認為，這種可能性幾乎可以忽略不計。

有人可能不去反對導出結論的必然性，而是反對結論本身的真實性。關於他謂悖論，他們可能這樣提出問題：「'penlasyllabic'（多音節的）是自謂的」，「'monosyllabic'（單音節的）是他謂的」都是真實的主謂式命題。一般認為，在真實的主謂式命題中，一種性質被斷定於或歸屬於一個事物，為什麼我們不能承認在「'monosyllabic' 是他謂的」中，人們也是把一種性質即他謂性(heterologicality)歸屬於 "monosyllabic" 這個詞呢？馮·賴特的答覆簡單說來是這樣：承認「他謂的」一詞命名一種性質則會導致悖論，這就是不能承認它命名一種性質的理由。因為謂詞演算就是關於性質和關係的一般理論，它為性質概念提供了「隱定義」和識別標準，其中之一就是矛盾律：沒有任何性質能夠既屬於又不屬於同一事物。

在說謊者悖論那裡，人們也許會問：為什麼「這」不指稱命題「這不是真的」呢？人在語義上是萬能的 (semantic omnipotence)，他可以通過任意的約定用任何詞或短語去指稱任何事物，當然也可以用「這」去指稱命題「這不是真的」了。因此，我們不能拒絕(3″)而接受它的矛盾命題(6)為真。馮·賴特對此的答覆是：人的「語義萬能」實際上是有條件、受限制的；在不違反矛盾律的前提下，他

可以用任意的詞或短語去表示、指稱任何東西。但是，假若用某個詞或短語去表示、指稱某個事物導致矛盾，這就是不能如此使用詞或短語的理由。在馮・賴特看來，矛盾律和排中律是思維的基本規律和最高準則。

馮・賴特指出，稍加觀察就會發現，他謂悖論源自於回答「『他謂的』是不是他謂的?」這一問題，而「『自謂的』是自謂的還是他謂的?」並不導致悖論。羅素悖論源自於「所有不自屬的集之集是否自屬?」這一問題，而「所有自屬的集之集是否自屬?」並不導致悖論。類似地，說謊者悖論是從「這個命題不是真的」這一命題中產生的，而從「這個命題是真的」卻不會產生任何悖論。於是，馮・賴特總結說：「否定性概念在這三個悖論的構成中起了關鍵性作用。」這裡，「他謂的」這一概念的否定性在於：說一個事物是他謂的，不是根據它有什麼特徵，而是根據它不具有什麼特徵。羅素悖論和說謊者悖論中所包含的否定性也可作類似分析。

馮・賴特指出，擺脫格雷林悖論和羅素悖論的途徑，就是斷言這些悖論所涉及的否定性質不是謂詞演算意義上的性質；擺脫說謊者悖論的途徑是，斷言其中所涉及的否定命題不是命題演算意義上的命題。這些否定性概念與通常意義上的概念屬於不同的邏輯類型。這也就是說，當"P"命名一種性質時，「非P」並不總是也命名一種同類的性質；當"p"表達某個命題時，「非p」並不總是表達同一意義上的命題。當此類情況發生時，馮・賴特把含有否定詞的短語所命名的實體叫做「本質否定的(essentially negative)」。如果某個概念或命題導致悖論，它們所命名的實體就是「本質否定的」。

馮・賴特關於悖論的觀點，與「不允許自我指稱」、「禁止惡性循環」等看法是有差別的。有人認為，說謊者悖論源自於自我指稱，

因此他們主張「語句不能談論它自身」。對此，馮・賴特指出，這一建議對解決悖論不可能有什麼幫助，並且它還是假的。因為語句完全能夠很好地談論自身，並且語句關於自身的談論有時是真的，有時是假的或不真的。例如，「這個語句是用漢語書寫的」，「這是一個語法上正確的句子」，「這是一個英語句子」等等。在這些句子中，指示代詞「這」既是句子中的一部分，又指稱整個句子，由這些語句所表達的相應命題具有確定的真假值。

下面一段話，表明了馮・賴特對悖論和悖論研究的一般看法：「……邏輯悖論並不要求解決悖論的任何『一般理論』——無論它是邏輯類型區分的學說，禁止惡性循環原則，還是關於概念定義的某些另外的一般限制。悖論並不表明我們目前所知的『思維規律』具有某種疾患或者不充分性。悖論並不是虛假推理的結果。它們是從虛假前提進行正確推理的結果，並且它們的共同特徵似乎是：正是這一結果即悖論，才使我們意識到（前提的）假。倘若不發現悖論，前提的假可能永遠不會為我們所知——正像人們可能永遠不會認識到分數不能被 0 除，除非他們實際地嘗試著去做並達到自相矛盾的結果。」❿

5.3　衍推研究

「衍推」(entailment)作為邏輯和哲學的專門術語，最早是由摩爾在《外在關係和內在關係》一文⓫中提出的。摩爾說：「當我們斷

---

❿　G. H. von Wright, *Philosophical Logic*, P. 24.

⓫　載*Proceedings of the Aristotelian Society*, 20, 1919–20. 經某些修改後，重印於 G. H. Moore: *Philosophical Studies*, London, 1922.

定某個特定命題q是從某個特定命題p推出，或者q從p演繹得到時，我們需要某個詞去表達我們斷定在q和p之間成立的那種關係的逆。讓我們用『衍推』這個詞去表達這種關係的逆。」 這就是說，如果q從p推出，或q從p演繹得到，則我們稱p衍推q。顯然，衍推是與條件命題、推理、演繹關係等等聯繫在一起的，而邏輯是研究推理形式有效性的科學，於是衍推便成為邏輯學和哲學中的熱門話題。馮・賴特分別於1957年和1959年發表《衍推的概念》 **⑫** 和《關於衍推的評注》 **⑬** 兩文，批判地考察了歷史上對衍推的已有說明，提出了自己關於衍推的新穎獨到的觀點，在某種意義上成為相干邏輯的先驅。

5.3.1 實質蘊涵作為衍推

安德森(A. R. Anderson)指出：「應該注意的是，在從事發展我們今天所知的數理邏輯時，所有那些大家們都認為：實質蘊涵是『可演繹關係的逆』」，即他們是把實質蘊涵當做摩爾後來所說的「衍推」來處理的。 **⑭** 例如，在弗雷格那裡，

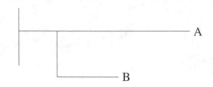

和

---

⑫ 收入G. H. von Wright, *Logical Studies*, pp. 166–191.

⑬ G. H. von Wright, "A Note on Entailment", *Philosophical Quarterly* 9, 1959, pp. 363–365.

⑭ 參見*The Philosophy of G. H. von Wright*, pp. 582–595.

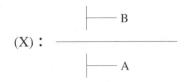

(X)：

同時允許條件句讀法和可演繹性讀法:「如果 B 則 A」,「A 從 B 推出」,「A從B演繹得到」等。羅素在《數學原理》中指出:「當一命題q從命題p推出, 使得如果p是真的q必定也是真的, 我們就說p蘊涵q。」 ❻ 他還指出, 蘊涵理論就是「一個命題如何能夠從另一命題推出的理論」; ❼ 推理是一種斷定, 它是對於蘊涵的消解, 在蘊涵關係中僅僅被假設性提出的東西, 在推理行為中被直言地斷定了。❼ 塔斯基也持有類似的看法。❽ 正因如此, 馮・賴特考察了實質蘊涵作為衍推的適當性問題。

所謂實質蘊涵, 是指這樣一種觀點, 認為p→q只在p真q假時為假, 在其他情況下, 即p真q真、p假q真、p假q假時都是真的。如果把實質蘊涵當做衍推, 即把p→q讀作「p衍推q」, 則會導致許多實質蘊涵悖論, 例如

(1)p→(q→p)　任一命題衍推真命題

(2)～p→(p→q)　假命題衍推任一命題

---

❻　A. N. Whitehead and B. Russell, *Principia Mathematua*, vol. 1, 2nd edition, Cambridge, 1925, p 94, p. 9.

❼　B. Russell, "The Theory of Implication", *American Journal of Mathematics*, 28, 1906, p. 159.

❼　同❻。

❽　參見塔斯基:《邏輯和演繹科學方法論》, 商務印書館1963年版, 頁21。

(3) p→(q→(p↔q))　任意兩個真命題相互衍推

(4) ～p→(～q→(p↔q))　任意兩個假命題相互衍推

　　馮・賴特指出，蘊涵悖論最好這樣來表述：如果衍推和實質蘊
涵是一樣的，則命題之間的衍推關係能夠僅僅根據相應命題的真值
而成立。

　　約翰遜(W. E. Johnson)在他的《邏輯》一書(1922)中，最先提
出了「蘊涵悖論」(paradoxes of implication) 一詞，但認為「悖論」
是無害的，因為它們不能合法地用於推理的目的。他的論證如下：
就(1)來說，從～p可有效地推出p→q。從p和p→q可有效地推出q。
但是，如果p→q已經從～p推出，我們再也不能把如此推出的p→q
與p結合在一起進行推理，否則將導致矛盾p∧～p。就(2)來說，從q
可有效地推出p→q。但是，如果p→q已經從q推出，我們就不能再
用如此推出的p→q與p一起推出q，否則就會造成邏輯循環。於是，
約翰遜指出，「悖論的解決方案因此可以在下述考慮中找到，儘管
我們可以正確地從它的蘊涵者的否定，或者從它的被蘊涵者的肯定
推出一蘊涵式，但如此得到的蘊涵式不能再應用於其他推理中，否
則會導致矛盾或循環的邏輯謬誤。」❿

　　馮・賴特評論說，約翰遜的上述論證是機智的和相當正確的，
但它並沒有證明衍推歸根結底就是實質蘊涵。馮・賴特自己的觀點
是：實質蘊涵悖論構成了把衍推等同於實質蘊涵的障礙，並且這一
障礙不能通過有關這些悖論的「推理無害性」的考慮而消除。

---

❿　W. E. Johnson, *Logic*, Cambridge, 1922, Part I, Ch. iii, § 7.

5.3.2　嚴格蘊涵作為衍推

嚴格蘊涵是與美國邏輯學家劉易斯 (C. I. Lewis) 的名字連在一起的。劉易斯不滿意弗雷格、羅素系統的中心概念——實質蘊涵，認為對於蘊涵的這樣一種理解與對於蘊涵的直覺理解相距太遠，並且也太弱了，應該加強。1912年，他發表《蘊涵和邏輯代數》一文，提出嚴格蘊涵概念。他用 "～" 表示不可能，用 "—" 表示否定，用「⤙」表示嚴格蘊涵，並且把後者定義為

$$A \prec B =_{df} \quad \sim (A-B)$$

此後數年內，他致力於構造嚴格蘊涵演算，實際也就是構造模態命題演算，從而導致現代模態邏輯的真正創立。劉易斯認為，他的嚴格蘊涵系統「與任何現存的系統相比，其基本優勢就在於這一事實：它的蘊涵的意義恰好就是日常的推理和證明的意義」。[20]

如果把嚴格蘊涵當作衍推，那麼，它儘管可以避免「任一命題衍推真命題」之類的實質蘊涵悖論，卻又產生了自己本身的悖論——嚴格蘊涵悖論。例如

⑴ $Np \to (q \prec p)$　任一命題衍推必然命題
⑵ $\sim Mp \to (p \prec q)$　不可能命題衍推任一命題

馮・賴特指出，實際上嚴格蘊涵悖論應該這樣來表達：如果衍

---

[20]　C. I. Lewis, "Implication and the Algebra of Logic", *Mind*, 21, 1912, p. 531.

推和嚴格蘊涵是同一的，則命題之間的衍推關係能夠只根據相應命題的模態性質（不可能性、可能性、必然性等）而成立。他認為，正如實質蘊涵悖論對於把實質蘊涵等同於衍推這一做法是災難性的一樣，嚴格蘊涵對於把嚴格蘊涵視作衍推這一做法也是災難性的。

劉易斯辯護說，這些悖論的發現並沒有拒斥他的理論，「這些嚴格蘊涵悖論所表示的公式是令人驚訝的，但仍然是邏輯中有效的原理。」它們對於衍推概念是真實的：「在『蘊涵』的日常意義上，一個不可能命題蘊涵任何命題和每一個命題。」[21]劉易斯為此還提出了論證。但馮・賴特認為，他的論證是不成功的。後來有人如帕普(Arthur Pap)提出了另外的論證，即認為這些悖論對於推理來說是無用的。帕普指出：「如果嚴格蘊涵的前件是不可能的，我們就不能使用該蘊涵式作為證明後件的根據，既然該前件是不可斷定的；如果後件是必然的，該蘊涵式作為推理規則是沒有用處的，這僅僅是因為斷定該後件不需要任何前提（它是『無條件地』可被斷定的）。但是，如果唯有通過提及推理的有用性，才能把嚴格蘊涵與衍推區別開來，那麼，下述說法就是毫無根據的：它們是不同的邏輯關係。」[22]

馮・賴特評論說，帕普的推理無用性論證類似於約翰遜的推理無害性論證，它確實是與關於衍推的理論相關的。不過，他又指出，儘管上述「嚴格蘊涵悖論」是推理無用的，但具有不可能前提的嚴格蘊涵卻不是如此。相反，它們在推理中具有特別重要的作用，這主要體現在反證法和歸謬式證明中。在反證法中，我們要證明一個

---

[21]　C. I. Lewis, *A Survey of Symbolic Logic*, Berkeley, 1918, p. 336.

[22]　A. Pap, "Strict Implication, Entailment, and Modal Iteration", *The Philosophical Review*, 64, 1955, p. 613.

命題p，其辦法是：去證明p的否定～p衍推（也就是嚴格蘊涵）某個另外命題的否定，而這個另外命題的必然性被認為是理所當然、毋庸置疑的。由此，通過否定後件式作出結論：～p是不可能的，即p是必然的。如果人們不能區分不可能命題所蘊涵的命題和所不蘊涵的命題，反證法就不能有效地運用。因為對於反證法來說，至關重要的是要弄清楚：一不可能命題應該恰好蘊涵如此這般的結論，而不是無論什麼結論。於是，承認或使用反證法，就不能把嚴格蘊涵當作衍推。

　　人們可能試圖辯護說，不可能命題能夠衍推某些結論而不是其他結論，以及不可能命題能夠衍推任何結論和每一個結論，這兩種說法談到的是不同意義的衍推。但馮・賴特對此答覆說：我們這裡感興趣的正是前一種衍推，並且只是前一種衍推。

5.3.3　相對模態作為衍推

　　人們逐漸認識到，用實質蘊涵或嚴格蘊涵來說明衍推之所以失敗，是因為實質蘊涵或嚴格蘊涵關係僅僅根據相應命題的真值或模態性質而成立，但衍推卻不能僅僅在這樣的基礎上成立，它本質上是關係概念。這一認識誘發人們的下述希望：二元或相對模態邏輯也許能夠提供關於衍推概念的適當形式化。下述事實更強化了人們的希望，即相對必然性概念並沒有產生與實質蘊涵悖論或嚴格蘊涵悖論相應的悖論。例如，在本書3.2.4節所述的二元模態邏輯系統中，下述兩者都不是定理：

　　⑴　～M(p/t)→N(q/p)　任一命題相對於一（絕對）不可能命題都是必然的。

　　⑵　N(p/t)→N(p/q)　任一（絕對）必然命題相對於任一命題都

是必然的。

如果暫時假定衍推能夠成功地等同於相對必然性，則大量明顯的衍推定理都是在二元模態邏輯系統內可證的。例如，我們能夠證明

T28　M(p/t)∧N(q/p)→M(q/t)　被絕對可能命題所衍推的命題，本身是絕對可能的。

T30　N(p/t)∧N(q/p)→N(q/t)　被絕對必然命題所衍推的命題，本身是絕對必然的。

不過，儘管我們不能證明與蘊涵悖論類似的悖論，但我們可以證明下述定理：

T40　M(q/t)∧N(p/t)→N(p/q)

因為我們已有

T12　M(q/t)→〔N(p/t)→N(p/q)〕

根據PC重言式

(p→(q→r))→(p∧q→r)

很容易從T12證T40。T40是說，任何絕對必然的命題相對於任何絕對可能的命題來說，都是必然的。這個定理在二元模態邏輯系統本身內是完全可以接受的，但一旦把相對必然性等同於衍推，它就成為一個不可接受的悖論了：任一絕對必然的命題都被任一絕對可能的命題所衍推。

人們可能會認為，T40 無論如何是比蘊涵悖論更小的悖論，因

為從它不能推出「衍推關係只根據某個命題的模態性質就能成立」，只能推出：「在適當的條件下，兩個命題的模態性質確立它們之間的衍推關係。」馮・賴特認為，僅僅後者就足以拒斥把衍推和相對必然性視為同一的建議，因為無論如何，一個命題的可能性和另一命題的必然性不足以確立它們之間的衍推關係。不過，我們可以說：相對必然性比實質蘊涵和嚴格蘊涵更接近於衍推。這一說法得到下述定理的支持：

T33　$N(q/p) \rightarrow N(p \rightarrow q/t)$　如果q相對於 p是必然的，則p嚴格蘊涵q。

這就是說，相對必然性強於嚴格蘊涵。

通過上面的分析，馮・賴特作出結論說，「看起來衍推的本質在於它是命題之間的一種關係，這種關係成立與否完全獨立於相關命題的真值或模態性質。沒有任何關於衍推的說明是令人滿意的，除非它能認真對待這種『獨立』觀念。迄今為止所討論的所有關於衍推的分析都在這方面失敗了」。[23]

馮・賴特指出，衍推是比嚴格蘊涵更強的關係，即如果p衍推q，其必要條件是p嚴格蘊涵q。那麼，p衍推q的充分條件是什麼呢？馮・賴特論述說，想到下述一點是十分合理的：如果p嚴格蘊涵q，並且p不是不可能的q也不是必然的，則p衍推q。根據模態邏輯的規律，從p嚴格蘊涵q並且p並非不可能q也並非必然，可以推出p和q都是偶然的，因為若p必然則q也必然，並且若q不可能則p也不可能。於是，偶然命題之間的嚴格蘊涵看來就是衍推的充分條件。

---

[23]　G. H. von Wright, *Logical Studies*, London, 1957, p. 177.

斯特勞森(P. F. Strawson)在《必然命題和衍推陳述》❷一文中提出，偶然命題之間的嚴格蘊涵對於衍推來說，不僅是充分的而且是必要的，並認為這一建議就能夠確保滿足如上所述的「獨立性」要求。但馮・賴特指出，斯特勞森的建議是以排除必然命題或不可能命題之間的衍推關係為代價的。在斯特勞森看來，沒有任何必然命題能夠真正地衍推另一個必然命題。因為任何說某個命題是必然的或不可能的命題，實際上都是關於語言用法的偶然命題。一命題是否必然，取決於如何使用語言，不可能命題也可作類似分析。由此可推出：表面上在必然命題或不可能命題之間成立的衍推關係，實際上是說某物必然或不可能的偶然命題之間的衍推關係。

馮・賴特不同意斯特勞森的觀點，認為他關於模態命題的語言學性質的說明是不可接受的。但馮・賴特沒有詳細展開他對斯特勞森觀點的批評，只簡單述及了兩個理由：其一是他不認為說某物必然或不可能的命題是完全關於語言用法的；其二是，即使某些命題是關於語言用法的偶然元命題，它們是偶然的這一觀念，也在一新的層次上提出了有關邏輯模態詞意義的問題。❷

5.3.4　馮・賴特本人的建議

馮・賴特提出了他自己的衍推定義：

D1　p衍推q，當且僅當，借助於邏輯，在不必知道p假或q真的情況下，我們有可能知道p→q的真。❷

---

❷　P. F. Strawson, "Necessary Propositions and Entailment-statements", *Mind*, 57, 1948.

❷　G. H. von Wright, *Logical Studies*, pp. 178–179, p. 181.

馮・賴特認為，衍推本質上是一種關係概念。p是否衍推q，與p，q本身的真假、模態性質沒有關係。因此，我們可以不知道p、q本身的真假，也可以不知道p、q本身的模態性質，卻仍有可能知道p衍推q。p與q之間的衍推關係獨立於p、q單獨所具有的任何邏輯性質。

此外，馮・賴特還認為，衍推本質上又是一個認識論概念。因為衍推是與可論證性(demonstrability)或可證明性(provability)概念內在相關的。可論證性是一個複雜觀念，首先它包括一個模態構成要素，即知道一命題真的可能性：p是可論證的，就等於說知道p真是可能的。其次它牽涉到論證的活動或行為。在這裡，馮・賴特又把「可論證」與「被論證」區別開來。如果p是被論證了的，那麼它肯定也是可論證的。但一個命題是可論證的，卻不一定是被實際論證了的。有了論證、可論證性等術語之後，上述衍推定義可以重述如下：

D2　p衍推q，當且僅當，p→q是可論證的，並且這一點獨立於論證p假或q真。

D2還可重述如下：

D3　p衍推q，當且僅當，有可能論證p→q，但既不論證～p也不論證q。

如果使用符號M表示「可能」，用D表示「論證」，於是D3又可表述為

㉖　同**㉕**。

D4　p衍推q=*df* M(D(p→q)∧～D～p∧～Dq)

馮・賴特還把衍推區分為「直接衍推」和「間接衍推」，並給出了如下定義：

> 「一命題直接衍推另一命題，當且僅當，在不借助任何其他命題的情況下，有可能證明它衍推後者。
> 一命題間接衍推另一命題，當且僅當，它並不直接衍推後者，但是若借助某些另外的命題，則有可能證明它衍推後者。」❷

舉例來說，假定我們獨立於它的前件和後件，已證明了 p∧q→r的必然性。根據我們的衍推定義，這意味著p∧q衍推r。假設我們還證明了q的必然性。根據模態邏輯規律

$$Nq∧N(p∧q→r)→N(p→r)$$

我們能夠由此證明p→r的必然性。顯然這一證明不依賴於對p和r的證明或否證，因此我們可以說p衍推r。由於我們是通過證明q來證明p衍推r的，因此p衍推r就是一個間接衍推的例子。假設我們用另外一些方式證明p衍推r，而不涉及到證明q，我們可以說：p被證明是不借助於q而衍推r的。

說一個命題獨立於另一命題是可論證的是什麼意思呢？馮・賴特回答說，D4提示了一種解答：一命題獨立於另一命題是可論證的，意味著有可能論證前一命題，而不論證後一命題。為了更清楚地理

---

❷　G. H. von Wright, *Logical Studies*, p. 189.

解「獨立於」或「不依賴」的意義，馮・賴特舉了兩個不同的例子。例如，可以說p∧～p衍推p，卻不可以說p∧～p衍推q。這是因為：根據真值表方法，我們就能證明p∧q→p是重言式。而p∧～p→p只不過是此公式的代入特例，因而也是重言式。這種對p∧～p→p的證明不依賴對其前件為假的證明，也不依賴對其後件為真的證明，因此我們可以說p∧～p衍推p。但是，如果用一真值表去證明p∧～p→q，這一真值表同時就會否證p∧～p。因此，若不否證p∧～p，即證明p∧～p為假，要證明p→q為真是不可能的。這就是說，p∧～p→q的證明不獨立於其前件的否證，所以不能說p∧～p衍推q。從這裡可以看出，馮・賴特模模糊糊地意識到了著名的「相干原理」：A衍推B，當且僅當至少有一命題變元在A和B中都出現。

　　馮・賴特沒有試圖從關於衍推的上述觀點出發，構造一套關於衍推的形式理論。但是，後來有人如安德森和貝爾納普 (N. D. Belnap)，發展出了一套這樣的理論，叫做「相干邏輯」(relevance logic)，它是現代邏輯中發展得比較成熟的一個分支。安德森早年曾是馮・賴特指導的研究生，馮・賴特對於衍推的關注及其觀點，不能不對他產生影響。安德森說，「馮・賴特幫助我們許多人，至少是我自己，感覺到這裡存在著一個真正的問題，可以對之進行精確的數學處理，外延邏輯在過去一百多年裡已經從這種處理中獲益匪淺」。[28] 也許正是在這個意義上，安德森稱馮・賴特關於衍推的思想是相干邏輯的基本觀念——相干的直接先驅，並稱相干邏輯只不過是馮・賴特思想的合法產兒。[29] 不過，也正如安德森所指出的，在

---

[28] A. R. Anderson, "von Wright on Entailment", in *The Philosophy of G. H. von Wright*, p. 600.

[29] A. R. Anderson, "von Wright on Entailment", in *The Philosophy of G.*

衍推問題上，「馮・賴特的貢獻整個說來是嘗試性和建議性質的。儘管他提出了許多有趣的和具有啟發作用的洞見，但他沒有在任何地方表明，他已經找到了解決此問題的最後解決方案，他甚至也沒有找到令他自己完全滿意的解決方案──事實上，從他的著述中，難以找到關於此問題的一清二楚的陳述。」**❸**

    H. von Wright, p. 596, p. 599.

❸   同**❷**。

第六章　倫理學和行動理論

6.1　規範、好和道德

　　道義邏輯的發明引發了馮·賴特對一般的規範和價值理論的興趣。這方面的研究成果主要體現在《規範和行動》、《好的多樣性》兩部專著以及一批相應的論文中，如《規範和規範陳述的基礎》(1965)、《論諾言》(1962)等。

6.1.1　規範的要素和類型

　　「規範」(norm)一詞在英語中有多種意義，馮·賴特用它意指像法律(law)、律令(prescription)和規章(regulation)之類的東西。他指出，「『規範』的意義之一是law（法律、規律）。」❶ 而"law"一詞至少用在三種很不相同的意義上：一是國家的法律 (laws of a state)，二是「自然規律」(laws of Nature)，三是邏輯和數學規律。馮·賴特從詞源上考察了「國家法律」和「自然規律」兩詞。在古希臘，前蘇格拉底派的自然哲學把理想的社會秩序投射到整個宇宙；而在

---

❶　G. H. von Wright, *Norm and Action*, London: Routledge and Kegan Paul, 1963, p. 1.

柏拉圖哲學中，則把和諧的宇宙秩序投射到人類社會，作為理想生活的模式和準則。因而，國家法律和自然規律兩者實際上同出一源，因而都是"law"。但馮・賴特指出，這兩者之間還是有重大差別，可以概述如下：自然規律是描述性的(descriptive)，它們描述了人們認為他們已在自然過程中發現的合乎規則性(regularity)，因而是或者真或者假的。除開隱喻性的說法外，自然並不「服從」、「遵守」它的規律。如果在實際的自然過程和相應的描述之間發生不一致，必須修改的不是自然過程，而是那些描述。而國家法律則是「規定性的」(prescriptive)，它們規定了有關人們的行動和交往的規則，本身沒有真值，其目的在於影響人們的行為。當人們違反法律時，法律背後的權威首先試圖糾正的是人的行為，只在很少的情況下才會修改法律。馮・賴特認為，描述和規定的二分可以用來給規範和非規範劃界：凡規範都是規定性的，否則就不是規範。

馮・賴特指出，規範有三種主要類型：規則、律令、指示或技術規範；還有三種次要類型：習俗、道德原則和理想規則。

⑴規則 (rules)。遊戲規則是此類規範的典型例證。玩遊戲是人類的活動，遊戲中有不同的步驟(moves)。遊戲規則決定了這些步驟，因而也決定了整個遊戲本身以及玩遊戲的行為。從遊戲本身的角度看，遊戲規則決定了哪些步驟是正確的；從玩遊戲者的角度看，該規則決定了哪些步驟是允許的。按這種方式理解，不正確的步驟對於玩遊戲者來說是禁止的；在遊戲中特定情形下唯一正確的步驟，對於玩遊戲者來說就是義務的。自然語言的語法規則是此類規範的另一個例子。與遊戲規則相比，語法規則具有更大的流動性和可變性，它們總是處於生長、變化的過程中。至於邏輯—數學規律，馮・賴特認為，它們既具有描述性成份，也具有規定性成份，但其「描

述」與「規定」的意義均與前面所說的有些不同。因此，不如把它們類比為遊戲規則，它們既不描述也不規定，而是決定(determine)某種東西。

⑵律令(prescriptions)或規章(regulations)。國家法律就是此類規範的典型例證。一般來說，此類規範總是由處於權威地位的某人或某機構向處於從屬地位的某人發出的命令或允許。例如，軍事命令、父母給孩子的命令和允許、交通管理規則等等，都是如此。規範的制訂者和發布者叫做「規範權威」(norm-authority)，它們可以是單個個人，但更多的時候是某個機構或組織，如議會、政府機關、宗教團體等。受規範制約或管制的對象叫做「規範受體」(norm-subject)，包括個人、團體、企業等。規範體現了規範權威使規範受體按某種方式行動的意志。為了使其規範為相應的規範受體知道，規範權威通過使用語言去發布或傳播他們所制訂的規範。用來表述規範的語言形式叫做「規範表述」(norm-formulation)，常常採取三種形式：命令句，如「打開窗戶!」；道義語句，其中含有「應該」、「可以」、「必須不」等詞語；強制式語句(anankastic sentence)，其中使用了「必須」、「一定要」、「必須不」等詞語。為了使規範得到實施，規範權威還要給該規範附加上懲罰或制裁的威脅，表明若不執行該規範，則要面臨何種懲罰或制裁。正是所有這些方面，把律令與前面所說的規則區別開來。

⑶指示(directives)或技術規範(technical norm)。不太嚴格地說，它們關注的是用來達到某個目標的手段，其標準表述形式是條件語句：它的前件提到了所要求的某物，後件提到了必須做或必須不做的某事。例如，「如果你要使那座小屋適於居住，你應該給它升溫。」其一般化形式為：「如果你要求A，那麼你應該做B。」這裡

A是目標，B則是達到目標的手段。此類條件語句既不是描述性的，也不是規定性的。馮·賴特把說某事是（或不是）另外某事的必要條件的陳述，叫做強制陳述，並認為技術規範與強制陳述有本質性聯繫。在發出指示「如果你要使那座小屋適於居住，你就應該給它升溫」時，就假定了：如果小屋不被升溫，它就不會成為適於居住的。但是，若把技術規範與強制陳述相等同，則是錯誤的。此外，應力戒把技術規範與假言規範混同起來。所謂假言規範，是指當某種偶然事情發生時，應該做或可以做或必須不做某事的規範，它也常常採取條件語句的形式，例如「倘若那條狗狂吠，請不要跑!」，這類語句通常用來規定在某種情況發生時的行為方式，因此它所表達的規範是律令，而不是指示或技術規範。

(4)習俗(customs)。習俗是習慣(habits)的一種。習慣首先是一個人行為的合乎規則性，是他在相似場合處理相似事情的意向或傾向。習慣是習得的而不是天生的。習俗則是社會的習慣，它們是一個共同體成員的行為模式，是由該共同體在歷史進程中習得的，並施加於它的各個成員，而不是由這些成員分別去習得的。習俗有關人的相互間候、吃飯穿衣、婚喪嫁娶的方式。儀式 (ceremony)、風尚(fashion)和風俗(manner)是習俗的姊妹範疇。

習慣和習俗作為行為的合乎規則性，與自然科學家所要求的自然界的合乎規律性有某種相似。社會人類學在很大程度上就是習俗的科學，它幾乎與自然科學同樣是描述性的。但是，在行為的合乎規則性和自然規律之間是有差別的。其差別不在於行動法則是「統計性的」且允許有例外存在，而自然規律是「普遍正確有效的」(nomic) 並且不允許例外存在。（實際上，有些自然規律也可以是統計性的。） 真正的差別在於其例外可以以何種方式出現：個別人可

以「觸犯」習俗規則，而自然過程是不可能「觸犯」（違背）其因果的或統計的規律的。我們也可以這樣概述習俗和自然規律之間的差別：習俗具有真正規範或規定的方面，而這正是自然規律所缺少的。習俗在下述意義上類似於規範：它們影響、制約、支配著人的行為，它們對具有該習俗的共同體成員施加「規範壓力」，即該共同體對其遵守或違背習俗的成員所施加的各種獎懲措施。在這方面，習俗完全不像自然規律，而類似於作為律令的那類規範。

另外，習俗和律令之間也存在差別。首先習俗並不是由任何權威向任何受體頒布的。如果要說到習俗背後的權威，這個權威就是習俗共同體本身，包括它過去和現在的成員。習俗可以說是匿名的規範或律令，而律令則是帶有頒布者名稱的規範。其次，習俗並不需要使用符號標記來頒布，實際上根本不需要將它們「寫下來」，因此可以稱它們為隱含的（不明顯的）律令，而律令則是顯而易見的規範。在某些方面，習俗更像是規則而不像是律令。習俗決定著習俗共同體的生活方式。觸犯習俗的個別成員很少像觸犯法律那樣遭致懲罰，該成員的奇異之處在於：他很像是站在旁邊觀看，而不是參與其伙伴遊戲的孩童，對於他的共同體來說他成了一位「陌生人」，而不是一名「被放逐者」。

(5)道德規範或道德原則，例如應該信守諾言，子女應該尊敬父母，人們應該像愛護自己一樣愛護他的鄰居，等等。道德規範可以歸於遊戲規則一類嗎？馮・賴特論述說，有些道德規範確實有點像規則，例如信守諾言就是內在於發出或接受諾言的這種遊戲機制中的，或者說是這種機制的邏輯特徵。因為似乎根據定義，就必須信守諾言，在這個意義上它像是一條遊戲規則。但從整體而言，道德規範不是遊戲規則。道德規範可以歸於習俗一類嗎？從詞源上看，

"moral"（道德的）一詞產生於拉丁詞 mos，後者就意味著習俗。某些道德哲學家已經著手把倫理學作為一般習俗科學的一個分支來對待。確實，把某些道德規範置於一共同體的習俗或傳統的背景中去考察，是很方便和很有利的。但是，並非所有道德規範都是如此，例如試圖根據習俗的「規範壓力」去解釋信守諾言的義務，就顯得文不對題。道德規範是律令嗎？如果認為它們是律令，那麼我們必須能夠說出它們是由誰頒發的？誰制訂和頒布了道德律？馮・賴特認為，道德規範和律令之間有密切聯繫，很多律令常常基於道德規範並具有道德含義，但總的說來前者不是後者的一個子類。

(6)理想規則(ideal rules)。有一組規範並不直接與行為有關，而是與事物所是的狀態有關。德語中常使用 Tunsollen（應該做）和 Seinsollen（應該是）表示這一區別。遵從G. E. 摩爾，馮・賴特把與狀態而不是與行為相關的規範，稱之為理想規則。例如，當我們說一個人應該是慷慨的、誠實的、公正的、穩健的；一名士兵應該是勇敢的、能吃苦的和守紀律的；一位學校教師應該是耐心的、堅定的和善解人意的等等時，我們就涉及到理想規則。理想規則不僅與人有關，而且與物品或工具有關。理想規則是與好(goodness)這一概念緊密聯繫在一起的。當我們說到工匠、管理人員、法官應該具有的性質時，這些性質並不是每一個工匠、管理人員、法官都具有的性質，而是好的工匠、好的管理人員、好的法官所具有的性質。我們把那個在極高程度上具有如此這般好性質的人，稱之為一個理想的例如說工匠或者法官。很自然地，可以把與一般的人相關，而不是與某個特殊的階級或職業的人相關的理想規則，稱之為道德規則或道德理想。道德原則與道德理想是有區別的，前者與道德行為相關，而後者則提出了成為一位好人的模式或準則。理想規則介於

技術規範和決定某一模式或準則的規則之間。

　　馮・賴特指出，規範具有自己的基礎，但規範的基礎有兩種不同的意義。詢問規範的目的論基礎(teleological foundation)，就是詢問、回答下述問題：為什麼存在一個如此這般的規範？也就是說，規範權威因為什麼理由或出於什麼目的制訂、頒布了此規範？而詢問一個規範的規範基礎(normative foundation)，就是詢問、回答下述問題：規範權威是否有權限(competence)或權力(right)去頒發此規範？規範的這兩類基礎首先與制訂、頒布相應規範的行為相關，其次才通過這些行為與規範本身相關。我們把制訂、頒布規範的行為叫做「規範行為」(normative action)，它們也受制於某個或某些規範，這些規範給相應的行為者授權：他們可以制訂或頒發如此這般的規範。我們可以把管制規範行為的規範叫做「權限規範」(competence norm)。例如，國家憲法給總統授權，總統再根據授權頒布新的法令、法規。一個規範是否具有規範基礎，就是問是否有相應的權限規範允許實際上頒布此規範的權威這樣去做？如果回答是肯定的，則相應的規範就是有效的，否則就是無效的，即規範權威在頒布此規範時超越了授權。此外，還可以用另一種方式談論一規範的有效性。說一規範正在有效期內(is in force)，就是說它還存在著、還在起作用；說一規範不在有效期內，就是說它被廢止了、不再起作用了。馮・賴特指出：「法哲學中的大量混淆皆因為不能區分這兩種完全不同的規範有效性觀念。」❷

　　馮・賴特對規範進行一般性討論的目的，是要建立一個更合理、更可靠的關於規範的邏輯──道義邏輯。由於規範總是與行動相關的，因此對行動進行形式邏輯分析，建立一套行動邏輯理論，

---

❷　G. H. von Wright, *Practical Reason*, p. 72.

就成為建立合理的道義邏輯的先決條件。而行動又總是在這個世界上造成或引起變化，因此變化邏輯又成為行動邏輯的前提條件。這種考慮決定了馮·賴特的《規範和行動》一書的結構。

6.1.2　好的多樣性

馮·賴特指出，倫理學通常被看作是道德哲學或關於道德的理論，它有三種主要類型：一是規範倫理學，它告訴我們什麼是善、什麼是惡以及什麼是我們的義務；二是非規範的倫理學，亦稱關於道德現象的經驗研究，例如對道德觀念、道德準則、禮教習俗等等的「自然史」的社會學或人類學研究。規範倫理學和非規範倫理學的區分源自於休謨關於「應該」(ought) 和「是」(is) 的區分，以及後來所說的規範、價值與事實的區分。三是元倫理學，即對於道德語言如道德概念和道德判斷的邏輯研究，其目的在於更好地理解「善」、「惡」、「義務」這些概念的意義。馮·賴特認為，關於倫理學三種類型的「所有這些刻畫都充滿問題。它們本身並不足以在元倫理學和規範倫理學之間，或者在元倫理學和經驗研究之間劃出鮮明的界限。」❸

馮·賴特自稱所要從事的工作是對於某些詞語和表達式之意義的概念研究，它採取了鑄造 (moulding) 和製作(shaping)概念的形式，其目的之一仍在於提供生活的指導。他指出，與倫理學相關的概念可以分為三組：(1)價值概念，如好和壞；(2)規範概念，特別是義務、允許、禁止和權利等；(3)「心理學」概念，如行動、選擇、動機、理由等。此外，還有許多概念不能歸於上述三組，例如，(4)

---

❸　G. H. von Wright, *The Varieties of Goodness*, London: Routledge and Kegan Paul, 1963, p. 3.

是(right)與非(wrong)、公正和正義(justice)，這些概念與⑴和⑵中的概念都有密切關聯；⑸愉快(pleasure)和幸福及其相反概念，它們處於⑴和⑶組概念之間；⑹德性(virtue)、勇敢、慷慨等則與上述三組概念都密切相關。馮・賴特提到這些概念的目的，是試圖在一個更寬廣的概念背景中，特別是在與價值概念和規範概念的密切關聯中，展開對於道德概念的研究，從而消除這些概念的晦澀性、歧義性和模糊性，從而為辨別善惡是非等等提供明晰且融貫的標準，發揮指導生活的現實作用。

在中文中，「好」和「善」是兩個詞，而在英語中卻只是一個詞，即形容詞"good"及其名詞形式"goodness"。goodness的基本意思是「好」，如一般所說「好馬」、「好車」、「好房子」、「好工作」等；中文往往將其倫理學涵義譯作「善」，如「真善美」、「善心」、「善行」等。馮・賴特認為，goodness 的非倫理用法是基本的，其倫理學用法是從非倫理用法那裡派生出來的。馮・賴特的《好的多樣性》一書是通過研究「好」(goodness) 的多樣性用法來對倫理學進行探討的。他區分了好的六種主要用法，討論了它們各自的性質及其相互關係，以及好與行動、好與規範之間錯綜複雜的相互關聯，進而討論了德性、義務、正義等概念及其與好的關係。馮・賴特認為，他的這種研究是成功地研究道德行為、道德的善、道德義務等等的必要準備。因此嚴格說來，此書不是一部倫理學著作，但「包含著倫理學的種子，一種道德哲學可以從中抽取出來。」❹

馮・賴特所區分的好的六種主要用法是：

⑴工具的好(instrumental goodness)。例如，人們常說好刀、好手錶、好扳手等，它們作為工具適用於各種不同的目的。人們也常

---

❹　G. H. von Wright, *The Varieties of Goodness*, p. vi.

說到好狗、好馬以及其他好動物，人們馴養牠們以滿足自己的目的和需要。此外，還有做某事例如開門、鋪床、背誦詩歌的好方式。馮・賴特把所有這些「好」的用法統稱之為「工具的好」，它們首先是適用於某一目的的「好」，預設了一定類型的事物與某個目標的本質聯繫。對於工具的好的判斷是客觀地為真或為假的，表達對工具的好的判斷的語句具有描述內容，但本身並不就是描述語句。

⑵技術的好 (technical goodness)。例如，我們常談到好棋手、好司機、好將軍、好商人、好工匠、好的科學家和藝術家等等，這些人的共同特徵是他們擅長於某事，或善於做某事。他們所擅長的通常是某種活動或技藝。一個人可能具有某方面的天賦才能，但也可能是通過特殊的訓練而獲得此種才能的。實際上，技術的好更多地是習得的而不是天生的。技術的好預設了某類人與某類活動之間的本質聯繫。可以對技術的好進行檢驗，例如通過競賽及其成績來檢驗，也可以根據特定的標準來進行檢驗。

⑶醫學的好(medical goodness)。這種好涉及身體器官和心智的機能。例如，當我們在醫學意義上談到好的心臟、好眼睛、好記憶力等等時，就是在談論醫學的好。它既與技術的好相關，又與後者明顯不同。其區別之一在於：身體器官和心智機能的好和壞，必定是與健康(health)和疾病(illness)等概念相關的，並通過後者與範圍更廣的概念，如生物的好(the good of a being)或福利(welfare)發生關聯。

⑷功利的好 (utilitarian goodness)，亦稱「有用的好」(useful goodness)。它們總是與人們的需要和要求密切相關的。有兩個子類：有利的(the beneficial)和有害的(the harmful)。例如，醫學對於疾病來說是好的，鍛練對於健康來說是好的，肥料對於土壤來說是好的，

健全的制度對於國家來說是好的,好的習慣對於每個人來說是好的。一般而言, 當做某事或有某物正面影響到一生物的好時, 就說該事或該物對於此物來說是好的。馮・賴特將這種形式的好稱之為「有利的」。 反之, 當做某事或有某物反面影響到一生物的好時, 我們就說該事或該物對於此物來說是有害的, 或者說是惡(evil)。

　(5)享樂的好(hodonic goodness)。它們總是與人們所欣賞和所喜愛的東西連在一起的。例如, 好味道、好玩笑、好時光、好伙伴, 有時甚至包括好天氣。 (好天氣對於收成來說, 可以是功利的好。)享樂的好可以有許多相當不同的子類, 有時它們幾乎處於審美的範圍內。例如, 五音對於聽覺, 五色對於視覺, 五味對於味覺和嗅覺, 常喚起令人愉悅的感受。因此, 傳統上把享樂的好稱之為「愉快」(pleasure)。

　(6)人的好 (the good of man)。它們是與人的行為和性格連在一起的。一個人可以是好人並且做好事。一個行動可以出自好的動機和好的意向。有些性格特徵是好的, 如仁慈、誠實等。馮・賴特指出, 正是人的行為和性格方面的好, 才真正與人的道德生活相關。在討論人的好時, 許多相關概念如人的福利、幸福、遺憾等, 也得到了討論。

　在關於好的用法的仔細辨析中, 馮 ・ 賴特還表達了下述觀點: (a)在好的多樣性用法中間不存在任何明顯的統一性;(b)與G. E. 摩爾所設想的相反, 不存在內在的、絕對的好, 後者是指不從任何特殊的角度或觀點去看的一事物本身所具有的好。(c)人的好取代內在的絕對的好成為研究的中心, 並且人的好可以根據某種理想化的優先選擇來闡釋。

6.1.3　某些倫理學觀點

如上所述，馮·賴特是通過關於「好和應當」的一般理論來探討倫理學的。他在關於好的多樣性用法及其後續討論中，研究了許多倫理學概念和命題，表達了一些倫理學觀點。這裡概要評述他關於道德的本性、德性、義務、正義的一些看法。

6.1.3.1　道德的本性

在這個問題上，馮·賴特持有如下三個觀點：

⑴道德規範並不自成一類，它們並不是概念上或邏輯上自足的。這就是說，出現在道德規範中的道德概念可以根據非道德概念來定義，道德規範可以從非道德前提邏輯地推演出來。馮·賴特解釋說，他如此主張是出於兩個理由。理由之一是：道德服務於某個目的，因此道德規範並不自成一類，而是「技術」規範的一種，其目的在於影響、制約、調節為達到某個道德目標所需要的行為。理由之二與道德規範指導我們去追求的道德目標的性質有關。道德目標可以用價值概念來定義，從道德上評價一個人的行為，就是看它如何影響到人的好，而人的好本身並不是一個道德概念。

⑵哲學家們通常認為，「好」、「義務」、「應當」等詞有著特殊的道德涵義和道德用法，並且只有這些涵義和用法才與倫理學相關，才是倫理學所要研究的對象。但馮·賴特論證說，「道德的好並不是與好的其他形式相媲美的一種形式。……所謂『好』的道德涵義是派生性和從屬性的，必須根據該詞的非道德用法來加以解釋。某些類似的說法對於『應當』和『義務』的道德涵義也同樣成立。」❺

---

❺　G. H. von Wright, *The Varieties of Goodness*, p. 1.

這就是說，並不存在這些詞的特殊的道德涵義和道德用法，這些詞在道德語境中的用法與意義與其在非道德語境中的用法和意義完全相同，或者是由後者那裡派生出來的。因此，對有關道德概念和命題的意義之理解，必須以對它們在非道德語境中的多樣性用法的理解為基礎。

⑶關於道德的法律解釋和義務論解釋都是不能令人滿意的，應當用目的論或意向論解釋取而代之。

按照法律解釋，道德原則在下述一點上特別類似於法律規範：違背此類規範就面臨著懲罰或制裁。例如，歷史上曾有人把道德原則視為上帝對人發出的命令，或上帝為人所立之法。托爾斯泰曾指出：「如果上帝不存在的話，則一切事情都是允許的。」馮‧賴特認為，這種解釋是不成立的，因為「某人已經命令或允許另外某人去做某種行為，絕不是為什麼此行為是道德上義務的或允許的一個理由。」❻

非認知主義和義務論解釋在某些方面是類似的。按照非認知主義，道德術語完全或主要不具有描述意義，道德判斷不是陳述事實的命題。道德詞語只有種種非記述性意義，像表達感情和情緒、表明態度、施加影響、發布命令或指示、指導選擇、稱讚、推薦、責備、蔑視等等。因此，道德判斷既不能用經驗證明，也不能用邏輯證明，不具有認知性質。按照義務論解釋，統一的道德原則支配著整個宇宙，也支配著人。這些原則規定了人們在道德上應當怎樣行動，來做到不言自明或自我證實，既不需要也不容借助於任何看來更根本的道義真理，特別是那些關於行動後果正確性的主張或原則。因此，義務像自然規律、邏輯和數學真理一樣是客觀的，並且像幾

---

❻　G. H. von Wright, *Practical Reason*, p. 77.

何和算術公理一樣是「自明的」和基本的。對它們不能定義、不能
分析、不能從其他概念中推導出來。認識義務，只能訴諸理智的直
覺。馮·賴特認為，這兩種解釋「在試圖給出關於道德原則的本性
的說明時，都是不能令人滿意的」。❼

馮·賴特自己主張一種目的論解釋，而功利主義則是目的論倫
理學的一個變種。根據目的論解釋，行動的正確並不是其內在的特
徵，而取決於行動所產生的後果的善與惡，無論這些後果是實際的、
可預見的還是所期望的。目的論解釋把正義(justice)原則置於道德觀
念的中心地位。

在道德本性問題上，馮·賴特究竟是持有自然主義或描述主義
的立場，還是非自然主義立場？ 有人認為，馮·賴特實際上是某種
類型的自然主義者，因為他使道德的概念和判斷在邏輯上依賴於非
道德的概念和判斷。但馮·賴特不同意這種看法，他說他自己站在
非自然主義一邊，實際上是某種類型的主觀主義者。

6.1.3.2 道德的應當、德性、義務和正義原則

關於道德的應當，可以區分下述三種觀點：(1)道德的應當是制
度性的，預設了某種神的或人的制度化規則的存在，如禮儀、法律、
社會俱樂部方面的應當就是如此。(2)它們全都是「普通的」， 僅僅
假定了某些行動、品性等對於實現行動者的目標或產生某種好的東
西或禁止某種壞的東西來說，是必要的或有用的。(3)它們是「特殊
的」，其特殊性在於既不是制度性的也不是「普通的」。康德和義務
論直覺主義者主張(3)，摩爾在《倫理學原理》中主張(2)，而馮·賴
特的觀點則是(2)和(1)的某種結合。在他看來，X應當做Y，因為Y對

---

❼ 參見*The Philosophy of G. H. von Wright*, p. 796。

於產生某種對某個人來說是好的東西，或防止某種對他來說是惡的東西，並且對於促進普遍的善等等來說，是必要的或有幫助的。馮・賴特說：「我認為這是對我的立場的正確刻畫。」**❽**

馮・賴特提到了現代倫理學中對virtue（德性）問題的普遍忽視，認為這個論題實際上是十分重要的。他首先關注的是勾畫一般意義上的德性理論，其中涉及道德意義上的德性與非道德意義上的德性。他指出，德性是人物的特性，而不是技巧、傾向、習慣、性情的特徵。它們與行動和選擇密切相關，特別是與對正確的行動過程的選擇相關，這裡的正確是就有利於相關存在物的好而言的。「需要用德性……來服務於人的好，它們的這種有用性正是它們的意義和目的之所在。」**❾** 更確切地說，「德性的作用……是抵銷、去掉、排除情感可能加諸於我們的實踐判斷——即與所選擇的行動過程的有利和有害的性質相關的判斷——之上的模糊效應。」**❿** 它們通過幫助我們免受情感和意願（desires）的干擾而作出正確的選擇來實現這種作用。馮・賴特指出，一個有德性的人是履行了他的所有道德義務的人，而不是做了大量道德上的好事的人。所有的德性都與人的好相關，但並非所有的德性都同樣地與道德相關。馮・賴特區分了兩類德性：自利(sclf-rcgarding)的德性和利他(other-regarding)的德性。勇敢、節制、勤奮等是前者的例子，它們本質上有利於具有這些品性的人的福利；而體諒他人、樂於助人、信守諾言等等則是後者的例子，它們本質上有利於他人的好。利他的德性內在地具有道德意義，而自利的德性只是偶爾地才與道德發生關聯。

---

❽　*The Philosophy of G. H. von Wright*, p. 797.

❾　G. H. von Wright, *The Varieties of Goodness*, p. 140, p. 147.

❿　同**❾**。

馮 · 賴特所使用的「義務」(duty)與我們通常所說的道德義務是很不相同的。在他那裡，義務作為專門術語，是指那些因關注某些存在物的好而具有實踐必然性的事情，道德義務只是這些事情的特殊形式。在《好的多樣性》一書中所探討的義務，就是出於對鄰居的愛而做某些事情的實踐必然性。馮·賴特認為，道德的終極基礎就是愛。而正義原則則是從屬於愛的原則的。他把正義原則表述為：「一個人作為共同體的一員，如果他不付出他的份額，他就不會以更大的比例分享紅利。」並認為此原則是道德觀念的基石。❶
馮·賴特解釋說，正義原則其實只要求尊重鄰居的好，而不要求去促成鄰居的好。它是關於不傷害的普遍原則，可以說它是一個典型的道德規範，所有其他的道德規範或原則，例如應當信守諾言或說真話，都可以從中推導出來。根據正義原則和愛的原則，許多道德行動可以成為義務，即它們對於行動者來說具有實踐必然性。例如，人們出於利己的動機，而去尊重、關注其鄰居的好，這一行動自動成為自利的義務；人們純粹出於利他的動機，而去尊重、關注其鄰居的好，這一行動自動成為利他的義務；人們從對人對己都不偏不倚的道德動機出發，而使某種道德行動成為利他的義務，等等。

6.2 行動理論和實踐推理

如前所述，馮·賴特對道義邏輯的研究(1951)引發了他對於規範和價值理論的興趣。由於規範總是與人的行動和行為連在一起的，於是對規範的研究又進一步引發了他對於行動理論的興趣。馮·賴特對於行動的研究先是從邏輯角度進行的，他試圖構造一種行動的

❶ *The Philosophy of G. H. von Wright*, p. 208.

邏輯（見本書4.1.3節）；　後來擴展到從一般哲學角度進行，試圖建立一套行動哲學，並進而構造一種不同於自然科學解釋方式的關於人的科學的解釋方式。

6.2.1　行動和行為

行動，其英語動詞形式是to act，其名詞形式是action。馮・賴特給它下的定義是：行動「就是有意識地造成或阻止世界中的變化。」 ❷如此看來，行動是與意向(intention)或變化(change)這些概念連在一起的，行動的特徵就在於它的意向性(intentionality)。當然，也存在非意向性行動。例如，我有意開燈但錯開了電風扇。即使此時，其中也有意向性行動：按開關；即使按開關也不是我有意所為，其中仍有意向性行動：移動我的手。於是，移動我的手就是基本行動，即不能通過任何其他行動來完成的行動。基本行動必定是意向性的。因此，只要我有所行動，經無窮回溯，總可以找到其中的基本行動，它是意向性的。這樣，馮・賴特就可以把行動刻畫為有意識地造成或阻止一個變化，與此同時又承認非意向性行動。

「行為」(behavior)一詞在馮・賴特的早期著作中很少使用，但在《說明和理解》(1971)一書及其以後的著作中卻大量出現。「行為」一詞是特別難以處理的，這部分是因為它在歷史上從未得到過嚴格的定義，部分是因為使用它會引起一些困難的問題，例如它究竟是限指一個行動者的身體活動呢？還是也指該行動者之外的一個事件及其後果？這並不十分清楚。馮・賴特也沒有賦予「行為」一詞以嚴格的意義，而是用它泛指行動和非行動，而暫時不管它們是意向

---

❷　G. H. von Wright, *An Essay in Deontic Logic and the General Theory of Action*, Amsterdam: North-Holland Publishing Co., 1968, p. 38.

性的還是非意向性的。我們後面將會看到，行動和行為還是有區別的，因此這裡暫把用於泛指的行為叫做「行動中的行為」(behavior in the act)，而把非意向性的行為叫做「純粹行為」(mere behavior)或「身體運動」(bodily movements)。

由於行動就是有意識地造成或阻止世界中的變化，因此行動在邏輯上包含著事件或變化。一個事件或變化可以看作是事態的時間有序偶：事態p在時間流程中被非p所取代。於是，假如給定如下三項，行動就可以用事件來描述：

(a)初始狀態，即行動發生之前世界所處的狀態；

(b)終止狀態，即行動完成之時世界所處的狀態；

(c)假如該行動沒有發生，世界沒有受到行動者的干擾，它仍然會處的狀態。 ❸

這三項共同決定了「行動的性質」。 於是，要描述一個行動，比如說某個人開門，我們就必須確定(a)初始狀態：那扇門是關著的；(b)終止狀態：那扇門敞開了；(c)假如那個人不開門的話，那扇門仍會是關著的。因為如果該門能自動打開的話，那個人在該場合就不能也不需再打開它，因而就無法實施開門這個行動。馮・賴特把(c)叫做「行動中的反事實因素」， 並指出，「每一個關於行動的描述，都以隱晦的形式包含著反事實陳述。」

把行動與事件如此關聯的好處之一，是把行動分成四種基本類型：(1)產生一個變化的行動，(2)阻止一個變化的行動，(3)避免產生一個變化的行動，(4)避免阻止一個變化的行動。複雜行動則可能是各種類型的混合。例如，我通過關門（產生一個變化）使我的朋友

❸ G. H. von Wright, *An Essay in Deontic Logic and the General Theory of Action*, p. 43.

不能離去（阻止一個變化），　所以這個行動是類型⑴和類型⑵的混合；再如，由於我未能及時發出一個警告，因而未能防止一場事故，這一複雜行動則是類型⑶和類型⑷的混合。

可以這樣說，任何行動都既有內在的方面，又有外在的方面。人的行動的內在方面，就是人的行動的意向性。外在方面則包括所有那些可以用「行為主義的宏觀語言」描述的東西。直接外在的方面，就是身體活動；而稍遠的外在方面，則是由這種身體活動所引起的那些事件，即前面所說的行動的「終止狀態」。

在行動的終止狀態中，馮・賴特又進一步區分出行動的結果(result)和它的後果(consequence)。這兩個概念有明顯的區別。如果一個人實行一個行動p，那麼，只有當某一個別事件x是人們能正當地斷言該人已經完成行動 p 的邏輯上必要的條件時，該個別事件才被稱為該行動的結果。因此，人們不能說一個行動引發了 (caused)它的結果，實際上，「結果是該行動的一個本質性『部分』。認為該行動是其結果的原因，是一個嚴重的錯誤。」⓮除結果外，行動p外在方面的成分還可以分為兩類：那些在時間上先於行動 p 的結果而存在的東西，叫做行動P的結果的前因；那些在時間上隨p的結果之後出現的成分，叫做行動p的結果的影響或效應，簡稱p的後果。儘管不能說一行動引發它的結果，卻可以說該行動引發它的後果，因為後果只不過是由行動的結果所產生的各種效應或影響。

舉例來說，某人X打開了房間的窗戶。窗子開著，就是這個行動的結果。因為如果窗戶不是至少曾在短時間開著，人們就不能正當地說：「X打開了窗戶。」蚊子飛進來或室內溫度下降是這一行動

⓮　G. H. von Wright, *Explanation and Understanding*, Ithaca, N. Y.: Cornell University Press, 1971, p. 68.

的後果。屬於這一行動的前因的，譬如有X這個人的某種身體活動，它構成X的行動的直接外在方面。窗戶把手的移動或窗戶打開等過程，是行動的較遠的外在方面。到現在為止，只是談到這個行動的外在方面：它的結果和它的後果。這種活動，由於它也有內在的方面，即它是由X有意識地完成的，所以它是行動。在考慮這個內在方面時，我們也可以把行動的結果稱作在行動中顯示出來的意向的對象。

很明顯，行動的結果和後果的區分是相對的。同一個事態是一個行動的後果，卻可以是另一個行動的結果。例如，蚊子飛進來是我開窗的後果，卻是我讓蚊子飛進來這個行動的結果。在這裡可以說，我通過打開窗戶而讓蚊子飛進來。一般來說，如果行動A的後果是行動B的結果，那麼行動者通過做A而已經做B。對於基本行動來說，它的結果不可能是任何其他行動的後果，因為行動者不能通過任何其他行動而完成一個基本行動。例如，我簡單地抬起我的胳膊，於是我的胳膊上揚就是這一行動的結果，但不是任何其他行動的後果。

從上面的討論可以看出，行動者的意向或者意圖決定著一個事態是一個行動的結果還是它的後果。行動的結果就是行動者在該行動中想要達到或實現的狀態，而行動的後果儘管是因為該行動才出現的，但卻不是行動者所指望的。因此，說每一個行動都有一個結果，就等於說每一個行動都有一個意圖，都有一個想要達到的目標（意向對象）。於是，一個事態a成為一個行動的結果，就必須滿足兩個必要條件：⑴完成該行動在邏輯上要求a出現，⑵行動者想要或指望a出現。

這樣一來，我們可以把同一個行為包攝(subsume)在好幾個具體

描述之下。也就是說，我們把哪一個行動歸於一個人，這要看我們把什麼看作該行動的結果。我們把哪種意向歸於行為者，取決於我們選擇哪一種描述。要理解這種思想是不容易的，因為在這裡關於人的目的或意向的通常觀念似乎被顛倒了：按照通常的觀念，一個人或者有目的或者沒有目的；如果他有目的，就能正確地或錯誤地描述它。而這裡，意向本身卻被與描述聯繫起來。我們還是用上面的例子來解釋這種情況。

上面談到的X的同一個行為，可以包攝在如下三個描述中：

⑴X轉動窗戶把手，作為它的後果，窗戶開了，房間變涼了。

⑵X通過轉動窗戶把手打開了窗戶，作為它的後果，房間變涼了。

⑶X打開窗戶使房間的溫度下降，而這是由他事先轉動窗戶把手造成的。

在所有這二種情況下，結果都是不同的。在⑴的情況下，結果是窗戶把手的位置與以前不同了；在⑵的情況下，結果是窗戶開著；在⑶的情況下，結果是室內溫度下降。另外，在一種情況下是行動的結果的東西，在另外一種情況下可能是行動的後果或效果。譬如⑵的結果是⑴的後果等等。這種發現表明，在以上三個敘述中描述了三種不同的行動，因為按照以前的規定，行動是隨著它的結果變化的，而結果實際上在所有這三種情況下都是不同的；意向因此也是不同的，因為意向是隨它的對象變化的，並且根據以前的說法，這個對象與結果是同一的。

由此就可以清楚了解，為什麼在同一個行為的情況下卻有不同的行動。假定X處於一定的行為方式中，並且對X的這個作為行動的行為提供這樣一種描述B，即行動的結果或行動的意向對象是I，

就可以把歸於某人X的行動稱作與描述B有關的 I 意向行動。

6.2.2 關於行動的說明模式

對一個行動的說明，就是要弄清楚行動者為什麼會採取該行動？是由於什麼原因或出於什麼理由、動機或目的？馮・賴特主要討論了兩種說明模式：因果論說明和目的論說明 (teleological explanation)。關於後者，馮・賴特後來指出：「確實，我曾在《說明和理解》一書中把我的行動說明理論叫做『目的論的』。 這當然不完全是誤用。但『意向論的』是比『目的論的』更好的名稱。我應該更多地強調下述事實：意向論說明只是行動說明的一種，並且行動說明只是目的論的一種。」❶❺因果論說明依賴於說明項和被說明項（某個行動）之間普遍有效的因果聯繫，無論行動者是否知道這種聯繫。意向論說明則依賴於行動者關於他的行為所相信的東西，依賴於他認為他正在做的事情。馮・賴特本人不贊成關於行動的因果論說明，而主張一種意向論說明。

為了弄清意向論說明的本質，我們從這樣一個簡化的假定出發，假定某人X想實現某一目的（譬如，明天去看戲），並且X確信：只當他做某種完全確定的事情（譬如，去預先買票）， 他才能達到他的目的。我們可以試著把我們想要的說明看作是下述實踐推理模式（簡記為PI）的特殊情況：

(PI)⑴X打算實現p；

⑵X相信，只當做成q，他才能引起p；

⑶因此X打算實現q（或：X著手實現q）。

---

❶❺ P. A. Schilpp and L. E. Hahn, ed. *The Philosophy of G. H. von Wright*, La Salle, Illinois: Open Court, 1989, p. 835.

而因果論者關於行動的推理模式（簡記為CI）則是這樣的：

(CI)(1′)X打算實現p；

(2′)X相信，只當做成q，他才能引起p；

(3′)無論何時，如果某人打算實現p，並且相信q對於p是因果必然的，他就去實現q；

(4′)因此X打算實現q。

明顯可以看出，在這兩個推理模式中，不僅結論(3)和(4′)完全相等，而且前提(1)、(2)和(1′)、(2′)也一致。決定性的區別是前提(3′)，它是一條普遍的規律，揭示了p和q之間的因果聯繫。而根據馮·賴特的看法：p和q之間具有因果聯繫，至少必須滿足兩個條件：(1)p和q在邏輯上是相互獨立的；(2)p和q通過一條普遍規律而聯繫；無論何時，只要q在境況C中出現，p就跟著出現。❻可以把(3′)稱為杜卡什定理，因為杜卡什(Ducasse)也許是第一個以這種方式用科學解釋的履蓋律模型（亦稱包攝模型）去說明人的行動的人。按照因果論者的觀點，作為前提的杜卡什定理是必需的；而按照目的論者的觀點，這種前提是多餘的。於是在下面這個問題上就產生意見分歧：沒有杜卡什定理，這個推論在邏輯上是否也是正確的？或者是否只有把杜卡什定理作為補充前提，它才能成為有效的推理？因為杜卡什定理包含有關於人的行為的法則陳述，所以這個爭論也與下述問題相關：即在解釋人的行為時是否必須依據自然法則？抑或這後一假設是不正確的？

馮·賴特拒絕因果論，因此也拒絕這一假設，即為了使實踐推理有效，我們必須援引像杜卡什定理(3′)這種形式的法則。儘管他主張意向論的觀點，但是他並不認為(PI)在那種形態上就是正確的。

❻　G. H. von Wright, *Practical Reason*, Basil Blackwell, 1983, p. 53.

相反，在他看來 (PI) 模式在許多方面還有待修正。首先，情況可能是這樣，X雖然能夠實現q這個必要條件，然而卻不能實現引起P的充分條件，這或者是因為他不知道這些條件，或者是因為雖然他知道這些條件，卻不能實現它們。在這種情況下，(PI)必然是無效的。因此，⑴中的「打算」這個表達式必須這樣解釋，即它包含X關於如何能引起他的意向對象的知識。因此我們把這種知識能力理解為對「打算」的意義進行解釋的組成部分。第二，應該考慮到，目標（意向對象）通常在將來才存在。因此必須引入時間參數，「實現（引起）p」這種說法必須用「於t時刻實現（引起）p」來代替。第三，類似的情況對於 q 也有效：為了取得所追求的效果，必須現在已經（或者至少不遲於某一確定的時刻t′，t′先於或等於t）實現q，以便在 t 時實現p。第四，必須假定，X既沒有忘記時刻t′，也沒忘記他自己的目的。最後第五，假定沒有人阻止X實現他的目的。

當我們加入所有這些限制條件，或者說以上述方式解釋「打算」的時候，我們就得到意向論說明的完備形式（簡記為IE），它是由三個前提和一個結論構成的：

(IE)P1：X現在打算到t 時實現p；

P2：X從現在起相信，只當不遲於t′時做成q，他才能到t時實現p；

P3：X既沒有忘記他的目的，也沒有忘記時刻t′；另外也沒有人阻止X做成q。

C：因此X打算不遲於該時刻（那時他把t′看成是已到來的時刻）實現q。

在下述意義上，(IE) 是一推理模式：為了得到某種確定的結論（某種確定的意向說明），必須用名稱代替在(IE)中出現的符號，即

用某一確定的行動著的人的名字代替 X，用某種確定的目的標記來代替p，並用相應的標記來代替q、t、t´。

與因果論說明模式(CI)不同，(IE)並不包含與杜卡什定理類似的東西，因此完全不包含一般的法則陳述。在(IE)中真的涉及某種邏輯上有效的推理嗎？馮・賴特起初曾這樣主張。他為這個論點提出的論證之一就是證實的論證 (verification argument)。根據這種論證，證實實踐推理的結論要以我們能夠證實從中合乎邏輯地推出這個結論的那些相關前提為條件。因為如果情況是這樣，我們就不能肯定前提而否定結論，於是該實踐推理就是邏輯上有效的。

另一方面，馮・賴特又考慮了這樣一種反常情形：他描述了一個人企圖殺死一個暴君的計劃。一切實踐推理的前提都滿足了：這個「高傲的謀殺者」站在暴君面前，用子彈上膛的手槍瞄準他；但是什麼事情也沒有發生。事後醫學上的檢查表明，他既不是由於偶然的心不在焉忘記了他的計劃，也不是身體受阻而無能為力。馮・賴特由此得出的結論是：只當所說的行動事實上完成了，具有(IE)形式的實踐推理才是邏輯上合理的論證。實踐推論所具有的必然性只能理解為事後的(ex post actu)必然性。

馮・賴特關於行動的意向論說明是作為因果論說明的替代物而提出的，因此因果論和意向論是彼此競爭的理論觀點。但後來馮・賴特認為，這兩種說明模式是相容的：「我能夠抬起我的胳膊這一事實，並不與下述可能性相抵觸：每當我的胳膊上揚時，都存在一個充分條件，它作為原因造成了該事件，並在我的神經系統內起作用。」❼這就是意向論說明與因果論說明兩者相容的論題：原則

---

❼　　G. H. von Wright, *Explanation and Understanding*, Cornell University Press, Ithaca, New York, 1971, p. 130.

上我們總可以做其中一項而毋需放棄另一項。

6.2.3 實踐推理

在前面的討論中，我們實際上已經接觸到實踐推理，並對其給予了概略性處理。我們在本小節中，將更詳細地討論馮·賴特關於實踐推理的觀點及其論述。

實踐推理 (practical inference)，亦稱「實踐三段論」(practical syllogism)，其起源可以追溯到亞里士多德。亞氏把所有推理（三段論）分為理論的和實踐的兩大類，並認為實踐三段論導向或終止於行動，它的結論是一個行動。實踐三段論的大前提涉及一般性的東西或事情，它對某個人來說是好的或應該做的；小前提則涉及某個特殊的好東西或某件特殊的應該做的事情，結論則是該個人應當採取某種行動。亞里士多德在《尼可馬各倫理學》第七冊第三章中給出了實踐三段論的一個完整的例子，其兩個前提分別是：「所有甜的東西都應當嘗一嘗」，「那個東西是甜的」；推出的結論不是「那個東西應當嘗一嘗」，而是你決定立刻嘗一嘗那個東西，假如能夠這樣做並且沒有人阻止的話。亞里士多德指出：「當兩個前提結合起來時，如同在理論推理中大腦被迫肯定由此導致的結論一樣，在面對實踐前提時，你也被迫立刻去做那件事情。」**⑱** 在另一處地方，亞里士多德還把實踐三段論的結論稱之為「行動」。**⑲**

由此看來，亞里士多德所謂的實踐三段論，實際上是借助於一個特殊的事實陳述，把一個別行動置於（或包攝在）一個一般的行動規則之下。不過，亞氏的上述思想在邏輯史和哲學史上一直未得

---

⑱ Aristotle: Ethica Nicomachea, 1147a26–30.

⑲ Aristotle: De Motu Animalium, 701a12–14.

到注意，有時甚至被誤解。1957年，安斯考姆在其《意向》一書中重提亞里士多德的發現，才使實踐推理成為哲學中的一個熱門話題。

馮‧賴特還發現，黑格爾也具有類似的思想。在《邏輯學》一書中，黑格爾把善的實現過程看成是行動的推理：「在行動的推論中，一個前提是善的目的對現實的直接關係，目的占取這個現實，並在第二個前提把〔它〕作為手段來反對外在的現實，最後達到主體和客體的一致。」[20]馬克思主義者如列寧對黑格爾的上述思想作了改造和發揮：「『行動的推理』……對黑格爾說來，行動、實踐是邏輯的『推理』，邏輯的格。這是對的！當然，這並不是說邏輯的格以人的實踐作為自己的異在（=絕對唯心主義），相反地，人的實踐經過千百萬次的重複，它在人的意識中以邏輯的格固定下來。這些格正是（而且只是）由於千百萬次的重複才有著先入之見的鞏固性和公理的性質。」[21]

馮‧賴特所討論的實踐推理與亞里士多德和黑格爾的實踐推理有所不同。這裡考察他自己給出的例子：

⑴某人要使那座小屋適於居住；

　　除非他給小屋升溫，小屋將不會變得適於居住；

　　所以他必須給小屋升溫。

這裡，第一個前提陳述了一個要求，所要求的是那座小屋適於居住；馮‧賴特稱之為某人想要達到的「目標」(end)；第二個前提依據小屋溫度與它的適於居住性之間的因果關係，陳述了達到該目標的手段(means)；結論則表達了使用第二前提中所提到的手段，去達到第一前提中所提到的目標的實踐必然性(practical necessity)。

---

[20]　黑格爾：《邏輯學》下卷，楊一之譯，商務印書館1982年版，頁526。

[21]　列寧：《哲學筆記》，人民出版社1974年版，頁233。

上述實踐推理模式可以一般化:

⑵X想要實現p;

除非X做q,他將不會實現p;

所以X必須做q。

上述實踐推理模式是無人稱的,但目標是某人的目標,行動也必定是某人的行動。所以,實踐推理必須有相應的人稱形式,這裡考慮第一人稱和第三人稱的形式,其中第三人稱推理是這樣的:

⑶X要求使那座小屋適於居住;

除非X給小屋升溫,小屋將不會變得適於居住;

所以X必須給小屋升溫。

這裡X代表某個人(行動者)的名字。相應的第一人稱推理則是:

⑷我要求使那座小屋適於居住;

除非我給小屋升溫,小屋將不會變得適於居住;

所以我必須給小屋升溫。

馮·賴特指出,一個實踐推理要成為合理和有效的,其中的人稱必須統一,即在前提和結論中所提到的行動者必須是同一個人。因此,

⑸X要求使小屋適於居住;

除非Y給小屋升溫,小屋將不會變得適於居住;

所以Y必須給小屋升溫。

很明顯,⑸的結論不是從其前提邏輯地得出的。不過,若把⑸變成下面的⑹,則從其前提可得出其結論:

⑹X要求使那座小屋適於居住;

除非X使Y給小屋升溫,小屋將不會變得適於居住;

所以X必須使Y給小屋升溫。

　　馮・賴特指出，我們若把上面(3)中的「X必須給小屋升溫」理
解為「除非X給小屋升溫，他將達不到他的行動目標」，或者理解為
「存在著X想要達到但將達不到的東西，除非他給小屋升溫」，將是
完全合理的。於是，在(3)所代表的第三人稱實踐推理中，前提和結
論都是對某種事實的陳述，因而都是命題。其中兩個前提分別陳述
的是，某個人追求某個行動目標，某件事情是達到這個目標的必需
手段；結論所陳述的則是如果那個人不做那件事，他就不會達到他
的目標。於是，我們可以說第三人稱實踐推理的結論表達了一種客
觀的實踐必然性。

　　但第一人稱實踐推理則不同。例如在上面的(4)中，第一個前提
表達的是我的要求；當我本人說「除非我給小屋升溫，小屋將不會
變得適於居住」時，我所說的東西正是我所知道或所相信的，所以
第二個前提表達我的知識或信念，結論則表達我必須履行的行動。
要求、知識或信念狀況以及行動不僅相互區別，而且全都不是命題。
如果說命題是某種客觀的陳述，有真假可言；那麼，要求、知識或
信念狀況、行動則是某種主觀表達。因此，與第三人稱推理不同，
第一人稱實踐推理的結論表達的是一種主觀的實踐必然性。

　　馮・賴特認為，「必須」(must)在某種程度上強於「應該」(ought)，
因為說「我應該做p，但我不準備做p」是有意義的，而說「我必須
做p，但我不打算做p」聽起來像是邏輯矛盾。因此，上述實踐推理
形式中的「必須」都可以換成「應該」，並且還可在其他部分作相
應改變。於是，我們有以下形式的第三人稱實踐推理：

　(7)X應該使那座小屋適於居住；

　　　除非X給小屋升溫，他不能使小屋變得適於居住；

　　　所以X應該給小屋升溫。

其相應的第一人稱形式是：

　(8)我應該使那座小屋適於居住；

　　　除非我給小屋升溫，我不能使小屋變得適於居住；

　　　所以我應該給小屋升溫。

在(7)和(8)中，「應該」還可以用「有義務」(it is duty)取代。於是，(7)和(8)分別變成(9)和(10)：

　(9)X有義務使那座小屋適於居住；

　　　除非X給小屋升溫，他不能使小屋變得適於居住；

　　　所以X有義務給小屋升溫。

　(10)我有義務使那座小屋變得適於居住；

　　　除非我給小屋升溫，我不能使小屋變得適於居住；

　　　所以我有義務給小屋升溫。

　關於(7)—(10)，馮·賴特指出了下述兩點：(i)其中的第一個前提和結論都表達義務；但前提表達的是本來的義務或基本義務，結論所表達的是派生的義務(derived obligation)，即為了履行本來的義務而不得不履行的第二個義務。(ii)由於用「應該」或「有義務」取代了(4)中的「要求」和「必須」，於是第一人稱實踐推理(8)和(10)就與第三人稱推理(7)和(9)一樣，其前提和結論都表達某種客觀的事實，都有真假可言，因此其結論所表達的都是某種客觀的實踐必然性，而不再是主觀的實踐必然性。不過，我們可以通過給(8)和(10)的第一個前提加上「我承認」這一短語，使其結論仍表達主觀的實踐必然性。例如，我們可以有這樣的第一人稱實踐推理：

　(11)我承認我有義務做p；

　　　除非我做q，我不能做p；

　　　所以我必須做q。

在如上所述的所有實踐推理形式中，其結論不外如下三種形式：「…必須做q」、「…應該做q」、「…有義務做q」，其中「…」代表相應行動者的名字或代詞。嚴格說來，這些實踐推理並不一定實際地導致一個行動或者終止於一個行動，因為如前所述，「X應該做q，但不打算做q」是可能的。所以，馮・賴特把上述實踐推理形式作某些改變之後，將其結論強化為「……將做q」。於是，第一人稱和第三人稱實踐推理分別具有以下形式：

⑿我打算實現p；

　　除非我做q，我將不會實現p；

　　所以我將做q。

⒀X打算實現p；

　　除非X做q，他將不會實現p；

　　所以X將做q。

與前面所說的「本來的義務」和「派生的義務」相應，馮・賴特這裡把前提中表達的意向叫做「第一意向」，把結論中表達的意向叫做「第二意向」。於是，在實踐推理中，從前提到結論就存在「意向的遺傳」(transmission of intention)，即從關於目標的意向遺傳到關於手段的意向。馮・賴特認為，實踐推理中這種「意向的遺傳」，是與康德在《道德形而上學基礎》中所表達的下述思想合拍的：「誰追求目標（只要理性對他的行動有決定性的影響），誰也會追求必不可少的且能為他所掌握的手段。」❷

不過，如上所述的實踐推理模式還必須作一些限制和修正：

首先，行動者不能同時擁有幾個互相衝突的目標。為了達到目

---

❷　I. Kant, *The Moral Law*, Hutchinson, London, 1956, translated by H. J. Paton, pp. 84～85.

標p，要求做q；而為了達到另一目標p´，要求不做q，甚至要求阻止q發生。這樣兩個目標及其手段將不相容，行動者本人也將無所措手足。因此，馮・賴特指出：「如果某人追求目標E，那麼出於概念的理由，若人們認為追求E´（因果地或邏輯地）與追求E不相容，則他不能同時追求另一目標E´。我將把這一點作為『意向邏輯』的有效規律加以接受。」❷

其次，模式⒀的結論可能不是從其前提邏輯得出的，這可能有好幾個原因：(i)模式⒀的兩個前提本身可能都真，但X本人不知道或不認為第二個前提為真，也就是說，他沒有認識到這一點：除非他做q，否則他不能實現p。這樣一來，結論「X將做q」就沒有任何保證。例如，本來是「除非X給小屋升溫，X將不會使小屋變得適於居住」，由於X不知道這一點，他採取的是另外的措施，如粉刷牆壁、修補門窗等。為了避免這種情形，我們必須給第二個前提附加上「X知道」、「X相信」、「X認為」、「X認識到」等認知態度詞。(ii)儘管X知道達到目標要使用某一或某些手段，但他不能或不想去實現這些手段，甚至進而放棄了原有目標，而去追求新的目標。我們可以把「無能」、「逃避」這些情形忽略不計，因為只要X在追求某個目標，他就會遇到同樣的問題，除非他什麼也不幹。

第三，X追求行動的目標，其目標的實現通常是有時間限制的，譬如說時刻t；顯然，手段的具備必須在t時之前，至少是在t時，不能在t時之後。因此，結論中所指出的行為也必須在t時之前實施，行動者X不能忘記這一點。

第四，沒有什麼人、機構、律令或其他環境因素阻止X去實施

---

❷　G. H. von Wright, *Practical Reason,* Oxford: Basil Blackwell, 1983, p. 20.

行為q。

如此等等。把上述限制條件或修正都考慮進來之後，模式(13)就變成了下面的(14)：

(14)X現在打算在t時實現P；

X現在相信，只當他不遲於t′時做成q，他才能在t時實現P。

X沒有改變或放棄他的目標，並且他有能力做成q，並且沒有人阻止他去做成q，並且他沒有忘記時刻t′，……。

所以，X將在不遲於t′時做成q。

馮・賴特指出，第一個前提中的「打算」、「要求」叫做意願態度詞，可以用「已決定」(have decided)、「決心」(is resolved)、「決意」(is determined)、「急於」(is anxious)等來代替，並不影響整個推理的有效性。

馮・賴特問道，在實踐推理中，「前提和結論之間究竟是什麼關係呢？是因果關係嗎？是衍推嗎？或者兩者都不是？人們也能這樣提出問題：某種意願的或認知的態度如何能驅使行動者去行動？」❷許多邏輯學家和哲學家對這些問題的回答是：一般認為，從事實陳述不能推出規範陳述，也就是說從「是」不能推出「應該」。而在實踐推理中，兩個前提都是事實陳述，而結論常常是規範陳述（其中含有「必須」、「應該」時），因此，實踐推理中前提和結論的關係不是邏輯必然關係。

馮・賴特緊接著指出，上面提出的問題「是困難而又緊迫的，我迄今為止從未停止過解決它的努力。我的立場也經歷了一些變化。」❷大致說來，馮・賴特開始認為，實踐推理中前提和結論的關

---

❷ P. A. Schilpp and L. E. Hahn, *The Philosophy of G. H. von Wright*, p. 189.

係是衍推關係，結論以合乎邏輯的方式從前提得出，具有實踐的必然性。他後來考慮到種種複雜情況，給實踐推理模式增加了許多輔助假定，其前提加上這些輔助假定可以推出其結論；若這些輔助假定中的某一個不具備，實踐推理的結論仍不具有實踐的必然性；即使它們全都具備，如果結論表示的行為未被實施，整個推理仍不具有實踐的必然性。因此，馮・賴特後來說，實踐推理的結論具有事後的必然性，即結論所表示的行為被實施後，整個推理才具有必然性。

在我們看來，馮・賴特為了說明實踐推理本來不具有的必然性，提出了許多模糊概念和躲躲閃閃的說法，例如不說「邏輯有效」，而說「邏輯上結論性的」(logically conclusive)，不說「邏輯必然性」，而說「實踐必然性」，並且在不明確而嚴格地闡釋這些概念的情況下，說「實踐推理是邏輯上結論性的，具有實踐的必然性」等等。實際上，事情很明顯，實踐推理不是邏輯必然的，但其結論的推出是有道理的，因而是高概率的。

馮・賴特還談到了實踐推理的兩種主要用法：回溯性使用(retrospective use)和前瞻性使用(prospective use)。

當回溯性使用實踐推理時，我們的目的是對已發生的行動提供說明(explanation)和辯護(justification)。我們從敘說某個行動者通過做A而做了某事的結論開始，然後構造與此結論相配的一組前提。例如在第三人稱推理的情形下，行動者X做了A。為什麼X會做A呢？我們構造兩個前提，一說X追求某個目標，另一說X確信要達到該目標他就要實施A行為，這樣我們就給X的行動提供了一種意向論說明。在第一人稱推理的情形下，我做了A。我為什麼會做 A呢？

㉕ G. H. von Wright, *Practical Reason*, pp. 36–37.

我通過提及我追求的目標,以及我認為做A是為達到目標所必需的,我就為我的行動提供了某種辯護。當回溯性使用實踐推理時,在模式(14)中所提到的各種限制條件,如「X沒有改變或放棄他的目標,並且他有能力做成q,並且沒有人阻止他去做成q,並且他沒有忘記時刻t′,……」,事實上已經被排除掉了,因而整個模式可以簡化為兩個前提和一個結論。

　　當前瞻性使用實踐推理時,我們的目的常常是斷言(declaration)或預言(predication)。我們從一組前提出發,從中「提煉」或推出一個結論。在第一人稱推理的情形下,結論通常是斷言去做某事的意向,我使自己承諾去做那件事。當我再三思考為了達到我已經提出的目標,我必須做什麼時,常常這樣使用實踐推理。在第三人稱推理的情形下,推理的結論是關於X的行為的一個預言:既然X具有如此這般的目標,並且他確信做A對於實現該目標是必需的,因此他將會(至少是很可能)做A。當前瞻性使用實踐推理時,模式(14)中所提到的各種限制條件,對於確保結論的成立來說是必需的,不能去掉。

　　實踐推理的回溯性用法,是在尋找行動者過去行動的理由;實踐推理的前瞻性用法,是基於已有的理由,對行動者未來的行動作出預言。那麼,除這兩種用法之外,是否還存在實踐推理的即時性使用(instaneous use)呢?即運用實踐推理去解釋或說明行動者正在實施的行為?馮・賴特對此明確加以否定,其理由大致是這樣的:當我們目睹X正在做某事時,X由於缺乏相關的知識或能力,或由於有人阻止,X實際上沒有完成該行為,沒有得到它的結果。而我們已經指出,結果是一個行動的內在部分,沒有結果的行為不是行動,只是單純的身體活動,不能成為實踐推理所要說明的對象。還

有，我們目睹X正在做一些奇怪的動作，因而根本不明白他的意圖，而前已指出，行動的特徵就在於它的意向性，行動就是有意識的行為，因此X的那些意圖不明的奇怪動作也不能成為實踐推理的說明對象。最後，我們看到行動者X的行為，如他的手上揚，但有可能誤解他的意圖，因此把他的行為當作另一種行動加以說明了，實踐推理出現錯誤。❷❻

在《說明和理解》一書中，馮・賴特還提出了實踐推理的前提和結論是相互依賴的論題。實踐推理的前提表明了行動者的意向或目標，結論則表示了行動者為實現這種目標而該做的行為。如果行動者不做結論中所提到的行為，前提中所提到的行動者目標就不能實現；如果沒有前提中所提到的行動者的意向或目標，結論中提到的行為就只是單純的行為或身體活動。在這兩種情形下，都不存在有意向、有目標、有結果的行為即行動，實踐推理就失去說明對象和賴以存在的基礎。正是在上述意義上，實踐推理的前提和結論是相互依賴的。馮・賴特有時把上述論證稱為實踐推理中前提和結論具有邏輯聯繫的論證(The Logical Connection Argument)，它類似於所謂的「解釋學循環」： 解釋者在歷史中、在世界中、在有限中、在部分中；他們在方法論上的手段，必定是以整體與部分、有限與無限的相互交往或循環論證為出發點。

6.3 決定論和關於人的研究

行動是人的行動。人是有意向（目標）、 有意志、有情感、有偏好的行動者，並且總是處在一定的社會關係中。他作為一定的社

---

❷❻ G. H. von Wright, *Practical Reason*, pp. 30–34.

會共同體的成員,要參與到「制度化了的行動形式和行為實踐中去」。於是,　對行動的研究就逐步演變為對處於一定社會關係中的行動者即人的研究,　關於行動的兩種說明模式就被逐步推廣為自然科學和關於人的科學分別具有的模式。這樣一來,　馮・賴特中期的行動理論就演變為他後期的人文主義方法論。

6.3.1　方法論上的二元論

馮・賴特把精神科學和社會科學統稱為關於人的科學(the human sciences)。他討論了哲學領域中這樣一個爭論已久的問題,即自然科學的考察方式和方法是否可以轉用於人類文化領域,或者說關於人的科學是否需要一種與自然科學方法根本不同的特殊方法。在這個問題上,　馮・賴特「主張明確區分兩種類型的因果或決定關係。一種對自然科學來說是關鍵性的,並且與實驗觀念相聯繫。另一種則在歷史和社會科學中起主導作用,包容了各種不同形式的動機。我由此開始提供一種在自然科學和人的科學、在『自然』和『人』之間的二元論。這種立場不是與下述態度無關的,可以把這種態度描述為捍衛人文主義以反抗對於人的『工程的』和『控制的』研究。」㉗

關於科學說明,馮・賴特在《說明和理解》一書中區分了兩種不同的思想傾向:一種是他所謂的「伽利略傳統」,　亦稱科學說明的「包攝模型」或「履蓋律模型」,　即通過尋求一般定律或普遍法則來解釋個別的、特殊的現象或事件。在這一傳統中,　必須提到一些重要的情況。休謨(David Hume)在他的因果關係的規則性理論中

㉗　P. A. Schilpp and L. E. Hahn, *The Philosophy of G. H. von Wright*, p. 827.

曾經指出，無論根據多麼準確的觀察，我們也不能確定a是b的原因；因為只當存在著普遍的規則性即法則，使一類事件a和另一類事件b的出現總是毫無例外地彼此聯結在一起時，才存在這種「是……的原因」的關係。但是，這樣的法則是否有效，顯然我們不能通過對個別事件a和個別事件b以及它們的特徵的觀察來確定。後來，穆勒(J. S. Mill) 為自然科學的說明找到了一個簡潔的公式：說明就在於使單個事件隸屬於或包攝於法則。波普爾(K. Popper)在他的《研究的邏輯》一書中試圖更準確地規定這種包攝的性質：借助於法則 G 說明事件e，在他看來就是一種邏輯推論，即從某些前提（它們除去包含 G，還包含適當的初始條件和邊界條件）推出描述該事件的命題。後來，亨佩耳(C. G. Hempel)和奧本海姆(P. Oppenheim)把這個思想用於準確解釋形式語言中的科學說明這個概念的嘗試中。

所有現代的經驗論者和許多現代的科學論者，都主張方法論上的一元論，即認為自然科學方法和上述科學說明模式是普遍適用的；對涉及人的行為的某一過程的說明，只當成功地將此過程包攝在一般法則之下時，才被認為是有效的；精密自然科學設立了一種標準，一般科學（包括關於人的科學在內）的水平，都要根據這個標準來評價。

馮・賴特指出，上述說明模型已證明對於自然科學是適用的，但並不適用於關於人的科學。在後者之中，另有一條源遠流長的思想傳統，馮・賴特將之稱為「亞里士多德傳統」，它強調人的行為的合目的性，並因此認為，關於人的科學不是要提供因果性說明，而是要提供目的論或意向論說明。

馮・賴特通過決定論在自然科學和人的科學中所起的不同作用，來為他的「方法論上的二元論或平行論」辯護。決定論認為，

凡實際發生的都是不得不發生的。在自然科學中，決定論是與一般法則、可重複性、實驗控制這樣一些觀念連在一起的；而在人的科學中，決定論則是與動機、社會壓力、目標導向、意向性這樣一些觀念連在一起的。在自然科學中，決定論在很大程度上用於對未發生的事情作前瞻性預言；而在人的科學中，決定論則在更大程度上用於對已發生的事情作回溯性說明。而產生上述差別的根源在於：自然科學可以刻畫為對受自然規律「支配」的現象的研究，而人的科學則首先應看作是對受社會制度及其規則「控制」的現象的研究。儘管自然規律與社會制度及其規則之間存在著某些類似，因而使得自然科學和關於人的科學也存在某種方法論上的類似性。但是，自然規律和社會制度及其規則之間仍有原則性差別：例如前者是描述性的，後者是規範性的，由此派生出自然科學和人的科學的一些其他區分。

　　馮・賴特確信，他的上述觀點與解釋學者們的觀點是一致的。解釋學 (Hermeneutics) 起初既不被理解為科學，又不被理解為哲學，而是被理解為技巧，即解釋的技巧，主要是解釋書面文獻的技巧。主要從狄爾泰(W. Dilthey)開始，解釋學發展成為一種哲學思潮。狄爾泰所關心的中心課題是：處於具體的歷史情境中的解釋者如何能對其他歷史性的表現進行客觀的理解。他認為自然科學中的因果「說明」原則與精神科學中的「理解」原則根本對立，彼此各有其適用範圍，互不逾越。他還把文化現象中的「理解」看作是一個生命(作品解釋者)「進入」另一個生命（作品創作者）的過程。也就是說，一切社會文化現象都相當於在種種符號中固定化了的生命表現，理解這些現象就相當於把握符號創造者的主觀精神世界，即「重新體驗」一種創造活動。在稍後要分析的馮・賴特的相關論述中，我們

可以看到對這種觀點的部分印證，因為由於他力圖證明對人的行為的說明並不服從於說明的包攝模型，所以解釋學關於人的科學的獨立性命題就以某種方式得到支持。我們可以把馮·賴特的這些工作看作是在邏輯型、技術型哲學和解釋學哲學之間架設橋梁的努力。

6.3.2　人的行動的決定因素

　　研究人的行動有不同的角度和方法。從自然科學角度去研究的哲學家和科學家，傾向於把他們遇到的一切問題，包括意志自由問題，都內在化。他們先是談論人的需要、願望、意見、情感和愛好，然後把這些現象與人的軀體的可宏觀觀察的行為方式聯繫起來，在最後的決定性步驟上將它們與人腦中發生的神經生理過程聯繫起來。在這種情況下，由於指出了我們關於這些事物所知甚少，社會科學的簡單而不精確的現狀就得到了說明和辯解。與此相反，另一些研究者則傾向於把有關的問題外在化。這裡直接的研究對象仍是人類個體的行動，然而他們並不試圖由此推進到與這些行動相應的或是作為這些行動根據的人腦過程。相反是研究規定或決定作為社會共同體成員的個人的行為的諸因素。總之，這是歷史學家和社會科學家的方法，這種方法與把人作為自然對象來研究的那些人的方法是不同的。

　　馮·賴特所採用的意向論說明模式屬於上述第二種方法。假定X做了q。為什麼他要做q呢？因為他要達到目標p，並且他認為做q對於達到p是必要的。這裡p是X的意向對象，q是情境對X行為的要求，簡稱情境要求(requirements of the situation)。這就是6.3.1所提到的意向論說明模式。但馮·賴特後來認為，X的意向和他的認知態度只是他的行動的內在決定因素 (internal determinants)，除此之

外尚有外在的(external)決定因素。馮・賴特把後者簡要概括為「參加到制度化了的行為形式和行為實踐中去」。 說問題關係到人的行為制度化了的形式，意思是指，人是在他被教育成為社會成員的過程中學會這些行為方式的。

參加到制度化的行為實踐中的一種簡單而又經常發生的方式，就是對某種符號刺激(symbolic challenge)作出反應。例如，服從一項命令，履行一種請求，回答一個問題，甚至行人見到紅色交通燈號而止步等等，都屬於這種情況。為什麼我把鹽瓶遞給我的同桌就餐伙伴? 因為他請求我這樣做。這對我的行動提供了一種完全的解釋。他的請求決定了我的行動，對我來說構成我把鹽瓶遞給他的充足理由。當一個人對某種符號刺激作出反應時，他通常不是有意作出反應，而只是簡單地反應。例如，我把鹽瓶遞給同桌就餐伙伴，不是為了禮貌才這樣做，而是出於禮貌而這樣做，後者在很大程度上是社會訓練的結果。它類似於條件反射，但又不是條件反射，而是有意識的行為，這在行動失敗而力圖解釋時表現得特別明顯。仍用上面的例子，如果我不慎把鹽瓶掉到地下，對於「你在幹些什麼呀?」這一責問，我可以回答說:「我本想把鹽瓶遞給X先生，他曾請求我這樣做。」這就表明遞鹽瓶是有意所為，不是條件反射。

參加到制度化的行為實踐中去的另一種方式，就是遵從國家的法律、道德規範、禮儀形式、傳統習俗等等。例如，「你為什麼不在這兒停車?」（這樣做會很方便），回答可能是:「不允許這樣做。」這裡交通管制規則就作為我的行動的決定因素而起作用。服從這一規則是我的有意識行為的外在設定目標。

我們行動的哪些部分由內在因素決定，哪些部分由外在因素決定，是不固定的。它隨不同的社會以及行動者在社會中所處的位置

而變化。在一個禁忌和規範很多的社會裡，或者一個人在社會中所處的地位很高時，外在因素可能起支配作用，它們甚至管束到人的生活的細枝末節。在這樣的社會中，個人自由的程度很小，範圍也極其有限。

人們的行動為什麼要與法律、道德規範、傳統習俗等相一致呢？馮·賴特為了解釋這一點，提出了「規範壓力」(normative pressure)和「外在因素的內在化」等重要概念和說法。他指出：「我們行動的外在決定因素，如同我們對之作出反應的刺激一樣，對我們來說是預先給定的。如此這般的反應方式，如同條件反射一樣，必定是通過學習得到的。學習參與到制度化的行為形式中，是與特有的動機連在一起的。我把這種動力機制稱為規範壓力。」❷⑧

所謂規範壓力，就是因遵循或違反某種法律、道德、傳統習俗而招致的處罰、制裁或獎賞。例如，不遵守法律的、道德的和其他的行為規則和行為方式，就可能給行動者帶來不愉快的後果。在法律規範的場合，這些後果是由專門機構處置的，並且還可能是強制性的，諸如罰款、拘留、判刑甚至殺頭；在道德規範的場合，其後果可能是受到共同體的其他成員的疏遠、排斥、敵意甚至唾棄。人的有些行動可以用逃避懲罰或制裁來解釋。「為什麼你要交稅？」回答可能是：假如我不繳稅，我就有可能去坐牢，而我不願意坐牢。「為什麼你不打罵那位女士？」回答可能是：如果我打罵那位女士，眾人都會指責我，我將無地自容。

規範壓力有時是以獎賞的形式出現的。馮·賴特把獎賞分為外在的獎賞和內在的獎賞，並認為外在的獎賞在行為方式的制度化中只起次要作用，起主導作用的是內在的獎賞。馮·賴特論述說，行

---

❷⑧　G. H. von Wright, *Practical Reason*, pp. 38–39.

為方式的制度化通常服務於某個目的，具有社會功能。沒有交通規則就會發生道路堵塞，而這是每個人都不願看到的。因此，參與到遵守交通規則的實踐中，就產生某種「公共利益」， 即給每個參與者都帶來好處，這種好處就是對該行為的內在獎賞。於是，規則被某個社會成員內在化或內在地掌握，即是說，他按照這些規則行事，是因為他承認這些規則，並理解到這些規則會給他帶來好處，而不是因為他屈服於規範的壓力。

這樣一來，人的行動的外在決定因素通過規範壓力被內在化了，即被轉化、歸結、還原為內在決定因素，即人的意向和認知態度。不過，馮・賴特指出，外在因素給人的行動帶來了兩種形式的不自由。第一種不自由就在於，行動著的個人感到社會規範是強制力量，並且始終是在規範壓力下行事。個人感到這種壓力越大，這個個人在主觀意義上就越不自由。當達到對社會規範的內在把握時，這一類不自由是能夠克服的。但是第二種不自由卻正在於這種內在的把握。社會批評家經常批評這第二種不自由，這時他們對社會制度和社會實踐提出疑問，企圖使社會成員意識到，這些規則完全不是「公共利益」； 相反，在它們的背後隱藏著別的利益，譬如「統治階級」的利益。

馮・賴特的這種區分無疑是非常令人感興趣的，因為它表明所謂的「為更多的自由而鬥爭」可能是多麼捉摸不透和令人疑惑。以下對馮・賴特這一思想的扼要地補充考察可以說明這一點。為此目的，我們把生活於社會中的人們經受的第一種危險稱作由社會強制力而引起的不自由，把第二種危險稱作由社會灌輸引起的不自由。一旦一種社會制度被採用，它的代表者和捍衛者就總是要努力通過社會成員的內在掌握來消除他們的第一種不自由。假如這一點達不

到，他們就指責這是人類個別個體的罪責，說他們不願意或沒有能力進行內在的掌握。遺憾的是，一些獨裁政治以及一般來說那些被它的成員認為是「不公正的」和「根本不完善的」社會形態，仍然還是這樣行事。被這種制度的代表者作為有罪的東西而加以公開譴責的對內在掌握的拒絕，對於這些社會成員來說，正如對於局外的持批評態度的觀察者一樣，乃是一種對於灌輸的反抗。對於個人來說，在這裡可能產生一種嚴重的內心衝突：他應當保護他的「內在自由」， 因此反抗社會的強制力量以及一切與此相聯繫的個人危險呢？還是應該服從這種強制力量，把外部的不自由換成內部的不自由呢？

然而，如果第二種不自由占了優勢，那就又會形成一個重要的區別：使其他社會成員意識到這種不自由的努力是能得到寬容呢？還是會受到社會的也許甚至是法律的懲罰和制裁呢？由於每一種社會批判，特別是對第二種不自由的批判，不僅可以根據明顯的事實，而且還必須根據一些也許是完全不可靠的假設，所以情況就更為複雜了。在一個觀察者看來可能是個「殉道者」的人，在另一個社會成員如規範的捍衛者看來，卻可能或是一個「乖僻者」， 或是一個「喪失理智的精神變態者」，或者甚至是一個「罪犯」。因此，關於事實和規範的意見分歧不僅以複雜的形式相互交錯連接，而且還又加上「不自由」的多義性。即使在一個以最低限度的強制調節加以維持的社會中，第二種不自由也可能是非常大的。當海德格爾 (M. Heidegger) 說「人們的統治」時，他就已經注意到這第二種不自由了。他說，個人主觀上感到完全自由，但他所做的正是人們希望他去做的，或者是人們通常所做的。

在這裡也可以清楚看到，對生活的根本態度可能是主要的衝突

之點：說到自由概念，存在主義者的生活態度和社會主義者的生活態度之間的衝突就在於，前者關心克服一種內在的不自由，而後者對此或者是完全看不到，或者即使看到，也不把它看成是不自由。人都想自由，在這一點上，兩派是一致的；人們應該將社會生活建設得使這個願望得到「最好的」實現，在這點上也是一致的。而後者繼續前進，並且宣稱，人對自由的意識是內在自由的唯一標準，這種對自由的意識只有通過將社會規範完全內在化才能更好地實現。而這正是前者所反對的。

馮・賴特曾預先從方法論上考察過一種可能的社會批評，對自由概念及其歧義性的分析就是這方面的一個例子。一個社會不應該建設得使兩類不自由都達到最低限度：外在的社會強制達到最低限度，與此相聯繫，灌輸也達到最低限度或完全沒有灌輸嗎？將社會規範限制到個人憑藉其對必然性的認識能夠掌握的程度，這當然是一個理想的目標。但是，這裡在無數細節上存在著困難。有兩個複雜情況應特別指出來：首先存在著社會制度的各種可能性，關於它們的實際結果，因此關於它們的好壞，存在著意見分歧。第二，我們必須對自由概念，首先在前一變種中，然後在後一變種中再細分，因為存在著自由活動領域的不同的相互排斥的組合。

6.3.3　行動意向的決定因素

6.2.3所述的實踐推理，只考慮了人的行動的內在決定因素。當把人（行動者）作為一個社會共同體中的成員來看待時，各種外在決定因素和規範壓力開始進入視野，從而對人的行動提供了一種更完全和更透徹的說明。不過，如前所述，從行動者設定行動目標到他實施達到該目標的手段之間是存在時間間隔的，對一個人將會做

什麼作出預言，其準確性就取決於這個時間間隔有多長。如果時間間隔很短，行動者因情境改變而導致意向改變的可能性很小；若時間間隔很長，因情境改變而導致意向改變的可能性就很大。於是，原來被當作行動原因的意向，現在本身成為有待說明的對象：人們為什麼會改變他的意向？為什麼會有他實際所有的那些意向？馮・賴特指出了如下四種決定因素：

⑴要求(wants)。「你為什麼打算去聽音樂會？」對於這一問題，其可能的回答有：因為我想聽Y的演奏；因為我想再聽一遍貝多芬的「命運交響曲」；因為我想聽一些音樂，如此等等。這些回答僅僅提及了行動者的要求，是對行動的完整說明。在這種情況下，如果想進一步追問：為什麼你想要你所想要的東西，那就再也找不到這一行動的更深刻的決定因素了，最多只能找到某種一般的背景，而這個背景是獨立於當前意向而存在的。譬如我們可以說，愛好音樂是一種內在的傾向，它表現為一種特殊的願望。不過，假如我對上述提問回答說：「最近我太累了，我想通過聽音樂會來鬆弛身心。」這時，聽音樂會不再只是一個人的要求，而成為達到某個另外的目標——如鬆弛身心——的手段。

⑵義務(duties)。某個人X說：「我打算去四川九寨溝度假。」有人問：「為什麼你打算去那兒？」X可能回答說：「我最近身體不好，去九寨溝呼吸新鮮空氣，看看美麗的風光，作些輔助治療，使身體恢復健康。」假如有人還要追問：「為什麼你要使身體恢復健康？」這樣的問題是沒有意義的，因為保持身體健康是本能或自然的需要。儘管如此，這些自然的需要並不必然就是人的行動的決定因素。一個人可能對自己的身體漠不關心，或者甚至想故意損害健康，因為致使他如此行動的並不是需要，而是義務。

　　馮‧賴特不是在狹窄的道德涵義上，而是在更廣義上使用義務這個詞的，它包括所有那些被人們稱做社會義務的東西。由於社會的規則，即成文的和不成文的法律、習俗、習慣和他身處其中的制度，對作為社會成員的每一個個人，都提出了要求。這些要求的總和便決定著個人在社會中的角色，人們對作為角色承擔者的他所期待的一切都算作他的義務。例如，我們在大街上看見一名警察跳進警車疾駛而去。他為什麼這樣做？我們被告知他在追趕正逃跑的小偷。為什麼他要抓小偷？作為個人他也許可憐那名小偷，想讓他跑掉算了；但作為一名警察，他有義務維持社會治安，打擊各種非法犯罪活動。因此，他必須抓住那名小偷。假如他不這樣做，就會面臨處罰，甚至被開除的規範壓力。如此看來，抓小偷就是由警察這個社會角色帶給他的職責或義務。

　　愛好和義務之間可能或者說常常發生衝突，因為一個人喜歡的東西不必與他作為角色承擔者對之負有義務的東西相　致。在這種情況發生時，人們常常選擇犧牲愛好而履行義務。規範壓力和對義務的內在理解在這裡起了重要作用。例如，X 作為個人，喜歡養鳥鬥雞；但他同時是國家總理，負有眾多義務。假如他沈溺於愛好而不去履行義務，顯然將引起輿論大譁，國人共憤。因此，即使規範壓力也會迫使他把主要精力投向義務。另外，對於義務的內在把握，如政治家所具有的使命感和社會責任感，會進而促使他放棄愛好而全身心地投入工作。馮‧賴特指出：「這樣說也許是正確的：各種不同角色所暗含的義務比任何其他決定因素都更多地鑄造了人們的意向，並因此引導了他們的行動。但是在不同的社會中和不同的角色那裡，這一點發生的程度是不同的。所以，一社會內角色分配問題是與個人自由問題密不可分的。」❷❾例如，一個社會中某個處於從

屬地位的人，在某些情況下某種意義上可能比另一位被賦予更大權力的成員享有更多的自由，因為他還有一些時間去追求他的需要，滿足他的愛好，而另一個處於高位的人卻成了他的角色的奴隸。

⑶能力(abilities)。它與願望（要求）和義務不同，不是積極地而是消極地規定人的行動：它標示著人的行動自由的水平和範圍。某人有要做某事的意向，其前提就是他確信，他的企圖能夠實現。這既不是對事實的經驗斷言，也不是法則假設，而是對意向的意願成分和認識成分之間的概念關係的確認。能力在下述意義上可能是天生的，即它是來自人體的生物學特性；或者它可能是後天獲得的。儘管生物學上的決定因素的範圍是很廣泛的，從體力直到智力，但是個人之間在這個方面的差別還是可以通過學習和教育達到某種程度的平衡。不過對於個人來講，他所能做的事情是很有限的，因為他在社會中的地位不允許培養他本來可以獲得的能力。顯然，這是產生出合理的社會批評的另一個可能的出發點。因為上述這些限制並不是自然的事實，而是根據社會的道德的原因，即歷史上實際形成的規範。然而另一類限制通常要更強一些：為了能夠發展某種能力，已經越來越多地需要昂貴的技術設備。能力和技術裝備的這種結合是造成人在自由方面不平等的主要根源，由此導致了對某種經濟狀況和社會形態的批判。

⑷機會(opportunities)。一個人在一給定情境下能夠幹什麼，不僅僅取決於他的能力，而且在同等重要的程度上還取決於提供給他的機會。假如沒有行動的機會，意願、知識和能力就沒有任何用處。例如，一名小孩可以學會開窗戶，但假若所有窗戶都是開著的，他也就不能再去開窗戶了。能力是某個行動者的一般特徵，與此相反，

---

❷⑨　G. H. von Wright, *Practical Reason*, p. 48.

機會卻是某一具體情境獨有的特徵。任何人的任何行動都既創造了又破壞了行動的機會，無論對他自己而言還是對他人來說都是如此。例如我關門就為我自己或他人創造了一次開門的機會；我離開了某個房間，就破壞了另一個人請求我在此房間內幫助他的機會。在這一意義上可以說，機會是不斷在變化著的，而願望，知識和能力則是相對穩定的。意向既不會隨機會的改變而自動改變，也不像願望、知識和能力那樣穩定，意向處於機會和後三者的中間地帶。

6.3.4　事件邏輯和歷史規律

馮・賴特把情境變化、意向性、能力、動力機制和規範背景之間的相互作用，稱之為「事件的邏輯」，它構成了維持歷史「機器」運轉的諸齒輪。

使新的行動成為可能或必需的情境變化，或是僅由自然力的作用而引起，或者由人的行動，更確切地說，是由角色承擔者的行動所引起。第一種情況的例子是，發生了地震或洪澇災害，毀壞了人們的生存條件。在此類災害中形成的新的意向，通常都可以歸因於「生存意志」，人們力求逃避或遷徙到新的安全地帶，聯手採取各種措施減輕災害，重建家園等。此類措施反過來又要求在社會制度層面作相應調整。第二類情況的例子是，一個國家為了保衛她的邊界而侵占了另一個國家的一個省，此國人士解釋說：「我們若不這樣做，他們就會侵略我們。」在由侵占所引起的新的情境中，被侵占國家的政府認為，為了保衛自己國家的獨立和完整，有必要同第三勢力結成聯盟。而這後兩者的聯盟又對第一個國家構成威脅，促使她的統治者採取進一步行動。如此繼續演變下去，一連串「必要的」行動最後很可能導致帝國主義戰爭。馮・賴特指出，社會衝突、

王朝垮臺、經濟崩潰經常採取類似模式，從而顯現出某種「歷史的不可避免性」。

另一種稍微有些不同的「邏輯」是由偉大的（特別是技術領域內的）創造性革新或發明引起的，它開闢了新的行動可能性，並成為潛在需求的釋放通道，而不是成為先已存在的由制度化決定的義務的實施機會。由此類變化所引起的鏈式反應，經常在以角色承擔者的義務及其由規則設定的意向對象為一方，以由情境變化給予行動機會的方向為另一方之間造成緊張。制度形式的內在化變得愈來愈困難，愈來愈遲疑不決，規範壓力日漸增長，共同體的「內部矛盾」日漸突出，所有這些最終導致制度革命，即由一種社會制度轉變為另一種社會制度。馮・賴特在這裡所表達的思想，與馬克思、恩格斯的下述思想是一致的：科學技術是「一種在歷史上起推動作用的、革命的力量」；❸ 在人類社會發展的歷史進程中，「每一代都在前一代所達到的基礎上繼續發展前一代的工業和交往方式，並隨著需要的改變而改變它的社會制度。」❸

如上所述的動力機制和鏈式反應，給我們提出了歷史是否存在「規律」的問題。馮・賴特指出：「公正地對待這個問題，就應該指出：如果具體的歷史事件之間存在類似規律的聯繫，我們寧願把它們看作是一般的社會學規律，也許還有經濟學規律的特殊情況，而不是自成一類的『歷史規律』。」❸

馮・賴特舉出經濟學規律的例子：薩伊(J. B. Say)的市場說，格里欣(T. Gresham)的「劣幣驅逐良幣」法則、供求關係規律以及邊

---

❸　《馬克思恩格斯選集》第3卷，頁575。

❸　同上書，頁48–49。

❸　G. H. von Wright, *Practical Reason*, p. 51.

際效用遞減律，等等。至於社會學規律的例子，他舉出了馬克思關於社會結構依賴於生產力和生產關係的原則。馮・賴特指出，即使是最基本的經濟學規律，也預設了如何在市場上交換商品以及如何估算商品價值的制度化形式，不同的規律在不同的制度化形式中有效，或者說，不同的制度框架要求不同的規律。因此可以說，社會學和經濟學的規律是從屬於歷史變化的，這使得它們與自然規律有原則性區別。自然規律是始終起作用，並且處處起作用的，它不依賴於人而存在，並且不能由人加以改變。而社會學和經濟學的規律則與制度化了的背景條件聯結著，而這些條件是可以由人的決定和行動改變的。馮・賴特接著指出，社會的「規律」並不是源自於經驗的概括，而是解釋具體歷史情境的概念框架，它們的發明是概念分析的結果；它們的應用則是對具體歷史情境的分析。如此看來，社會研究處於哲學和歷史之間，它受這兩者的引導和牽制，離開這兩者，社會研究不能獨立存在下去。

　　馮・賴特指出，歷史學，當它不只是單純的編年記事而配稱「科學」之時，它就是對過去由有名姓演員和制度參與的事件的邏輯研究。它用決定論的觀點來研究歷史，研究歷史變化和人的行動的決定因素之間的相互作用。如我們所看到的，這些決定因素在很大程度上根植於社會結構的網絡之中，也就是根植於角色分配和行為模式的制度化中。隨著行動的社會決定因素方面的變化，人的行動也將變化；但是，決定因素方面的變化反過來又是行動的結果——除非它們是自然界中不依賴於人的變化。於是，人的行動是由歷史狀況決定的，而歷史狀況本身又是人的行動的結果。這種表面上的循環論斷表述了這樣一個事實：人既是其命運的主人，又是其命運的奴隸。

第七章　維特根斯坦研究

　　正如麥吉尼斯(B. McGuinness)所說：「出版一部有關馮·賴特哲學的書，不提到他在維特根斯坦研究方面的工作，將是不適當的。」❶這是因為，馮·賴特是維特根斯坦在劍橋的教授職位繼任者，並且是維特根斯坦所指定的三位遺囑執行人之一。他在維特根斯坦研究方面作了大量工作，主要涉及三個方面：對維特根斯坦生平的介紹與評論；對維特根斯坦遺著的清理、編輯和出版；對維特根斯坦思想的研究。

7.1　對維特根斯坦生平的介紹

　　一代哲學巨子路德維希·維特根斯坦因患癌症，於1951年4月29日在英國劍橋去世。正如馮·賴特所指出的：「維特根斯坦啟迪了兩個重要的思想流派，而對於兩者他都加以否認。一個是所謂的邏輯實證主義或邏輯經驗主義，它在第二次世界大戰前的十年間表現得很突出。另一個是所謂的分析的或語言的運動，有時也稱為劍橋學派。」❷

---

❶　Brain McGuinness: "von Wright on Wittgenstein", in *The Philosophy of G. H. von Wright*, p. 169.

一方面，維特根斯坦是20世紀一位聲譽卓著、最有影響的哲學家；另一方面，由於他「迴避出頭露面，他躲開同他覺得討厭的周圍環境的任何接觸。在他的家庭和私交的圈子以外，他的生活和性格很少為人所知。他的難於接近引起了關於他的個性的荒唐傳說，也導致對他的學說的廣泛的誤解。」以致馮·賴特發現，在關於維特根斯坦「去世的報導中發表的資料，許多是錯誤的。我讀到的關於維特根斯坦的大多數傳記文章，都與維特根斯坦的情況不相符合。」於是，與維特根斯坦過從甚密並作為他的教授職位繼任者的馮·賴特，覺得有義務站出來澄清真相，以紀念和捍衛維特根斯坦，於是他寫作了《維特根斯坦傳略》一文。

《傳略》於1954年最先發表於芬蘭哲學會會刊*Ajatus*，其英譯本於1955年發表於英國《哲學評論》雜誌，並被作為首篇收入諾爾曼·馬爾康姆的《回憶維特根斯坦》一書。此書於1958年出版，後多次重印，並被譯為德文、法文、中文、意大利文、西班牙文、瑞典文、荷蘭文等語種，在全世界造成了廣泛影響。

《傳略》以簡潔明快的筆觸，述及以下內容：⑴維特根斯坦的生平記事和性格特徵，⑵他的思想的形成和發展，以及⑶他從他人那裡所受到的思想影響。維特根斯坦常被有意無意地描述為「橫空出世」的哲學家，似乎沒有從他人那裡學到什麼、吸收什麼，一切都出自他個人的獨創。但馮·賴特的《傳略》可以糾正這種看法，因為其中的不少文字述及了維特根斯坦的思想淵源：

---

❷　馮·賴特：《維特根斯坦傳略》，載於諾爾曼·馬爾康姆：《回憶維特根斯坦》，李步樓等譯，商務印書館1984年版，頁1–18。本小節引文，除特別注明者外，均源自此文。該文後又收入 G. H. von Wright 自己的論文集：*Wittgenstein*, Oxford: Basil Blackwell, 1982, pp. 13–34.

「青年維特根斯坦曾跟弗雷格和羅素學習過，他的問題是從他們的問題發展出來的。」

「以弗雷格和羅素這兩位最有才華的人作為代表的『新』邏輯，成為維特根斯坦進入哲學的入口處。」

「維特根斯坦的早期觀點遭到過他的兩位朋友的批評，這個批評對維特根斯坦思想的形成非常重要。一位是拉姆塞，他在 1930 年的早逝是當代思想界一個重大損失。另一位是皮諾·斯拉法(P. Sraffa)，一位意大利經濟學家，他在維特根斯坦返回劍橋之前不久到了劍橋。主要是斯拉法尖銳有力的批評促使維特根斯坦拋棄他早期的觀點，並且開始走上新的道路。」

「維特根斯坦沒有系統地讀過哲學的經典著作，他只讀他能全神貫注地吸收的東西。我們已經知道，青年時他就讀過叔本華的著作。他說，從斯賓諾莎、休謨和康德他只能達到一些偶然的、片斷的領悟。我不認為他會喜歡亞里士多德和萊布尼茨這兩位在他之前的大邏輯學家。然而有意思的是，他讀了並且喜歡柏拉圖。他必定從柏拉圖的文學和哲學方法以及從這些思想後面的氣質這兩方面認出了彼此相同的特點。」

「維特根斯坦從哲學、宗教和詩歌的邊緣領域的作家那裡受到的影響，較之從嚴格意義上的哲學家那裡受到的影響更為深些。前者之中有聖奧古斯丁(Saint Augustine)、克爾凱郭爾(S. Kierkegaard)、陀思妥耶夫斯基和托爾斯泰。聖奧古斯丁的《懺悔錄》的哲學條文，顯得與維特根斯坦自己搞哲學的方式驚人地相似。維特根斯坦和帕斯卡(B. Pascal)之間也有一種值得仔細研究的明顯的相似性。也還應該提一下，維特

根斯坦極為重視奧托 · 魏林格爾(Otto Weininger)的著作。」

「……有一位作者常常令人驚訝地聯想到維特根斯坦，這就
是李希頓伯格(G. Lichtenberg)。維特根斯坦對他評價很高。
維特根斯坦在何種程度上（如果有的話）可以說向他學習過，
我不知道。值得一提的是，李希頓伯格關於哲學問題的某些
思想，顯得同維特根斯坦的思想非常相似。」

馮 · 賴特的上述說法，基本上得到了維特根斯坦生前筆記的印
證，在這些筆記中，維特根斯坦以其特有的誇張口吻，談到了自己
的思想淵源：

「我認為我的唯一的可以再生的思想具有某些真理性。我相信
我從未創造過一線思想，我的思想是從他人那兒獲得的。我熱情地、
直接地抓住它，將它運用到我的分類工作中。這就是玻爾茲曼（L.
Boltzman, 1844–1906, 奧地利物理學家——引者注）、赫茨（H.
Hertz, 1857–194, 德國物理學家——引者注）、叔本華、弗雷格、
羅素、克勞斯（K. Kraus, 1874–1936, 奧地利批評家、散文家、詩
人——引者注）、盧斯（A. Loos, 1870–1933, 捷克建築師——引者
注）、魏林格爾、施賓格勒、斯拉法等人對我產生的影響。」❸ 在《邏
輯哲學論》中，維特根斯坦還提到了奧卡姆(William Occam)、毛特
納（F. Mauthner, 1849–1923, 德國詩人、小說家、文學評論家和
哲學家）、達爾文(C. R. Darwin)、懷特海(A. N. Whitehead)、摩爾、
牛頓(I. Newton)和康德，不過更多的時候是把這些人作為批評的對
象。

---

❸ 維特根斯坦：《文化和價值》，黃正東、唐少杰譯，清華大學出版社1987
年版，頁27。

馮・賴特在其論文集《維特根斯坦》的導言中說：「經常有人
問我是否會寫一部完整的維特根斯坦傳記，而我從未認真思考過這
個問題。」「我自己對此類寫作的態度是既愛又恨的。當此類寫作尊
重事實並且具有適當的知識以及對於聯繫的洞察力時，我發現它就
是有趣的。當它不滿足這些要求時，我認為它就是無趣的，甚至是
令人生厭的。我沒有受到寫作此類傳記的強烈誘惑，也不打算在關
於這些問題的互相衝突的看法之間作仲裁者。」❹

1990年，馮・賴特編輯出版了《青年維特根斯坦畫像：賓森特
(David Hume Pinsent) 1912–1914 年日記》一書❺，對於研究早期
維特根斯坦的生平和思想極有價值。

7.2　維特根斯坦遺著的清理、編輯和出版

7.2.1　維特根斯坦遺稿的搜集和保存

維特根斯坦去世時，指定馮・賴特為他的三位遺囑執行人之
一，另兩位是安斯考姆和里斯 (Rush Rhees)。三位遺囑執行人當時
知道：在1949年聖誕節至1950年3月維特根斯坦最後一次回到維也
納時，他銷毀了屬於他一生各個時期的大量手稿；並且，當他放棄
劍橋教授職位而居住在愛爾蘭時，也銷毀了他認為對他的工作無用

---

❹　G. H. von Wright: *Wittgenstein*, Oxford: Basil Blackwell, 1982, pp. 2–
　　3.

❺　*A Portrait of Wittgenstein as a Young Man. From the Diary of David
　　Hume Pinsent 1912–1914*. Edited by G. H. von Wright, Oxford: Basil
　　Blackwell, 1990.

的許多舊材料。不過，維特根斯坦臨終前六週住在貝文(Dr. Edward Bevan)醫生家裡時，仍繼續工作，留下了一些手稿，並隨身攜帶了大量的手稿筆記本，其他手稿和打字稿則留在他此前曾住過的安斯考姆女士家裡。除這些遺著外，維特根斯坦究竟還有多少遺稿，三位遺囑執行人當時並不十分清楚。

1951年12月，劍橋三一學院把維特根斯坦留下的一個箱子交給了遺囑執行人之一里斯。人們開始以為其中裝的是書，結果發現是數量龐大的手稿。摩爾教授交給遺囑執行人一份維特根斯坦大約在1930年留給他的打印稿，以及1914年在挪威對摩爾所作的口授記錄稿。羅素交來了維特根斯坦與他的通信以及維特根斯坦1913年所寫的「邏輯筆記」。在魏斯曼(F. Waismann)生前，遺囑執行人曾去信詢問維特根斯坦遺稿的情況，未得到答覆。但在魏斯曼於1959年去世後，在他那裡發現了許多維特根斯坦的談話記錄稿和口授記錄稿。1952年夏天，三位遺囑執行人訪問了維也納。維特根斯坦的姐姐斯通伯勒(M. Stoneborough)夫人在格蒙登(Gmunden)的家中出示了一些維氏手稿和打字稿，其中包括1914年–1916年筆記本。同一年稍後，在維特根斯坦的維也納故居發現了七大冊手稿，三位遺囑執行人為1914–1916年筆記本和七大冊手稿拍照留存。

1964年，馮·賴特訪問以色列，會見了維特根斯坦的朋友保羅·恩格爾曼(Paul Engelmann)，後者出示了一份打字稿，德文版《邏輯哲學論》(1921)顯然是據此印刷的。1965年，馮·賴特重訪維也納，旨在搜尋留存在奧地利的遺稿，以及除1914–1916年筆記本之外的其他筆記本。但馮·賴特沒有找到這些遺稿的任何蹤影。不過，除手稿第1–7冊外，尚找到了第8–9冊，這填補了當時在奧地利遺稿和英格蘭手稿之間編號上的空缺。（維特根斯坦曾給其手稿

編號，英格蘭手稿的第一編號是10。）　完全未曾料到的是，找到了包含《邏輯哲學論》的完整草稿的一份手稿，並且還找到了《邏輯哲學論》的一份打字稿。進一步搜尋格蒙登散失遺稿的工作毫無結果，不過在此過程中，1967年發現了一批先前不知道的打字稿。1976年和1977年又發現了一些打字稿，其中最有意義的是第二次世界大戰前的《哲學研究》稿本前半部的修改稿。

　　不過，搜集遺稿的工作並不完全成功。存於奧地利的一部分遺稿在遺囑執行人的控制範圍之外。這批材料中的七冊手稿後來捐獻給了英國劍橋大學三一學院雷恩(Wren)圖書館，其餘的則被賣給了牛津大學博德雷安(Boldleian)圖書館，以及奧地利國家檔案館。

　　1966年左右，馮·賴特著手研究維特根斯坦遺稿，結果發現：維特根斯坦於1951年去世後，馮·賴特知道確曾有過的一些遺稿被損壞了或者不知怎麼不見了。於是，在1967年，當時存於英國的那部分遺稿被臨時集中在牛津大學，並由美國康奈爾大學製作了縮微膠卷，這整個過程是在馮·賴特和馬爾康姆的監督下進行的。同年後期，存於奧地利的那部分遺稿也由美國康奈爾大學製作了縮微膠卷，但此後發現的遺稿未由康奈爾大學製作縮微膠卷。這些縮微膠卷可供維特根斯坦哲學的學習者和研究者使用。

　　關於維氏遺稿的最好儲存場所，三位遺囑執行人想到了劍橋大學三一學院的雷恩圖書館。因為維特根斯坦本人在第二次大戰期間曾將其手稿存放於此，並且在生前曾向三位遺囑執行人之一說起過，雷恩圖書館是永久存放他的手稿的適當場所。於是在1969年5月，三位遺囑執行人將他們所占有的全部維特根斯坦手稿和打字稿移交給三一學院，並且約定：在三位遺囑執行人都去世之後，維特根斯坦遺著的版權也歸該學院所有。1969年後發現的打字稿，後來也存

於三一學院。

7.2.2　維特根斯坦遺稿的分類和編目

1969年，經過對維氏遺稿的清理和研究，馮·賴特在《哲學評論》雜誌第78期發表論文《維特根斯坦的論著》， 對維氏遺稿進行了分類和編目。他把維氏遺稿分為下面五組：手稿、打字稿、口述稿、談話和講演的記錄稿， 以及他的往來書信。

正如馮·賴特所說：「在筆記本上寫下自己的思想是維特根斯坦的習慣。錄寫的條文通常標有日期，因此它們組成日記的樣子。早一些筆記本上的內容往往在後來的筆記本上又重新研究一番。」❻幾乎所有手稿都寫在尺寸大小不一的筆記本上，並帶有或硬或軟的封面；只有個別手稿是寫在零散的稿紙上的。大致說來，手稿可分為兩類：一是第一次草稿，一是接近最後完成的初稿。這些手稿上有些注有連續的日期，有些則注有間斷的日期，有些則沒有注明日期。更接近完成的手稿又分為兩組：一組是1929–1940年間寫成的，維特根斯坦給它們編了號碼，並且還冠以題目如「哲學評論」等；另一組屬於1940–1949年間寫成的，除個別外，維特根斯坦一般沒有給它們編號，其時間順序也難以確定。還有一些手稿，它們是否屬於這兩組以及處於什麼位置，則無法確定。

打字稿是維特根斯坦向打字員口述的，依據的是更接近完成的手稿。但在口述過程中，維特根斯坦相當經常地改動句子，增添新的句子，並且變更句子的次序。他經常把打印好的原文剪成不同的片斷，然後重新排列它們的順序，並據此打印成新的打字稿。

維特根斯坦有時向同事和學生進行口述。口述稿是這些口述的

---

❻　N. 馬爾康姆：《回憶維特根斯坦》，頁7。

逐字逐句記錄稿，可以看作是維特根斯坦自己的創作。例如，1914年春在挪威，維特根斯坦對摩爾口述了關於邏輯的若干思想。20年代他似乎對石里克和魏斯曼作過口述。所謂藍皮書就是結合1933–1934年在劍橋的講課進行口述的，它包含了能夠稱為維特根斯坦的「新」哲學最初的、雖然有點粗糙的形式。很有名的棕皮書是他私下在1935年對幾個學生口述的。

第四組是維特根斯坦的談話和講演記錄稿，但不一定是逐字逐句記錄，因此不同於口述稿。但許多這類筆記的可信性程度也相當高，因而也具有重要價值。例如，後來發表或出版的《關於倫理學的講演》(1965)、《1930–1933年講演錄》(1954)、《關於美學、心理學和宗教信仰的講演和談話》(1968)、《「私人經驗」與「感覺材料」講演錄》(1968)、《維特根斯坦關於數學基礎的講演錄》(1976)、《維特根斯坦講演集：1930–1932年劍橋》(1979)、《維特根斯坦講演集：1932–1935年劍橋》(1979)等，都屬於此類記錄稿。

除此之外，維特根斯坦與他人的通信，後來大多編輯出版，構成維氏的第五類遺稿。

在上述清理和分類工作的基礎上，馮·賴特寫成《維特根斯坦的論著》一文，把當時所搜集到的維氏遺著按「手稿」、「打字稿」、「口述稿」三組分別編列目錄，以供保存和研究之用。1981年，當把此文收入他的論文集《維特根斯坦》時，馮·賴特又根據新的材料，對該目錄及其評論作了增補和修改。

7.2.3　維特根斯坦遺著的編輯和出版

維特根斯坦生前只出版了一本專著《邏輯哲學論》(1921)、一本6–7千字的供小學生用的《德語難語詞典》(1926)，以及論文《關

於邏輯形式的幾點看法》(1929)，關於柯菲 (P. Coffey) 的《邏輯科學》一書的評論 (1913)，一封給《心靈》雜誌編輯的信。維特根斯坦去世時，把他的未發表文稿的版權交給馮・賴特、里斯、安斯考姆三人，其意圖是要他們選擇適宜於發表的遺稿予以發表，其中首推《哲學研究》。因為三位遺囑執行人都知道，維特根斯坦多年來一直在寫這本書，但最後沒有完成；他也一直想出版此書，以便被廣泛研讀。此書由安斯考姆和里斯兩人編輯，並由安斯考姆譯為英語，於1951年出了德英對照版。此書很快成為一部哲學經典。馮・賴特則單獨編輯或參與編輯了維特根斯坦的下述遺著：

1.《數學基礎評論》

與里斯、安斯考姆共同編輯，並由安斯考姆英譯，於1956年出了德英對照版，正文204頁。馮・賴特為此書撰有3頁編者前言。

2.《1914–1916年筆記本》

與安斯考姆共同編輯，並由後者譯為英語，1961年出了德英對照版，正文131頁。

3.《字條集》

與安斯考姆共同編輯，並由後者英譯，1967年出了德英對照版，正文214頁。以「片斷」的形式，把自己的思想記錄在分散的段落中，然後把它們收集在一系列筆記本裡，這是維特根斯坦畢生的習慣。

4.《論確實性》

與安斯考姆共同編輯，並由丹尼斯・保爾(Denis Paul)和安斯考姆英譯，德英對照版於1969年出版，正文90頁。與安斯考姆合撰有編者前言。

5.《致路德維希・馮・費克爾的信》

在麥思內格爾(Walter Methlagel)協助下編輯。1969年出版德文版，正文110頁。馮・費克爾(Ludwig von Ficker, 1880–1967)，名叫《熔爐》的文化期刊的編輯，一個小的出版機構的負責人。維特根斯坦曾通過他向一些奧地利作家和藝術家饋贈金錢，並曾向他探詢出版《邏輯哲學論》一書事宜，但未果。

6.《「邏輯哲學論」的初稿》

這是馮・賴特1965年維也納之行發現的，由他和麥吉尼斯(B. F. McGuinness)、尼伯格(Tauno Nyburg)共同編輯，由皮亞斯(D. F. Pears)和麥吉尼斯英譯。德英對照版於1971年出版。馮・賴特為此書撰有長達30頁的歷史性導言，述及《邏輯哲學論》一書的緣起。書後附有維特根斯坦手稿複印件。正文256頁。

7.《致C. K. 奧格登的信及對「邏輯哲學論」英譯本的評論》

單獨編輯，並撰有編者前言和長達13頁的導言。書末附有拉姆塞致維特根斯坦的信。1973年出版，正文90頁。

8.《致羅素、凱恩斯和摩爾的信》

在麥吉尼斯協助下編輯。馮・賴特撰有5頁導言並加有少量注釋。1974年出版，正文190頁。此書經修改、擴充後於1995年重新出版，更名為《維特根斯坦：劍橋通信集》，349頁。

9.《雜論集》

在尼曼(Heikki Nyman)協助下編輯，馮・賴特撰有編者前言，1977年出版德文版，正文168頁。由彼得・溫奇(Peter Winch)英譯為《文化和價值》，1980年出版英德對照版，正文94頁。這是馮・賴特從維特根斯坦筆記本中選編的維氏關於哲學、建築、文學和音樂、歷史和當代社會、以及宗教的論述，對於理解維特根斯坦的性格特徵與生命觀，以及他與他的時代的關係，具有十分重要的價值。

10.《與羅素、摩爾、凱恩斯、拉姆塞、埃克爾斯(W. Eccles)、恩格爾曼和費克爾的往來書信》

在麥吉尼斯協助下編輯，1980年出版德文版，正文306頁。

11.《心理學哲學評論》第1卷和第2卷

第1卷與安斯考姆共同編輯，並由後者英譯，1980年出版英德對照版，正文218頁。第2卷與尼曼共同編輯，並由勒克哈特(C. G. Luckhardt)和奧伊(M. A. E. Aue)英譯，1980年出版英德對照版，正文143頁。

12.《關於心理學哲學的晚期著述》第1卷和第2卷

與尼曼共同編輯，並由勒克哈特和奧伊英譯，德英對照版第1卷於1982年出版，正文148頁；第2卷於1992年出版。

13.《致C. H. 馮・賴特的信》

單獨編輯並作評論，發表於《劍橋評論》1983年第104期。

維特根斯坦終其一生，幾乎每天都寫；寫了之後，他常常一改再改；改了之後，他常常重新排列其秩序。這些遺稿有些注明了日期，有些則未注明日期。因此，搜集、清理、編輯和出版維氏遺著的工作異常複雜和艱鉅。馮・賴特在做這項工作時，非常謹慎，他秉承的原則是：讓維特根斯坦遺稿盡可能以其本來面目問世，為此他甚至很少加腳注和其他編輯說明。

7.3 維特根斯坦著作研究

這裡所說的著作研究，不是對著作中思想的研究，而是對著作的文獻學研究，諸如何時開始寫作，中間怎樣修改，最後如何定稿等等，帶有很大的考證性質。由於維特根斯坦的寫作態度極為嚴肅，

一部著作的寫作往往歷數年以至數十年，在此期間多次修改、重寫、直到最後也沒有定稿。因此維特根斯坦生前出版著作極少，其著作大多在他死後由他人整理出版。這一事實使得對維氏著作的文獻學研究顯得特別重要，因為它有助於準確理解維氏思想，並弄清維氏思想的前後變化。馮・賴特在這方面著有兩篇長論文，一是《「邏輯哲學論」的緣起》，另一是《「哲學研究」的緣起和寫作》。

7.3.1　《「邏輯哲學論」的緣起》

根據馮・賴特的研究，在完成《邏輯哲學論》之前，維特根斯坦作了大量的準備性研究，保存下來的遺稿有：

1. 《邏輯筆記》，這是1913年維特根斯坦交給羅素的，現存在兩個版本，它們分別作為《1914–1916年筆記》第1版和第2版的附錄。

2. 向摩爾口述的記錄稿。1914年4月，摩爾到挪威拜訪維特根斯坦，後者向他作了關於邏輯的口述。這些口述記錄也作為《1914–1916年筆記》附錄問世。

根據陳啟偉教授的研究，上述這些筆記屬於《邏輯哲學論》醞釀時期（1912–1914年上半年）的作品。在「這些筆記中，《邏輯哲學論》的若干基本觀點已經提出，邏輯原子論略具雛形。但在某些點上與《邏輯哲學論》又有重要的區別。」❼

3. 留存在維特根斯坦最小的姐姐家裡的三個筆記本。在1914年

---

❼　陳啟偉：《「邏輯哲學論」一書的醞釀與寫作》，《北京大學學報（哲學社會科學版）》1988年第1期。此文可以看作是馮・賴特《「邏輯哲學論」的緣起》一文的續篇。馮文著重於文本考證，而陳文則著重於對這些文本的思想研究，並且對馮文的有些觀點提出了異議。

下半年至1918年間，維特根斯坦為《邏輯哲學論》的寫作進行準備並開始草寫。其具體準備工作主要是他於1914年秋入奧地利軍隊服役以後幾年間寫下的大量筆記，《邏輯哲學論》就是從這些筆記中摘取、整理而成的。據他的朋友恩格爾曼回憶，《邏輯哲學論》是從其中七個筆記本中最後摘出來的。馮・賴特則估計有七到九個筆記本，這些筆記大部分被維特根斯坦於1950年銷毀了，保存下來的就是上面提到的那三個筆記本。前兩本在時間上是連續的，從1914年8月9日至1915年6月22日；第三本涉及的時間是1916年4月15日至1917 年 1 月 10 日。這些筆記本後由馮・賴特和安斯考姆編輯為《1914–1916年筆記本》於1961年出版。

維特根斯坦自己很珍視這些筆記，並且它們對於研究維氏在這一時期的思想發展也是極為重要的。第一，這些筆記是《邏輯哲學論》的直接來源，從它們之中可以看到《邏輯哲學論》中許多重要思想的原型。第二，《邏輯哲學論》的若干觀點在這些筆記中有更為充分的討論，維氏對某些問題在筆記中曾反覆思索，疑而不定，讀者由此更易追蹤其思想形成的過程。第三，從這些筆記中，可以了解維氏的思想從醞釀到寫成《邏輯哲學論》這段時間裡發生的一個重要變化，即提出了倫理學問題和關於「神祕的東西」的問題。

4.馮・賴特 1965 年維也納之行所發現的《「邏輯哲學論」初稿》。 這些手稿是用鉛筆寫在一硬皮筆記本上的，後者的尺寸為20×24 1/2厘米。

馮・賴特發現這部手稿包括兩部分和一個序言。第一部分比第二部分長得多，它本身就是一部完成了的著作，這就是前面提到過的《邏輯哲學論》的初稿。為方便起見，馮・賴特將它稱為*Prototractatus*，因為《邏輯哲學論》的拉丁文書名為 *Tractatus*

Logico-Philosophicus，*Prototractatus*意為「《邏輯哲學論》初稿或原稿」。 第二部分帶有附加性質，是對包含在*Prototractatus*中的思想的進一步闡釋。除少數例外，這部分的評論與*Tractatus*中的相應評論有同樣的編號。在大多數情況下，表達方式完全相同，所存在的差別意義不大。在手稿的末尾有一個序言，它不同於*Tractatus*之處僅在於：沒有給出任何日期、地址和作者簽名，並且末尾比*Tractatus*多出一段：「我希望表達對我的叔父保爾・維特根斯坦先生和我的朋友伯特蘭・羅素先生的謝意，因為他們已經給予我友善的鼓勵。」馮・賴特認為，既然該序言肯定是寫在手稿的第二部分之後的，就不能把它視作專為*Prototractatus*所寫的序言。

馮・賴特經核對後發現，在*Prototractatus*中有三十節文字和六個未編號的段落，在*Tractatus*中消失了，也有一個未編號的段落在*Tractatus*中出現。*Prototractatus*正文中有近四百處實際措詞，與*Tractatus*中的相應部分不同。不過，這些差別常常是無關宏旨的。除開表達方式的差別外，還有思想排列方面的差別。後面這些差別也許是這兩部著作之間最重要的差別。1971年，馮・賴特等人對這份手稿進行編輯整理，以《*Prototractatus*：「邏輯哲學論」的一份草稿》為名將其出版。

但陳啟偉對馮・賴特把這份手稿稱之為*Prototractatus*提出異議，認為它不恰當。「Proto-有初稿或原稿之意，但這份手稿既非《邏輯哲學論》的初稿，也非後來發表的《邏輯哲學論》的原稿。維特根斯坦自己認為這部稿子是『完成』了的著作，故已直書其名為《邏輯哲學論》， 但這不是說，他對這部稿子不再作任何修改和加工。事實上，這部稿子和後來發表的《邏輯哲學論》是有不同之處的。」陳啟偉斷言，「*Prototractatus*就是維特根斯坦在1918年8月間在他叔

父家寫完的那份《邏輯哲學論》手稿，而決非如馮・賴特所說是1918年夏在最後寫成此書前不久的另一份手稿。」❽

我認為，不管怎樣，*Prototractatus*與*Tractatus*之間並無重大區別，因此將前者稱以現名也無大的不妥，因為原稿與正式出版的書籍有一些小的差異完全正常，現代作者甚至可在清樣上作些修改。

維特根斯坦1918年11月在意大利前線被俘，他對1918年8月手稿的修改大概主要是在俘虜營裡進行的。他在1919年3月13日給羅素的信中說：「我在這裡隨身帶著手稿，我希望能複寫一份給你。」6月12日則寫信告訴羅素：「幾天前我已經托凱恩斯把我的手稿寄給你」，並說，「這是我現在僅有的一份修訂稿而且是我生命的作品！」這份修訂稿就是後來拿去發表的原稿。

維特根斯坦一直渴望把自己的手稿發表，但與幾家出版社聯繫均未如願。直至1921年，在羅素的幫助下，《邏輯哲學論》才被奧斯特瓦爾德(W. Ostwald)主編的《自然哲學年鑑》採納，在該刊第14期上發表。不久，英國哲學家奧格登(C. K. Ogden)決定將《邏輯哲學論》譯成英文，作為他主編的「心理學、哲學和科學方法國際叢書」之一出版。奧格登是根據《自然哲學年鑑》上發表的德文原作翻譯的，翻譯過程中曾與維特根斯坦多次通信討論，後者對德文原文和英譯文都作了細緻的審訂和修改。根據羅素的建議，該書在1922年以德英對照版的形式出版，並採納了摩爾所建議的古奧典雅的拉丁文書名：*Tractatus Logico-Philosophicus*。

這就是《邏輯哲學論》一書的緣起。

---

❽　陳啟偉：《「邏輯哲學論」的醞釀與寫作》，《北京大學學報・哲學社會科學版》1988年第1期，頁73。

7.3.2　《「哲學研究」的緣起和寫作》

從1973年起，馮·賴特著手研究《哲學研究》的緣起和寫作過程。《哲學研究》是在維特根斯坦去世兩年之後發表的，維氏並不把它視為一種完成了的著作。就其出版形式而言，《哲學研究》包括 I 和 II 兩部分。假如維特根斯坦本人發表這部著作的話，也許他會把這兩部分編織為更統一的整體。

1936年8月，維特根斯坦對1934–1935年在劍橋口述的棕皮書（德文）進行修訂。他避居到挪威，在這裡間斷地住到第二年末。他把修訂稿稱之為《哲學研究：一次嘗試性改寫》。 但還沒有改寫完時，他已經對這部稿子不滿意了，於是在同年11–12月，他又重新開始寫，這次題為《哲學研究》。 不太嚴格地說，他此時所寫的就是後來出版的《哲學研究》的開頭部分，它大約相當於後者的前188節。不過，在1937年，維特根斯坦又對這第一部分作了許多增補和修改。

大約一年以後，即1937年9月中旬至11月中旬，維特根斯坦接著上述手稿寫作了其餘的大部分。再過一年以後，即1938年8月，維特根斯坦將1936–1937年在挪威所寫的手稿打印，並寫了序言。馮·賴特把這份打字稿稱作《哲學研究》的早期稿。過了一段時間，大約是1939年初，維特根斯坦給這份打字稿增寫了16頁。於是，《哲學研究》的這份早期稿就包括分別主要在1936年秋和1937年秋寫成的兩部分，這兩部分構成一個連貫的整體。因為這一原因並且因為這兩部分的篇幅幾乎相同，也可以把它們稱為這部著作的兩個半部。前半部相當於《哲學研究》出版本中的前188節，後半部在出版本中並未出現，維氏本人根據其主要內容對它進行了重新排列。維特根斯坦去世後，經維氏重新排列過的後半部被編為《數學基礎評論》

的第一部分出版。

在1937–1944年的七年間，維特根斯坦主要關注數學哲學。只是在1944年後半年，他才重新著手改寫《哲學研究》，這次改寫稿實際上成為後來的出版本。同一年，他又寫出了《哲學研究》的中間稿，並為它寫了序言，注明的時間、地點分別為：1945年元月，劍橋。這份中間稿包括對早期稿前半部的修訂，對早期稿後續部分的修訂，以及1944年所寫的各節。後續部分的篇幅大約是早期稿的一半，其內容在出版本中被分散在189–421各節中。

1945年夏，維特根斯坦準備了一份打字稿，他稱之為《評論Ⅰ》，其中相當大的部分在中間稿完成之前已經寫成；但是其中的主要部分，是維特根斯坦從更早的手稿，例如1931年手稿中選出來的。大約在1945–1946年間，維特根斯坦給《哲學研究》中間稿增加了來自《評論Ⅰ》的四百多節。這份擴充稿實質上就是《哲學研究》出版本的第一部分。這意味著，相對於早期稿和中間稿來說，《哲學研究》出版本第一部分的六九三節中，有一多半是新增加的。《哲學研究》的第二部分是該書編者從維特根斯坦在1946年5月–1949年5月所寫的手稿中選出來的。

這就是《哲學研究》一書的寫作過程及緣起。

7.4　維特根斯坦思想研究

馮・賴特所寫的五篇論文，分別題為《維特根斯坦論概率》、《維特根斯坦論確實性》、《模態邏輯和「邏輯哲學論」》、《維特根斯坦與其時代的關係》、《維特根斯坦和20世紀》，屬於維特根斯坦思想研究的範圍。

　　《維特根斯坦論概率》是提交給1969年在法國普羅旺斯地區艾克斯(Aix-en-Provence)召開的維特根斯坦專題討論會的論文，同年發表在《國際哲學評論》雜誌第23期上。此文考察了維特根斯坦關於概率的觀點，這是維特根斯坦哲學中相對孤立的一個論題。在馮・賴特看來，維特根斯坦在30年代早期的一些著述中關於概率所持的觀點，非常接近他本人自1954年為《大英百科全書》撰寫「歸納」、「概率」辭條以來的立場。因此，關於維特根斯坦概率觀點的評述，同時就是對他自己所持觀點的闡釋和檢驗。維特根斯坦認為，必須把假設（歸納）的概率與事件的概率區別開來，唯有後者才與數學測度相關聯。馮・賴特認為這一看法非常重要，並試圖在《關於確證理論和證據理論的評注》(1970)一文中使它更加具體化。按照這一看法，把概率視為假設從其證據獲得支持的「度量」，是從把概率視為預測頻率派生出來的。

　　《維特根斯坦論確實性》一文曾在1970年8月在赫爾辛基舉辦的國際哲學學院研討會上宣讀。當時，維氏遺著《論確實性》剛剛由安斯考姆和馮・賴特編輯出版(1969)，馮・賴特撰寫此文旨在簡要介紹維氏《論確實性》一書的主要思想，他沒有試圖對這部維氏遺著作批判性評價，甚至沒有表明他在何種程度上同意維氏的觀點，只是在文末概述了這部遺著對於進一步研究的意義。因此，馮・賴特此文是純粹介紹性的。

　　《模態邏輯和「邏輯哲學論」》一文，研究體現在《邏輯哲學論》一書中的模態邏輯思想以及與此相應的模態形式系統。馮・賴特認為，在維特根斯坦那裡，說一個命題是有意義的，就等於說它能夠為真並且能夠為假；而一個命題能夠為真並且能夠為假，就意味著它是偶然的。於是，命題意義這個概念就與偶然性這個概念內

在關聯起來。假如我們把C（偶然）作為初始概念，則可以用C去定義其他模態概念，如M（可能）和N（必然）如下：

D1　Mp=*df* p∨Cp

D2　Np=*df* p∧~Cp

D3　~Mp=*df* ~p∧~Cp

它們分別是說：p是可能的，意味著p真或者p是偶然的；p是必然的，意味著p真並且p不是偶然的；p是不可能的，意味著p假並且p不是偶然的。

此外，維特根斯坦還認為，沒有任何邏輯的東西只是純粹可能的。如果一命題是邏輯可能的並且為真，則它是必然的；如果一命題是邏輯可能的並且為假，則它是不可能的。這就等於說，關於一命題的模態性質的命題決不是偶然為真或為假的，而這又等於下述四個命題之一：

(a)~CCp：一給定命題是否偶然，這一點並不偶然。

(b)~C(p∨Cp)：一給定命題是否可能，這一點並不偶然。

(c)~C(p∧~Cp)：一給定命題是否必然，這一點並不偶然。

(d)~C(~p∧~Cp)：一給定命題是否不可能，這一點並不偶然。

在經典命題邏輯的基礎上，再以C（偶然）作為初始概念，並通過前面三個定義引入M、N等概念，再加入下述四個公理：

C1　p∨q∨C(p∨q)↔p∨q∨Cp∨Cq

C2　Cp→C~p

C3　~C~t，這裡 t 表示命題邏輯重言式

C4 ～～Cp

變形規則如通常所述：

R1 代入規則

R2 分離規則

R3 等值置換規則

由此得到的就是維特根斯坦《邏輯哲學論》一書中的模態邏輯系統，而它演繹等價於人們所熟知的S5 系統。因此，體現維特根斯坦的命題意義的模態邏輯是S5。

很明顯，馮・賴特在維特根斯坦思想研究方面所做的工作是很少的。馮・賴特自己解釋了為什麼如此的原因：「維特根斯坦比其他任何人都更多地影響了我的理智發展。他部分地是通過他的教學和寫作，但更主要地是通過示範(example)來施加這種影響的。我不能在自己的工作中非常好地追隨他所設立的標準，而且也因為他的思維方式與我自己的思維方式是如此不同。這也許可以解釋：為什麼我如此經常地投身維特根斯坦（研究），主要關注的卻是他的著述的外在形式，而不是他的思想真義。」❾最近，馮・賴特在接受筆者採訪時，對此作了進一步解釋：「既然維特根斯坦將其著作遺產交給了我和我的兩位同事，我以為我對他負有的首要的義務就是試圖整理和排列這些手稿，並且著力於編輯它們以供出版。自維特根斯坦於1951年去世後，這項任務占據了我的大部分工作時間。我也搜集有關他生平的事蹟，但我仍不打算去寫一部有關他的完整傳記。」

❾ G. H. von Wright, *Wittgenstein*, Oxford: Basil Blackwell, 1982, p. 11.

第八章　概要和評論

在考察了馮・賴特的整個學術生涯及全部學術工作之後，我們可以看清楚馮・賴特學術思想的如下發展線索：

早年，他受其博士學位導師凱拉教授的影響，信奉邏輯經驗主義，著重研究歸納概率邏輯。在50年代前後，在研究邏輯真理問題時，無意中發現量詞、模態詞、道義詞、認知態度詞之間的類似，提出了廣義模態邏輯的系統構想，創立了像道義邏輯和優先邏輯這樣一些新的邏輯分支。在研究道義邏輯的過程中，認識到義務、允許、禁止等等一方面與道德規範和法律規範相關，另一方面與人的行動相關，由此導致他對倫理學、一般價值和規範理論以及行動理論的研究。對後面這些理論研究的結果，又進一步導致他晚年去探尋人文社會科學方法論和自然科學方法論的聯繫和區別，提出了因果論說明模式和意向論（亦稱目的論）理解模式之間的二元對立，並對意向論理解模式作了重點研究。此外，他作為維特根斯坦教授職位的繼任者和三位遺囑執行人之一，在維特根斯坦遺著的搜尋、保存與編輯出版等方面做了大量工作，為他在國際哲學界贏得了廣泛聲譽和重要地位。

下面對馮・賴特的全部學術工作作一簡要概述和評論。

Ⅰ. 歸納邏輯

歸納邏輯是馮‧賴特最早投身的學術研究領域。初試身手，便表現不凡，受到了當時的歸納邏輯權威、劍橋大學道德科學系主任C. D. 布勞德教授的賞識。在歸納邏輯方面，馮‧賴特主要研究了下述四個問題：歸納問題及其各種辯護方案，排除歸納法的條件化重建，歸納概率演算及其解釋，確證理論和確證悖論等。

歸納問題及其辯護 馮‧賴特區分了有關歸納的三個問題：一是邏輯問題，即歸納過程的推理機制，二是心理學問題，即歸納推理的起源以及在現象的流變中發現一般性規律的心理條件，一是哲學問題，即為歸納推理的有效性和合理性提供辯護。馮‧賴特主要研究了第三個問題，考察了在這個問題上的各種已有解決方案，如康德的先驗綜合判斷，以彭加勒為代表的約定論，對於歸納的發明論辯護和演繹主義辯護，培根穆勒傳統中的歸納邏輯，對於歸納邏輯的概率論研究，對於歸納的實用主義辯護等。總起來看，馮‧賴特對歸納辯護問題的研究不是原創性的，而是評述性的；不是建設性的，而是否定性的。他大致認為，對於歸納既不能提供先驗辯護，也不能提供後驗的證明。其論證如下：令A表示歸納過程中採用的各種先驗假設，B表示經驗證據，C表示歸納結論。並假設能夠為C提供有效辯護，即$A \wedge B$可邏輯地推出C。而從$A \wedge B \rightarrow C$可邏輯地推出$A \rightarrow \overline{B} \vee C$。由於A是先驗命題，因而是必然的，根據模態邏輯，從必然命題邏輯地推出必然命題，因而$\overline{B} \vee C$是必然的，這等值於$B \wedge \overline{C}$是不可能的，這又推出「或者B是不可能的，或者C是必然的，或者B邏輯地推出C。」這三種選擇都是荒謬的，因為經驗證據B不會是不可能的，歸納結論C不會是必然的，從經驗證據也不可能邏

輯地推出C。因此，A不是先驗必然命題，則它就是經驗概括。而用經驗概括去證實也是經驗概括的歸納結論，不是導致惡性循環就是導致無窮倒退。因此，既不能先驗地也不能後驗地證明歸納過程的有效性。

　　排除歸納法的條件化重建　這是馮・賴特在歸納邏輯研究方面的建設性成果之一。他認識到，條件關係是與時間無關的，而因果關係是與時間有關，一般來說原因在先結果在後。並且，因果關係和自然規律都具有普遍性和必然性。如果不考慮自然規律及因果聯繫的必然性，不考慮原因和結果在時間上的先後順序及其使然性，只保留它們的普遍性，我們就可以用條件語句來刻畫自然規律和因果聯繫，從而對因果關係提供部分的分析。馮・賴特在演繹的條件邏輯的基礎上，重新表述了排除歸納法的四種基本形式，分別是直接契合法、反向契合法、差異法、並用法。直接契合法確定給定屬性的必要條件，反向契合法確定給定屬性的全充分條件，差異法確定給定屬性在其給定的正面事例中的充分條件，並用法確定給定屬性的充分必要條件。這四種形式中的每一種又可分為簡單和複雜兩種情形。

　　可以這樣說，傳統的排除歸納法在探尋因果聯繫時，具有相當程度的模糊性、粗糙性、非形式性以及猜測性。馮・賴特根據因果關係與條件關係的類似，對排除歸納法的條件化重建，實際上是用更精確的術語、更精緻的形式，把排除歸納法中所暗含的演繹因素明確揭示出來，給排除歸納法以一種演繹的處理：如果經驗證據集是確定的，前提的真實性是得到保證的，則關於因果關係的歸納結論就是必然的。正如希爾卑倫(R. Hilpinen)指出：「馮・賴特強調條件邏輯對於分析歸納推理的重要性，顯然是正確；並且，他根據條

件邏輯對排除歸納法的古典模式的重構，是對歸納哲學的重要貢獻。」 ❶

　　歸納概率演算及其解釋　如果說馮・賴特在《歸納的邏輯問題》一書中，著重於對歸納辯護問題的哲學討論，那麼，在《論歸納和概率》一書中，馮・賴特則著重於對歸納概率的形式分析。他在後一著作中用屬性語言表述了一個概率演算系統。該演算的構造分三階段進行：在第一階段，概率表達式只涉及原子屬性或含有限多個（比如說兩個）構件的複合屬性，並陳述了所有概率公理，證明了某些基本定理，如乘法原理、加法原理和逆原理等。在第二階段，概率表達式還涉及含數量不定的 n 個構件的複合屬性，第一階段的定理被推廣到對於 n 的任意取值都成立，並且能夠證明某些新的定理，如所謂的大數定理。由這兩個階段得到的演繹系統叫做初等概率演算，它討論所謂的算術概率或離散概率。在第三階段，概率表達式還涉及含不可數多個構件的複合屬性，初等概率演算的定理被推廣到對於含不可數多個構件的複合屬性也成立。第三階段達到的演繹系統叫做高等概率演算，它處理所謂的幾何概率或連續概率。馮・賴特只論及初等概率演算，並討論了對概率的三大解釋：頻率解釋、可能性解釋（量程理論）、心理學解釋（信念理論），馮・賴特本人明顯傾向於贊成頻率解釋。

　　馮・賴特的歸納概率演算是漂亮、精緻、在技術上近乎完善的，但他對於概率演算的解釋又是評述性而非原創性的：他只是在幾種已有解釋之間進行分析和比較，然後傾向於贊成其中他認為比較合理的一種。他本人並沒有提出完全新穎的解釋。並且，我還認為，馮・賴特概率演算中的記法P(A,H,p)（A相對於H的概率是p）也有

---

❶　*The Philosophy of G. H. von Wright*, p. 128.

一定缺陷，這使得他不能把加法原理、乘法原理、逆原理等表述為一目了然的等式形式，而要用好幾個公式不甚明顯地刻畫其含義，這給理解帶來了不必要的困難。

確證理論和確證悖論 馮・賴特把確證理論理解為關於一給定命題的概率如何受到作為證據由之邏輯推出的那些命題影響的理論。對於這一理論來說，特別重要的情形是：給定命題是一概括命題，而它的證據則是它的某些例證。起證實作用的事例確證(confirm)該概括命題。確證理論的首要任務，就是根據概率去評估那些事例對於該概括命題的確證效果。馮・賴特的確證理論是概率的排除歸納法理論。確證悖論有很多形式，其中之一是問：任何不是 A 的東西或任何是B的東西，是否構成了概括命題「所有A是B」的確證事例？馮・賴特早期(1945–1951)的回答是：即使承認它們構成了概括命題「所有A是B」的確證事例，它們也不能增加該概括命題的概率；這一事實又使得不能以它們為依據，去排除各種可能為真的概括命題。馮・賴特的這一建議是不成功的，他後來還討論了其他的確證悖論，並提出了其他解決方案，但均不太成功。

II. 哲學邏輯

馮・賴特把「哲學邏輯」理解為：利用現代形式邏輯的技巧和方法，去分析傳統上哲學家們感興趣的概念、範疇及其結構，從而構建出新的形式系統。他在哲學邏輯領域做了許多開創性和奠基性的工作，是這個領域內舉足輕重的大師和權威。綜觀馮・賴特在哲學邏輯內的全部工作，可作如下幾點評論：⑴他最早明確意識到量詞、模態詞、道義詞、認知態度詞等等之間的類似與差別，從而提出了廣義模態邏輯的系統構想。這是一個完整的研究綱領，提示了

一個全新的研究方向，由此引出了一大批新的研究成果。他本人成為這個領域內道義邏輯、優先邏輯、行動邏輯的創始人和奠基人。可以這樣說，馮・賴特工作的第一大特點就是綱領性、開創性和奠基性。(2)他熱衷於把古典命題邏輯中的範式和真值表方法，經限制、修正與變形後，推廣應用於哲學邏輯領域，這就是在模態邏輯、道義邏輯、優先邏輯、行動邏輯等等之內廣泛使用的所謂「分配範式和真值表方法」。 這套方法的特點是操作性強，其缺點是笨拙、累贅，陳述和使用起來很不方便，要占用很大篇幅，在目前幾乎已廢棄不用。(3)由於馮・賴特的哲學邏輯研究帶有草創性質，他常常需要把相關概念與命題從其哲學背景中剝離、抽取出來，因而對這些概念、命題的邏輯分析常常伴以大量的哲學討論；在構造形式系統時，馮・賴特首先關注的甚至不是技術上的完善和完美，而是直觀哲學背景上的合理與有效。因此，他的哲學邏輯「哲學味」很濃，其哲學性成份壓倒了其技術性成份。這與哲學邏輯的目前狀況恰成對照：目前首先關注的是技術上的完善與完美，其次才是直觀哲學背景上的合理與有效，其技術性成份壓倒其哲學性成份。(4)馮・賴特也討論相應形式系統的語義，這種語義不是古典命題邏輯語義的移植，就是基本停留在直觀的經驗語義階段，而沒有達到抽象的形式語義程度。例如，他在哲學邏輯內廣泛使用的分配範式和真值表方法、在模態邏輯中給出的幾何解釋、物理解釋、概率解釋，在優先邏輯中給出的點箭示意圖等，都是如此。馮・賴特甚至可能還不知道現代模型論(Model Theory)的那一套概念、方法和技巧，當然也就不可能發展出像可能世界語義學這樣的抽象的形式語義理論。總而言之，馮・賴特在哲學邏輯領域內的工作具有草創性質，其一切優點與缺點皆源於此。

　　模態邏輯　馮·賴特區分了模態詞的不同種類並討論了它們之間的相互關係，提出有必要建立四種類型的邏輯，即模態邏輯、認知邏輯、道義邏輯和真邏輯。他在《模態邏輯》(1951) 一書中，用分配範式和真值表方法討論、刻畫模態邏輯系統，並在該書附錄中提供了對這些系統的公理化表述，這就是如所周知的 M、M′、M″ 三個系統，後來證明這三個系統與正規模態系統 T、S4、S5 等價；此外，還把所謂的「模態真值表」作為這三個系統的判定程序，以判定系統內的任一公式是否為模態重言式。馮·賴特還認識到模態邏輯與概率演算之間的類似，構造了二元模態邏輯系統，用以處理相對必然性、相對可能性等，並把絕對必然性、絕對可能性等作為相對模態的特例納入其中。為了解釋高階模態（疊置模態），馮·賴特給一元或二元模態系統以三種解釋：幾何解釋、物理解釋和概率解釋。

　　道義邏輯　馮·賴特把道義邏輯看作是「模態邏輯的副產品」，於1951年提出了第一個可行的道義邏輯系統，因而成為道義邏輯的創始人和奠基者。但他後來經常改變自己的觀點，以至被戲稱為「道義邏輯變色龍」。總起來看，馮·賴特提出和建立了四種類型的道義邏輯：在《道義邏輯》(1951) 一文中，建立了關於行動類型的一元道義邏輯；在《道義邏輯的一個新系統》(1964)、《道義邏輯》(1967) 和《道義邏輯和一般行動理論》(1968) 等論著中，建立了二元道義邏輯；在《道義邏輯再探》(1973)、《規範和行動的邏輯》(1981) 等論著中，試圖把道義邏輯奠基於行動邏輯之上；而在《道義邏輯和條件理論》(1968) 一文中，則試圖用關於充分條件、必要條件、充分必要條件關係的理論來塑述道義邏輯，把道義邏輯化歸於真勢模態邏輯。馮·賴特在道義邏輯方面的工作得到了廣泛認可，道義邏

輯作為已被確認的邏輯分支聳立於現代邏輯之林。

優先邏輯　馮·賴特將優先邏輯理解為研究存在於價值判斷之間的優先關係的形式理論。優先邏輯亦稱偏好邏輯，馮·賴特是其創始人和奠基者。1963年，他出版《優先邏輯》一書，以「優先」概念為未經定義的初始概念，並用pPq表示「p優先於q」，規定了有關優先關係的五個基本原則以及合取、分配、擴張三種基本運算，建立了第一個優先邏輯的形式演算系統。1972年，馮·賴特在《優先邏輯再探》一文中，改進和發展了自己早年的工作。他採納了與《優先邏輯》一書基本相同的假設，但也有若干重要變化，引入了像境況、狀態空間、優先視野和全視野優先等新概念，並把討論的重點放在哲學方面而不是形式演算上。與道義邏輯不同，優先邏輯並沒有得到普遍的認可，關於它的許多基本原則也還存在著許多爭論。

行動邏輯　由於規範是與人的行動聯繫在一起的，馮·賴特因此認為，關於規範的邏輯（道義邏輯）應該奠基於關於行動的邏輯之上。他在《規範和行動》(1963)、《行動邏輯概述》(1967)、《道義邏輯和一般行動理論》(1968)、《道義邏輯再探》(1973)、《論規範和行動的邏輯》等論著中對行動邏輯作了探討。在馮·賴特看來，行動邏輯是與行動語句相關的，而行動語句的內容可從兩個不同角度來考察：一是行動過程，一是行動結果，前者是「做」的動作，後者是「是」的狀態。與命題的真假值相似，行動語句也有兩個值：已實施和未實施。馮·賴特建立了兩個行動邏輯系統，前者建立在命題邏輯之上，再根據需要進行量化擴充；後者直接建立在謂詞邏輯基礎之上，馮·賴特將其稱為「述謂邏輯」。述謂邏輯的特點在於區分了外在否定～[A]x與內在否定[～A]x：前者也適用於完全不

可能具有屬性 A 的對象,而後者只適用於儘管實際上不具有屬性 A、但卻可能具有屬性 A 的對象。行動邏輯也沒有得到普遍的認可和廣泛的流行。

時間邏輯 馮・賴特是從研究變化入手來研究時間的,變化總是發生在一定的時間間隔如年、月、日、時、分、秒之內的,並且總是由人的行動所引發的。馮・賴特把變化前的狀態叫做「初始狀態」,變化發生後的狀態叫做「終止狀態」,兩者之間有一個「轉換過程」。由此考慮出發,他引入了兩個時間連接詞 and next(然後)和 and then(以後),並構造了相應的演算。「然後」演算預設了時間是離散的線性序。「以後」演算並不預設時間是離散的,也不預設時間是稠密的或連續的。馮・賴特後來還探討了時間、變化和矛盾的關係,認為時間和變化是相互依賴的。一方面,假如這個世界上沒有變化,時間概念就沒有任何用處,我們甚至不能設想世界在時間中的存在;另一方面,變化又要預設時間,因為變化是在時間流程中發生的,並且時間能消解變化所帶來的形式上的矛盾。通常的時態邏輯是「模態邏輯的副產品」,馮・賴特的時間邏輯研究偏離了時態邏輯發展的這一主流,因而沒有受到廣泛的重視和產生重大的影響。

III. 邏輯哲學

如前所述的馮・賴特對歸納辯護問題的討論,也屬於邏輯哲學的範圍。除此之外,馮・賴特還討論了邏輯真理、語義悖論、衍推等重要問題,發表了許多深刻獨到、富有啟發性的意見。

邏輯真理 在此問題上,馮・賴特深受維特根斯坦的「邏輯命題是重言式」這一思想的影響,力圖把它從命題邏輯推廣到一階邏

輯甚至整個廣義模態邏輯領域中去。其具體辦法是：對在命題邏輯
中適用的分配範式和真值表方法作某些修正、限制或變形，然後把
它們用作這些系統的判定程序，以判定相應系統內的任一公式是否
為一重言式或邏輯真理。可以說，馮・賴特在一元謂詞邏輯、模態
邏輯、道義邏輯、優先邏輯等領域內取得了成功，但在關係邏輯（多
元謂詞邏輯）領域卻遇到了很大的麻煩，他花費三、四年時間仍未
取得進展。最後還是由其弟子欣迪卡證明：一階謂詞邏輯的每一個
公式都有其分配範式，從而解決了此問題。馮・賴特贊同魏爾的觀
點：「數學是無窮的邏輯」，他把邏輯真理刻畫為重言式，給邏輯真
理以有窮主義的說明，其目的在於把邏輯和數學區別開來。儘管究
竟能否給邏輯真理以有窮主義說明還是一個存在很大爭議的問題，
但馮・賴特在這方面所取得的技術性進展，如把分配範式和真值表
方法用於如此廣泛的領域並取得成功，還是非常值得稱道的，並為
馮・賴特贏得了聲譽。

　　語義悖論　馮・賴特著重研究了兩個語義悖論——他謂悖論
（格雷林悖論）和說謊者悖論，闡述了下述主要觀點：悖論是從暗
中假定的虛假前提出發進行合乎邏輯推導的結果，它使我們終於認
識到某些看似天經地義的假設、信念、前提的虛假性，從而對人類
認識的進步作出了貢獻。馮・賴特的分析論證方法是：通過對這兩
個悖論的精確表述，證明若假定某些前提，則會邏輯地導致矛盾即
悖論，矛盾在邏輯中是不允許的，因此根據否定後件律，相應的前
提必不成立。在他謂悖論那裡，所否定的前提是：「他謂的」一詞
表示、命名、指稱某種性質如他謂性質，從而證明「他謂的」一詞
並不指稱任何性質。在說謊者悖論那裡，所否定的前提是：「這」
指稱命題「這不是真的」。馮・賴特一再強調指出，矛盾就其本性

來說是不可證明的，而悖論是一種矛盾，因此我們不能說證明了悖論，而只能說證明了從某些前提能推出悖論。他還指出，否定性概念在悖論的形成中起了關鍵性作用；因此，擺脫悖論的途徑就是斷言：悖論所涉及的否定性質不是謂詞演算意義上的性質；悖論所涉及的否定命題不是命題演算意義上的命題。

我認為，馮・賴特關於悖論的見解是深刻的、獨到的，發人深省，其核心見解包括如下三點：⑴矛盾律和排中律是我們思維的基本規律和最高準則，思維中不允許（邏輯）矛盾。⑵悖論就其本性而言是一種矛盾，因此思維中不能容忍悖論；如發現悖論，應予排除。⑶排除悖論的方法，就是斷定悖論從中導出的某個前提的虛假性，並用正確的前提取代它，由此推動科學的發展和人類認識的進步。馮・賴特的上述見解和策略，與公理集合論對付悖論的方法非常相似。我本人非常贊同這種見解和策略，而對普利斯特 (Graham Prist)等人容忍悖論的做法及其邏輯理論保持本能的懷疑和扣拒。

衍推　如果q從p推出，或q從p演繹得到，則我們稱p衍推q。馮・賴特考察了實質蘊涵作為衍推、嚴格蘊涵作為衍推、相對模態作為衍推的合適性問題，其結論是否定性的。他認為，衍推本質上是一種關係概念。p是否衍推q，與p、q本身的真假、模態性質沒有關係。因此，我們可以不知道p、q本身的真假，也可以不知道p、q本身的必然性、可能性、不可能性等模態性質，而仍有可能知道 p 衍推 q。p與q之間的衍推關係獨立於p、q單獨所具有的任何邏輯性質。馮・賴特的上述思想在某種意義上成為相干邏輯的重要思想先驅。

通常說邏輯是研究推理形式有效性的科學，但對於究竟什麼是推理？p推出q的關係（衍推）究竟在什麼情況下成立、什麼情況下不成立？迄今為止邏輯學家們仍沒有一致的看法，各種替代方案層

出不窮，但沒有一種獲得普遍的認同。馮・賴特強調衍推是p與q之間的一種關係，這種關係成立與否不能只依賴於p和q各自單獨所具有的性質，如真假和模態性質等。這種看法無疑是對的。但他的建議只是否定性的，並沒有說清楚衍推關係究竟在什麼情況下成立，更沒有提出一套可操作的建設性方案，所以仍停留在思想火花的階段上。這可以說是馮・賴特關於衍推的看法的缺陷。

IV. 倫理學和行動理論

　　道義邏輯的發明引發了馮・賴特對一般的規範和價值理論的興趣；由於規範是與行動和行為相關的，這又進一步引發他對於行動理論的興趣，試圖建立一般性的行動哲學；最後這又導致他去探尋關於人的科學的方法論，建立一種不同於自然科學的因果論說明模式的意向論理解模式。越到後期，馮・賴特越重視社會性因素對人的行動的影響，其觀點與馬克思主義唯物史觀有接近或相通之處，並且顯現出某種辯證法色彩。

　　規範與好　馮・賴特認為，自然規律是描述性，因而是或者真或者假的；規範則是規定性的，它們規定了有關人們的行動和交往的規則，本身沒有真值，其目的在於影響人們的行為。於是，描述和規定的二分就可以用來給規範和非規範劃界：凡規範都是規定性的，否則就不是規範。規範的制訂者和發布者叫做「規範權威」，受規範制約或管制的對象叫做「規範受體」。　規範體現了規範權威使規範受體按某種方式行動的意志。制訂、頒布規範的行為叫做「規範行為」，管制規範行為的規範叫做「權限規範」。如果規範權威在其授權範圍內制訂、頒布規範，則相應規範是有效的；否則是無效的。規範有三種主要類型：⑴規則，⑵律令，⑶指示或技術規範；

還有三種次要類型：⑷習俗，⑸道德原則，和⑹理想規則。

　　馮・賴特在《好的多樣性》一書中，通過研究好(goodness)的多樣性用法來對倫理學進行探討。他區分了好的六種主要用法：⑴工具的好，⑵技術的好，⑶醫學的好，⑷功利的好，⑸享樂的好，⑹人的好，並討論了它們各自的性質及其相互關係，以及好與行動、好與規範之間錯綜複雜的相互關聯，進而討論了德性、義務、正義等概念及其與好的關係。在此書中，馮・賴特表達了下述重要觀點：「好」、「應當」、「義務」等詞並沒有特殊的道德涵義和道德用法，這些詞在道德語境中的用法與意義與其在非道德語境中的用法與意義完全相同，或者是由後者那裡派生出來的。因此，道德規範並不自成一類，它們並不是概念上或邏輯上自足的。對表達道德規範的概念和命題的意義之理解，必須以對它們在非道德語境中的多樣性用法的理解為基礎，道德規範可以從非道德前提邏輯地推演出來。並且，關於道德的法律解釋和義務論解釋都是不能令人滿意的，應當用目的論或意向論解釋取而代之。馮・賴特自己指出，《好的多樣性》一書嚴格說來不是一部倫理學著作，但「包含著倫理學的種子，一種道德哲學可以從中抽取出來。」

　　關於行動的意向論模式　馮・賴特認為，行動「就是有意識地造成或阻止世界中的變化」。行動是與意向(intention)或變化這些概念連在一起的，行動的特徵就在於它的意向性。如果我們賦予同一個行為不同的意向，它就成為不同的行動。由於行動在邏輯上包含事件和變化，描述行動時就要考慮到如下三個因素：⑴初始狀態，即行動實施之前世界所處的狀態；⑵終止狀態，即行動完成之時世界所處的狀態，包括行動的結果(result)和後果(consequence)；⑶假如該行動沒有發生，世界仍然會處的狀態。

說明一個行動，就是要弄清楚行動者為什麼會採取該行動？是由於什麼原因或出於什麼理由、動機或目的？馮・賴特主要討論了兩種說明模式：因果論說明和意向論說明。因果論模式是：

(1)X打算實現p；

(2)X相信，只當做成q，他才能引起p；

(3)無論何時，如果某個人打算實現p，並且相信q對於p是因果必然的，他就去實現q；

(4)因此X打算實現q。

意向論模式是：

(1´)X打算實現p；

(2´)X相信，只當做成q，他才能引起p；

(3´)因此X打算實現q。

很容易看出，兩種模式的唯一差別在於說明人的行動時，是否需要像(3)這樣的法則性陳述，亦稱杜卡什定理。馮・賴特拒絕因果論模式，而主張意向論模式，並把後者稱為「實踐推理」或「實踐三段論」。他討論了實踐推理的各種形式，如第一人稱形式和第三人稱形式，考察它的回溯性用法和前瞻性用法，並討論了實踐推理的結論是否具有必然性的問題。在後一問題上，馮・賴特的觀點前後有一些變化。他開始認為，實踐推理中前提和結論的關係是衍推關係，結論以合乎邏輯的方式從前提得出，具有實踐的必然性。他後來考慮到種種複雜情況，給實踐推理模式增加了許多輔助假定，其前提加上這些輔助假定可以推出其結論。若這些輔助假定中某一個不具備，其結論仍不具有實踐必然性；即使它們全都具備，如果結論表示的行為未被實施，整個推理仍不具有實踐的必然性。因此，馮・賴特後來說，實踐推理的結論具有事後必然性。

人的行動的決定因素　馮・賴特後期越來越重視社會制度性因素對人的行動的影響。他認為，人的行動既有內在決定因素，如他的意向、意圖和認知態度，也有外在的決定因素，他把後者簡要概括為「參加到制度化的行為形式和行為實踐中去」。一種簡單而又經常發生的參加方式，就是對某種符號刺激作出反應，例如服從一項命令，履行一種請求，回答一個問題，甚至行人見到紅色交通燈信號而止步等等。另一種參加方式，就是遵從國家的法律、道德規範、禮儀形式、傳統習俗等等。為了說明人的行動為什麼會遵從法律、道德規範、傳統習俗等，馮・賴特提出了「規範壓力」和「外在因素的內在化」等重要概念和說法。所謂規範壓力，就是因遵循或違反某種法律、道德、傳統習俗而招致的處罰、制裁或獎賞。規範壓力可以把人的行動的外在決定因素內在化，即將其轉化、歸結、還原為人的意向和認知態度。馮・賴特指出，外在因素給人的行動帶來兩種形式的不自由：一是因感受到社會規範是一種強制性力量而產生的主觀意義上的不自由；二是儘管通過對社會規範的內在把握主觀上感到自由，但實際上是受「人們的統治」，客觀上仍然不自由。這就為批評產生這些不自由的社會制度提供了可能。

馮・賴特還考察了如下問題：人們為什麼會改變他的意向？為什麼會有他實際所有的那些意向？他指出了這樣四種決定因素：⑴要求，⑵義務，⑶能力，⑷機會。在這四者中，機會是不斷變化的，而要求或意願、知識與能力則是相對穩定的。意向既不會隨機會的改變而自動改變，也不像意願、知識和能力那樣穩定，意向處於機會和後三者之間。

馮・賴特把情境變化、意向性、能力、動力機制和規範背景之間的相互作用，稱作「事件的邏輯」，它構成維持歷史「機器」運

轉的諸齒輪，從而使歷史事件顯現出某種必然性。他主張用決定論的觀點來研究歷史，研究歷史變化和人的行動的決定因素之間的相互作用：人的行動是由歷史狀況決定的，而歷史狀況本身又是人的行動的結果。

V.維特根斯坦研究

馮・賴特作為維特根斯坦的教授職位繼任者和三位遺囑執行人之一，在維特根斯坦研究方面做了大量工作，主要是：著有《維特根斯坦傳略》；搜尋和保管維氏遺著，並作了分類和編目；單獨或參與編輯出版維氏遺著十三種；並對兩部重要的維氏遺著《邏輯哲學論》和《哲學研究》作了文本考證和研究；還著有研究維特根斯坦思想的多篇論文，如此等等。馮・賴特在維特根斯坦研究方面所做的工作，為他贏得了廣泛的國際聲譽和重要地位。

整個說來，馮・賴特不是那種在學術領域內鋒芒畢露、橫衝直撞的鬥士，不是那種給人以情感的衝擊和心靈的震撼的思想家，而是一位穩健、儒雅、勤勉的學者，一位分析型技術型的哲學家。他評述他人觀點時相當周詳和平實，對自己的思想則給予全面、細緻、常常是技術化的論證。讀他的書不會激活你的血液，卻會給你「潤物細無聲」的春雨般的滋潤。——這就是我所獲得的關於馮・賴特的整體印象。

馮‧賴特年表

1916年　6月14日生於芬蘭赫爾辛基一個說瑞典語的貴族家庭。
　　　　3-4歲時,隨家人在美國紐約州布魯克林生活過一段時間。
　　　　幼時多病。

1928年　在母親、祖母及兩個姐妹陪伴下,到奧地利蒂羅爾州療養
　　　　勝地默安療養。

1929年　春天,在療養勝地默安接觸到歐氏幾何,興奮異常,由此
　　　　引發「理智的覺醒」。在家庭教師的指導下,學習德語。
　　　　夏天,回赫爾辛基正式上學,所入學校為男校,教學重點
　　　　是拉丁文,最後三學期也學希臘文。
　　　　聖誕節時,突然產生對哲學的興趣。在父親指導下,讀了
　　　　一些哲學書,特別是杰魯撒姆的《哲學概論》和拉爾森的
　　　　心理學教科書給他留下深刻印象。

1934年　5月中學畢業。
　　　　9月入赫爾辛基大學。在芬蘭哲學領袖凱拉教授的指導下,
　　　　重點學習哲學、邏輯、歷史和政治學。

1937年　早春,與朋友希爾特到意大利旅行,並到過奧地利維也納,
　　　　拜訪了維也納學派成員哥德爾和克拉夫特。
　　　　秋天,由於旅途勞頓等因素生病,中斷了數學課程的學習,

其數學教育因而不完整。

年底，從赫爾辛基大學本科畢業，隨後開始作研究生，攻讀博士學位。

1939年　3月到英國劍橋大學訪學。拜訪了歸納邏輯專家布雷斯威特、布勞德，並聽過摩爾和維特根斯坦的課，與後者有密切交往。

7月返回赫爾辛基。參與芬蘭冬季戰爭的一些宣傳工作。

1940年　論文《論概率》經布勞德推薦，在英國《心靈》雜誌上發表。

1941年　5月31日獲博士學位，其學位論文《歸納的邏輯問題》在赫爾辛基用英文正式出版。

與瑪利亞·伊利莎白結婚，後生有一子一女。

被徵召入國家情報部，負責撰寫供外國記者用的新聞簡報。任此職達三年之久，直至1944年12月從芬蘭軍隊退伍。

1943年　瑞典語專著《邏輯經驗主義：現代哲學中的一場主要運動》出版。

1946年　任赫爾辛基大學哲學教授。

夏天，C. D. 布勞德來訪，並發出到劍橋大學作歸納邏輯系列講演的邀請。

1947年　欣迪卡成為他的學生。到劍橋大學、牛津大學、倫敦大學等校講演。聽維特根斯坦講課並與之交往。與安斯考姆、吉奇、馬爾康姆等人成為終生朋友。

1948年　接任維特根斯坦的劍橋大學教授職位。與維特根斯坦密切交往。與摩爾定期討論。

在阿姆斯特丹參加第10屆國際哲學大會，並向大會提交論

文《論確證》。

1949年　年初，在劍橋河邊散步時，產生廣義模態邏輯構想。

1951年　論文《道義邏輯》在英國《心靈》雜誌第1期上發表。

4月29日，維特根斯坦去世，指定馮・賴特為三位遺囑執行人之一。

專著《論歸納和概率》在英國出版。

專著《模態邏輯》在荷蘭出版。

年底辭去劍橋大學教授之職，返回赫爾辛基。

1952年　重任赫爾辛基大學哲學教授。閱讀和研究重心由哲學邏輯向倫理學、價值和規範理論、行動理論等領域轉移。

1953年　在布魯塞爾參加第11次國際哲學大會，並提交論文《模態邏輯的一個新系統》。

1954年　任美國康奈爾大學訪問教授，主持研討班課程「維特根斯坦的《邏輯哲學論》」，參加者多為著名哲學家。後於1958年又到該校任訪問教授。

為《大英百科全書》撰寫「歸納」、「概率」兩辭條。

《維特根斯坦傳略》在芬蘭哲學年鑑 *Ajatus* 上用瑞典語發表。1955年被譯為英文在《哲學評論》雜誌上發表。

1955年　評述陀思妥耶夫斯基、斯賓格勒、湯恩比、托爾斯泰、耶格爾等人作品和思想的隨筆集《思想和預言》在赫爾辛基用瑞典語出版。

1956年　與里斯、安斯考姆共同編輯的維特根斯坦的《數學基礎評論》一書（德英對照版）出版。馮・賴特撰有編者前言。

1957年　論文集《邏輯研究》在英國用英語出版。專著《邏輯、哲學和語言》在赫爾辛基用瑞典語出版。《歸納的邏輯問

題》（修訂本）在英國用英語出版。

1959年　4–5月，在英國聖安德魯斯大學作 Gifford 講演，其演說
　　　　稿經修訂後以《規範和行動》為書名於1963年由該校出版
　　　　社出版。

　　　　論文《論否定的邏輯》在芬蘭科學會會刊《物理數學評論》
　　　　上發表。

1960年　1–3月，在英國聖安德魯斯大學作 Gifford 講演，其演說
　　　　稿經修訂後以《好的多樣性》為書名於1963年由該校出版
　　　　社出版。

　　　　論文《非直謂悖論》在芬蘭科學會會刊《物理數學評論》
　　　　上發表。

1961年　任芬蘭科學院院士。不再任赫爾辛基大學教授，但仍經常
　　　　擔任、參與其教學活動。

　　　　與安斯考姆合編的維特根斯坦《1914–1916年筆記本》（德
　　　　英對照版）出版。

1962年　5月，在英國愛丁堡大學發表題為「倫理學和邏輯」的系
　　　　列講演，演說稿修訂後以《優先邏輯》為書名由該校出版
　　　　社於1963年出版。

1963年　任國際科學史和科學哲學聯合會會長，直至1965年。

　　　　任美國加利福尼亞大學 Flint 訪問教授；青年時代持有的
　　　　「審美的人文主義」開始轉變為「理性的人文主義」。

　　　　5月，在第5次斯堪地那維亞數學教師代表大會上發表講演
　　　　《精確科學和人文科學》。

　　　　論文《實踐推理》在《哲學評論》雜誌第72期上發表。

1964年　論文《道義邏輯的一個新系統》在《丹麥哲學年鑑》上發

表。

1965年　任美國康奈爾大學安德魯・D・懷特無任所教授，直至
　　　　1977年。與美國同事一起參加反越戰活動。
　　　　8月，在第10次斯堪地那維亞心理學家大會上作題為《論
　　　　行為的解釋》的講演。

1966年　任美國匹茨堡大學訪問教授，並與時態邏輯創始人普賴爾
　　　　會面。

1967年　在波蘭克拉科夫大學發表講演。
　　　　8月，在斯堪地那維亞歷史學家大會上發表題為《論歷史
　　　　學中的解釋》的講演。
　　　　與安斯考姆合編的維特根斯坦《字條集》（德英對照版）
　　　　一書出版。

1968年　任芬蘭科學院長，直至1969年。
　　　　任艾布(Abo)科學院名譽院長，直至1977年。
　　　　在阿根廷布宜諾斯艾利斯大學發表講演。
　　　　專著《道義邏輯和一般行動理論》在荷蘭用英語出版。
　　　　11月，在劍橋大學作第22次愛丁頓紀念演說，演說稿《時
　　　　間、變化和矛盾》由該校出版社出版。

1969年　秋季，應邀在英國劍橋大學三一學院作Tarner講演，題為
　　　　「自然科學和關於人的科學中的說明問題」。
　　　　與安斯考姆合編的維特根斯坦《論確實性》（德英對照版）
　　　　出版，馮・賴特撰有編者前言。
　　　　單獨編輯的維特根斯坦《致路德維希・馮・費克爾的信》
　　　　一書出版，並撰有編者前言。
　　　　論文《維特根斯坦的論著》在《哲學評論》第78期上發表。

參加在法國舉辦的維特根斯坦專題討論會，並向大會提交論文《維特根斯坦論概率》。

1970年　春季，在美國康奈爾大學作講演。

8月，在赫爾辛基參加國際哲學會舉辦的研討會，並宣讀論文《維特根斯坦論確實性》。

1971年　專著《說明和理解》由美國康奈爾大學出版社用英文出版。

參與編輯的維特根斯坦《「邏輯哲學論」的初稿》（德英對照版）出版，並撰有長篇歷史導言。

1972年　10–11月，在美國哥倫比亞大學作Woodbridge講演，演說稿經修訂後以《因果性和決定論》為書名由該校出版社於1973年出版。

1973年　編輯的維特根斯坦《致C. K. 奧格登的信以及對〈邏輯哲學論〉英譯本的評論》一書出版，並撰有編者前言。

1974年　1月，參加在赫爾辛基舉辦的說明和理解國際研討會，向大會提交論文《決定論和關於人的研究》，並對大會論文集有關他的思想的評述寫有答辯。

編輯的維特根斯坦《致羅素、凱恩斯和摩爾的信》出版，撰有編者前言和注釋。

1975年　任國際哲學學會會長，直至1978年。

發表文章並給南斯拉夫總統寫信，抗議迫害南斯拉夫知識分子。

4月，參加在挪威奧斯陸舉辦的斯堪地那維亞因果性專題研討會，並向大會提交論文《亞里士多德的可能性概念和決定論》、《因果性和行為》。

1976年　在美國堪薩斯州立大學作Lindley講演，題為《什麼是人

文主義》。

12月，著文抗議授予弗里德曼(Milton Friedman)諾貝爾經濟學獎。

1977年　論文集《行動、規範和意向》用德語在柏林和紐約出版。

8月，參加在奧地利舉辦的第2次國際維特根斯坦專題討論會，並向大會致開幕詞，提交論文《維特根斯坦與其時代的關係》。

9月，參加在耶路撒冷舉行的國際哲學組織大會，並作為大會主席致開幕詞。

編輯的維特根斯坦《雜論集》（德文版）出版，並撰有編者前言。

1978年　在英國牛津大學發表 N. Wallace講演，題為《關於時間、真理和必然性的某些古典問題》。

論文集《什麼是人文主義及其他》在赫爾辛基用瑞典語出版。

1979年　在哥本哈根參加北歐柏拉圖學會專題討論會，並提交論文《存在的東西當其存在時必然存在》。

1980年　在法蘭西學院作講演，題為《真理、知識和確實性》。

與他人合編的維特根斯坦《心理學哲學評論》第1卷和第2卷（德英對照版）出版。

1982年　論文集《維特根斯坦》在英國出版。

1983年　秋季，在美國明尼蘇達州聖奧拉夫學院作Belgun紀念講演，題為《決定論和未來真理》,《決定論和關於未來的知識》,《知識和必然性》。

哲學論文集第1卷《實踐推理》和第2卷《哲學邏輯》在英

國出版。

1984年　哲學論文集第3卷《真理、知識和模態》在英國出版。

8月，參加在匈牙利舉行的專題討論會，並提交論文《論邏輯的統一》。

9月，參加在赫爾辛基舉行的國際辯證哲學學會、黑格爾學會代表大會，並向大會致開幕詞。

1985年　4月，參加在法國科爾馬(Colmar)召開的歐洲科學基金會組織的專題討論會，並作基調發言：《科學的形象和理性的形式》。

9月，參加在意大利帕勒莫(Palermo)舉行的國際哲學學會會議。並作第5次Pekka Kuusi講演，題為《科學的世界觀和人的理性》。

1986年　6月14日70歲生日時正式退休，並發表講演《回憶芬蘭科學院》。

專著《科學和理性》在赫爾辛基分別用瑞典語和芬蘭語出版。

《邏輯哲學研究：著作選集》在莫斯科用俄文出版。

1988年　8月，參加在赫爾辛基舉行的第8次國際中世紀哲學大會，並致開幕詞。

參加在芬蘭舉行的第4次國際Alvar Aalto專題討論會，並提交論文《進步的祕密》。參加在芬蘭舉行的「法律的合法性」專題討論會，並致開幕詞。

1989年　3月，參加瑞典皇家科學院250週年慶典，並作Jubilee講演，題為《科學、理性和價值》。

美國《在世哲學家文庫》出版《馮‧賴特哲學》卷，馮‧

賴特對其中每篇論文都寫有答辯。

11月，在意大利弗羅倫斯參加「邏輯、信息、編碼」討論會，並致開幕詞。

1990年　5月，被芬蘭奧布(Abo)科學院授予名譽博士學位。

1991年　在瑞典 Ultuna 農業大學發表講演，題為《科學、人和環境》。

10月，參加德國分析哲學學會第一次代表大會，並致開幕詞。

1992年　2月，在瑞典斯德哥爾摩參加「圖林的遺產」專題討論會，並提交論文《無物能藏》。

《密納法的貓頭鷹：1987–1991論文集》在赫爾辛基用瑞典語出版。

1993年　論文集《進步的祕密》在斯德哥爾摩用瑞典語出版。

論文集《知識之樹及其他論文》在荷蘭用英文出版。

1994年　在德國萊比錫大學任訪問教授，直至1995年。

論文集《規範、價值和行為》在德國用德文出版。

《1945–1994論文選》在斯德哥爾摩用瑞典語出版。

論文集《知識與生活方式》在德國用德文出版。

1996年　論文集《哲學邏輯六篇論文》在赫爾辛基用英文出版。

1998年　《在笛卡爾的餘蔭下：心靈哲學論文集》在荷蘭用英文出版。

參考文獻

von Wright, G. H., ——

1941   *The Logical Problem of Induction*, Helsinki.
       2d rev. ed. Oxford: Basil Blackwell, 1957.

1951   *A Treatise on Induction and Probability*, London: Rout
       -ledge and Kegan Paul.

1951   *An Essay in Modal Logic*, Amsterdam: North-Holland Pub
       -lishing Co.

1957   *Logical Studies*, London: Routledge and Kegan Paul.

1963   *Norm and Action*: *A Logical Enquiry*. London: Routledge
       and Kegan Paul; New York: The Humanities Press.
       The Varieties of Goodness. London: Routledge and Kegan
       Paul; New York: The Humanities Press.
       The Logic of Preference: An Essay. Edinburgh: At the
       University Press.

1968   *An Essay in Deontic Logic and the General Theory of Ac-
       tion. With a Bibliography of Deontic and Imperative Logic.*
       Amsterdam: North-Holland Publishing Co.

1971   *Explanation and Understanding*. Ithaca, N.Y.: Cornell Uni

-versity Press, and London: Routledge and Kegan Paul.

1973　*Causality and Determinism.* New York and London: Co
-lumbia University Press.

1980　*Freedom and Determination.* Amsterdam: North-Holland
Publishing Co.

1982　*Wittgenstein.* Oxford: Basil Blackwell.

1983　*Practical Reason. Philosophical Papers*, vol. 1. Oxford:
Basil Blackwell.

Philosophical Logic. Philosophical Papers, vol. 2. Oxford:
Basil Blackwell.

1984　*Truth, Knowledge, and Modality. Philosophical Papers*,
vol. 3.

1993　*The Tree of knowledge and Other Essays*, Leiden: E. J.
Brill.

1996　*Six Essays in Philosophical Logic.* Societas Philosophica
Fennica, Helsinki.

Schilpp, P. A. and Hahn, L. E., eds. ──

1989　*The Philosophy of Georg Henrik von Wright*, La Salle,
Illinois: Open Court.

人名索引

六劃

九劃

十劃

十一劃

十三劃

十四劃

主題索引

一劃

二劃

六劃

十一劃

十四劃

十八劃

十九劃

世界哲學家叢書（一）

書　　　　　名	作　　　者	出　版　狀　況
孔　　　　　子	韋　政　通	已　　出　　版
孟　　　　　子	黃　俊　傑	已　　出　　版
老　　　　　子	劉　笑　敢	已　　出　　版
莊　　　　　子	吳　光　明	已　　出　　版
墨　　　　　子	王　讚　源	已　　出　　版
淮　　南　　子	李　　增	已　　出　　版
董　　仲　　舒	韋　政　通	已　　出　　版
揚　　　　　雄	陳　福　濱	已　　出　　版
王　　　　　充	林　麗　雪	已　　出　　版
王　　　　　弼	林　麗　真	已　　出　　版
阮　　　　　籍	辛　　旗	已　　出　　版
劉　　　　　勰	劉　綱　紀	已　　出　　版
周　　敦　　頤	陳　郁　夫	已　　出　　版
張　　　　　載	黃　秀　璣	已　　出　　版
李　　　　　覯	謝　善　元	已　　出　　版
楊　　　　　簡	鄭　曉　江　李　承　貴	已　　出　　版
王　　安　　石	王　明　蓀	已　　出　　版
程顥、程頤	李　日　章	已　　出　　版
胡　　　　　宏	王　立　新	已　　出　　版
朱　　　　　熹	陳　榮　捷	已　　出　　版
陸　　象　　山	曾　春　海	已　　出　　版
王　　廷　　相	葛　榮　晉	已　　出　　版
王　　陽　　明	秦　家　懿	已　　出　　版
方　　以　　智	劉　君　燦	已　　出　　版
朱　　舜　　水	李　甦　平	已　　出　　版

世界哲學家叢書（二）

書　　　　　名	作　　　者	出　版　狀　況
戴　　　　　震	張　立　文	已　　出　　版
竺　　道　　生	陳　沛　然	已　　出　　版
慧　　　　　遠	區　結　成	已　　出　　版
僧　　　　　肇	李　潤　生	已　　出　　版
吉　　　　　藏	楊　惠　南	已　　出　　版
法　　　　　藏	方　立　天	已　　出　　版
惠　　　　　能	楊　惠　南	已　　出　　版
宗　　　　　密	冉　雲　華	已　　出　　版
湛　　　　　然	賴　永　海	已　　出　　版
知　　　　　禮	釋　慧　岳	已　　出　　版
嚴　　　　　復	王　中　江	已　　出　　版
章　　太　　炎	姜　義　華	已　　出　　版
熊　　十　　力	景　海　峰	已　　出　　版
梁　　漱　　溟	王　宗　昱	已　　出　　版
殷　　海　　光	章　　　清	已　　出　　版
金　　岳　　霖	胡　　　軍	已　　出　　版
馮　　友　　蘭	殷　　　鼎	已　　出　　版
湯　　用　　彤	孫　尚　揚	已　　出　　版
賀　　　　　麟	張　學　智	已　　出　　版
商　　羯　　羅	江　亦　麗	已　　出　　版
辨　　　　　喜	馬　小　鶴	排　　印　　中
泰　　戈　　爾	宮　　　靜	已　　出　　版
奧羅賓多·高士	朱　明　忠	已　　出　　版
甘　　　　　地	馬　小　鶴	已　　出　　版
拉達克里希南	宮　　　靜	已　　出　　版

世界哲學家叢書（三）

書　　　　　名	作　　　者	出　版　狀　況
李　　栗　　谷	宋　錫　球	已　　出　　版
道　　　　　元	傅　偉　勳	已　　出　　版
山　鹿　素　行	劉　梅　琴	已　　出　　版
山　崎　闇　齋	岡　田　武　彥	已　　出　　版
三　宅　尚　齋	海老田輝巳	已　　出　　版
貝　原　益　軒	岡　田　武　彥	已　　出　　版
石　田　梅　岩	李　甦　平	已　　出　　版
楠　本　端　山	岡　田　武　彥	已　　出　　版
吉　田　松　陰	山　口　宗　之	已　　出　　版
亞　里　斯　多　德	曾　仰　如	已　　出　　版
伊　壁　鳩　魯	楊　　適	已　　出　　版
柏　　羅　　丁	趙　敦　華	排　　印　　中
伊木・赫勒敦	馬　小　鶴	已　　出　　版
尼占拉・庫薩	李　秋　零	已　　出　　版
笛　　卡　　兒	孫　振　青	已　　出　　版
斯　賓　諾　莎	洪　漢　鼎	已　　出　　版
萊　布　尼　茨	陳　修　齋	已　　出　　版
托馬斯・霍布斯	余　麗　嫦	已　　出　　版
洛　　　　　克	謝　啓　武	已　　出　　版
巴　　克　　萊	蔡　信　安	已　　出　　版
休　　　　　謨	李　瑞　全	已　　出　　版
托馬斯・銳德	倪　培　民	已　　出　　版
伏　爾　泰	李　鳳　鳴	已　　出　　版
孟　德　斯　鳩	侯　鴻　勳	已　　出　　版
費　希　特	洪　漢　鼎	已　　出　　版

世界哲學家叢書（四）

書　　　　　名	作　　者	出　版　狀　況
謝　　　　　林	鄧　安　慶	已　　出　　版
叔　本　　　華	鄧　安　慶	已　　出　　版
祁　克　　　果	陳　俊　輝	已　　出　　版
彭　加　　　勒	李　醒　民	已　　出　　版
馬　　　　　赫	李　醒　民	已　　出　　版
迪　　　　　昂	李　醒　民	已　　出　　版
恩　格　　　斯	李　步　樓	已　　出　　版
馬　克　　　思	洪　鐮　德	已　　出　　版
約　翰　彌　爾	張　明　貴	已　　出　　版
狄　爾　　　泰	張　旺　山	已　　出　　版
弗　洛　伊　德	陳　小　文	已　　出　　版
史　賓　格　勒	商　戈　令	已　　出　　版
雅　斯　　　培	黃　　　藿	已　　出　　版
胡　塞　　　爾	蔡　美　麗	已　　出　　版
馬克斯·謝勒	江　日　新	已　　出　　版
海　德　　　格	項　退　結	已　　出　　版
高　達　　　美	嚴　　　平	已　　出　　版
哈　伯　馬　斯	李　英　明	已　　出　　版
榮　　　　　格	劉　耀　中	已　　出　　版
皮　亞　　　傑	杜　麗　燕	已　　出　　版
索　洛　維　約　夫	徐　鳳　林	已　　出　　版
費　奧　多　洛　夫	徐　鳳　林	排　　印　　中
馬　賽　　　爾	陸　達　誠	已　　出　　版
布　拉　德　雷	張　家　龍	已　　出　　版
懷　特　　　海	陳　奎　德	已　　出　　版

世界哲學家叢書（五）

書　　　　　　名	作　　　者	出　版　狀　況
愛　因　斯　坦	李　醒　民	排　　印　　中
玻　　　　　爾	戈　　　革	已　　出　　版
弗　　雷　　格	王　　　路	已　　出　　版
石　　里　　克	韓　林　合	已　　出　　版
維　根　斯　坦	范　光　棣	已　　出　　版
艾　　耶　　爾	張　家　龍	已　　出　　版
奧　　斯　　丁	劉　福　增	已　　出　　版
馮　·　賴　特	陳　　　波	已　　出　　版
魯　　一　　士	黃　秀　璣	已　　出　　版
蒯　　　　　因	陳　　　波	已　　出　　版
庫　　　　　恩	吳　以　義	已　　出　　版
史　蒂　文　森	孫　偉　平	排　　印　　中
洛　　爾　　斯	石　元　康	已　　出　　版
喬　姆　斯　基	韓　林　合	已　　出　　版
馬　克　弗　森	許　國　賢	已　　出　　版
尼　布　　爾	卓　新　平	已　　出　　版